세계 속의 한국

세계 속의 한국

교류와 소통의 역사

세계속의한국편찬위원회 편

nosvos

『세계 속의 한국 — 교류와 소통의 역사』

간행에 부쳐

한반도를 둘러싼 국제 정세는 매년 급변하고 있다. 한국이 속한 동아시아의 현재 상황은 우호와 협력보다는 갈등과 대립이 고조되어 가고 있다. 과거를 되돌아보면, 동아시아 세계는 우호와 협력으로, 때로는 갈등과 대립의 과정을 거쳐 지금에 이르렀다. 따라서 현재를 이해하기 위해서는 과거를 되돌아볼 필요가 있다.

『세계 속의 한국』은 한국을 중심으로 하는 세계를 한 권의 책에 담아 보려는 의도에서 기획되었다. 따라서 『세계 속의 한국』은 일국사의 관점이 아니라 세계사와 비교사의 관점을 지향하고 있다. 세계사의 전개 속에서 한국사의 발전 과정을 살펴보고, 동시에 한국과 주변 세계가 어떤 관계를 맺고 있었는가를 이해하면서 그 시사점을 찾는 데 주안점을 두고자 했다. 우리는 이 책을 통해 주변의 민족이나 국가와 어떻게 교류하고 소통하였는가를 알 수 있게 될 것이다. 또한 한국 역사의 특징과 향후 과제가 무엇인지도 인식할 수 있을 것이다.

이 책은 14개의 주제로 구성되어 있다. 제1장에서는 역사란 무엇인지, 바람직한 역사인식은 어떤 것인지, 그리고 역사를 배우는 목적은 무엇인지를 정리하였다. 급변하는 사회에서 역사학이 왜 필요한 지를 살펴본 것이다.

다음으로 제2장부터 제6장까지 우리 민족이 주로 동아시아 공간 속에서 어떻게 변화 발전해 왔는지를 살펴보았다. 2장 '한민족의 형성과 동아시아'에서는 우리 민족의 원초적 형성과 민족주의 문제를 다루었다. 3장 '고대 한국과 동아시아 세계의 형성'에서는 고조선으로부터 통일신라, 발해에 이르는 시기를 시대 순으로 정리하였다. 4장 '고려와 동아시아의 소통'에서는 고려와 동아시아의 다원적 국제관계를 중심으로 변화와 갈등의 역사를 알아보았다. 5장 '조선과 국제질서의 변동'에서는 15세기부터 19세기에 이르는 조선의 대외관계 변화를 중심으로 국제질서의 변동을 다루었다. 6장 '현대 한국과 남북통일'에서는 현재의 남북분단의 역사와 이를 극복하기 위한 역사적 노력을 정리하였다. 즉 2장부터 6장까지는 한국사의 시대적 전개와 그 변화 과정을 살펴본 것이다.

제7장부터 9장까지는 한국 역사의 주요 주제를 조명하였다. 제7장에서는 최근 논란이 되고 있는 '영토 문제와 역사 왜곡 문제'를 다루었다. 제8장에서는 원시신앙으로부터 불교, 유교, 크리스트교 등 '한국인의 신앙과 사상'을, 제9장에서는 최근 세계에서 주목받고 있는 '한국 문화와 한류'를 다루었다.

제10장부터 제13장까지는 한국과 세계와의 교류와 소통을 집중 조명했다. 제10장 '한국과 중국, 변화된 만남'에서는 중화질서 해체 이후부터 현재까지의 한중관계를 다루었다. 제11장 '가깝고도 먼 한국과 일본'에서는 고대부터 근현대에 이르는 한일 간의 갈등과 화해의 역사를 다루었다. 제12장 '한국과 유럽, 과거와 미래'에서는 영국, 프랑스, 독일, 러시아로 대표되는 유럽의 한국 접촉과 그 전개 과정을 다루었다. 그리고 제13장 '한국과 미국의 만남'을 통해, 구한말부터 현재에 이르기까지 한미관계의 성쇠와 그 역사적 의미를 정리해 보았다. 따라서 10장부터 13장에서는 과거부터 현재까지 한국이 통합된 세계 속에서 살아왔음을 이해하는데 도움이 될 것이다.

마지막으로 제14장에서는 단국대학교 설립자의 독립운동 과정, 민족사학으로서의 단국대학교의 역사, 그리고 창학 정신 등을 조명하였다. 14장을 통해 우리 민족사의 어두운 시절에 단국대학교와 그 구성원들이 한국 사회에 어떤 기여를 하였는지 이해할 수 있을 것이다.

이 책은 2013년에 편찬한 『세계 속의 한국』의 개정판이다. 그 동안 한반도와 동아시아, 그리고 세계의 정세는 급변하여 왔다. 이에 책의 내용에 그 동안의 변화를 반영하였다. 앞으로도 새로운 사실들을 보완 수정해 나갈 것이다.

『세계 속의 한국』은 많은 분들의 헌신적인 노력에 의해 간행될 수 있었다. 촉박한 기한임에도 불구하고 책임감을 갖고 집필해 주신 15명의 필자께 감사드린다. 아울러 책의 기획부터 마무리까지 물심양면으로 지원을 아끼지 않으신 출판부의 여러 선생님께도 감사의 마음을 전하는 바이다.

2016년 1월

『세계 속의 한국』 편찬위원회

목차

제9장 한국 문화와 한류 _ 엄기표

제10장 한국과 중국, 변화된 만남 _ 이재령

제11장 가깝고도 먼 한국과 일본 _ 김보한 · 구경남

제12장 한국과 유럽, 과거와 미래 _ 김현수

第13장 한국과 미국의 만남 _ 김연진

第14장 단국대학교의 역사와 단국인 _ 박경식

제1장

역사의 창

1. 역사란?
2. 역사 인식이란?
3. 왜 역사를 배워야 하는가?
4. 21세기와 세계 속의 한국

1. 역사란?

역사를 뜻하는 서양의 언어로는 히스토리History: 영어, 이스트와르Histoire: 프랑스어, 스토리아Storia: 이탈리아어 등이 있다. 이것들은 고대 그리스어인 '히스토리아Ηιστορια서 유래했다. '히스토리아'는 '조사와 탐구를 통해 얻은 지식'을 의미한다.

'역사의 아버지'인 헤로도토스는 페르시아Persia와 그리스Greece의 전쟁을 연구하여 『히스토리아페르시아 전쟁사』라는 책을 서술했다. 스키티아Scythia: 북, 이집트Egypt: 남, 바빌로니아Babylonia: 동, 이탈리아Italy: 서 등지를 여행하며 보고 들은 사실들을 기록했다. 그는 시간이 지나면 잊혀 지기 때문에 과거의 사실을 글로 남겨야 한다고 생각했다. 『히스토리아』 서문에서 "내 의무는 전해지고 있는 것을 그대로 전하는 것이다."라고 말했다. 그리고 그는 또한 기록이 없으면 역사도 없다는 생각으로 그것을 텍스트화했다.

Herodotos(B.C. 484~425)

헤로도토스의 뒤를 이은 투키디데스는 아테네Athens와 스파르타Sparta의 전쟁에 참전한 경험을 바탕으로 『히스토리아펠로폰네소스 전쟁사』라는 책을 서술했다. 그는 과거의 역사를 통해 후손들에게 교훈을 주고자 한 역사가였다. 무엇보다도 정확한 역사적 사실을 밝혀내는 것을 자신의 첫 번째 목표로 삼았다. 그는 역사적 사실 속에 포함된 펠로폰네소스 전쟁의 정확한 상황을 밝히기 위해 주의를 기울였다. 이것은 그가 현대적인 사료 비판의 방법을 사용하였음을 시사한다.

Thucydides(B.C. 460~400)

동양에서 역사의 의미로 사용된 '史'의 기원은 후한대 허신許愼, 30~124의 『설문해자說文解字』에서 찾을 수 있다. 여기에서 '史'는 중요한 사건을 기록하는 사관을 의미한다. 즉, '史'는 '손'을 뜻하는 '手' 자와 '올바르다'를 뜻하는 '正' 자의 합성어로 "손으로 올바르게 기록한다"는 것을 의미한다. 현재 우리가 사용하는 '역사歷史'

라는 용어는 중국의 명나라에서 처음 사용했다.

이처럼 서양과 동양에서 사용한 역사의 어원을 종합적으로 살펴보면, 역사는 '이야기', '사건', '기록' 등을 의미한다. 이러한 의미의 역사는 다음과 같은 헤겔의 『역사철학 강의Vorlesungen über die Philosophie der Weltgeschichte』의 내용을 통해 더 분명하게 파악할 수 있다.

Georg Wilhelm Friedrich Hegel (1770~1831)

우리가 '역사'라고 하는 단어는 객관적 측면과 주관적 측면을 종합하고 있어서 '과거에 일어난 사건 또는 사실res gestae'을 뜻함과 동시에 '과거에 일어난 사건의 기록historia rerum gestarum'을 의미한다.

따라서 역사란 '사실로서의 역사'와 '기록으로서의 역사'라는 두 가지 의미를 내포하고 있다.

1) 역사적 사실

역사가는 과거에 일어난 사실들을 모두 취급하지는 않는다. 역사가는 자신이 관심을 두고 있는 테마를 중심으로 과거에 일어난 사실들을 선택해서 서술한다. E. H. 카는 이처럼 선택해서 서술한 것을 '역사적 사실'이라고 불렀다. 따라서 역사적 사실은 역사가의 결정에 따라 좌우된다. 이것에 대한 E. H. 카의 구체적인 설명은 다음과 같다.

Edward Hallett Carr (1892~1982)

"사실은 역사가가 허락할 때에만 이야기한다. 어떤 사실에 발언권을 줄 것이며 그 서열이나 차례는 어떻게 할 것이냐를 결정하는 것은 바로 역사가이다. …… 카이사르가 루비콘이라는 작은 강을 건넌 것이 역사적 사실이 된 것은 나름대로 근거를 가지고서 역사가가 결정한 일이다. 그런데 그 이전이나 그 이후에 수도 없이 많은 다른 사람들이 루비콘 강을 건너 것에 대해서는 누구도 전혀 관

> 심을 보이지 않는다. 여러분이 걸어서 또는 자전거를 타거나 차를 타고 30분 전에 이 건물에 도착했다는 사실은 카이사르가 루비콘 강을 건넜다는 사실과 똑같이 과거에 관한 사실이다. 그러나 역사가들은 아마도 그것을 무시할 것이다."

그런데 E. H. 카는 과거에 일어난 사실이 역사적 사실로 어떻게 전환되어 가는가에 관하여 다음과 같이 설명하고 있다.

> "과거에 관한 단순한 사실이 역사적 사실로 전환되는 과정을 살펴보자. 1850년 스톨리브리지 웨이크스에서 싸구려 물건을 파는 한 노점 상인이 사소한 언쟁 끝에 성난 군중의 발에 치여 살해되었다. 그것은 다분히 고의적이었다. 이 또한 역사적 사실인가? 1년 전만 하더라도 나는 서슴없이 '아니다'라고 말했을 것이다. …… 1년 전 키트슨 클라크 박사는 옥스퍼드 대학교의 포드 렉처에서 그 사건을 언급했다. 이로써 그 사건은 역사적 사실이 되었는가? 나는 아직은 그렇지 않다고 생각한다. 내가 보기에 그것의 현재의 지위는 '역사적 사실'이라는 상류 클럽의 회원 자격을 신청해 놓은 상태이다. 그것은 이제부터 후원자와 보증인을 필요로 한다. 이후 몇 년 사이에 우리는 처음에 이 사실이 19세기 영국에 관한 논문이나 저서의 각주에, 나중에는 본문에 나타나는 것을 보게 될지 모른다. 그러면 그 사건은 20-30년 안에 확고부동한 역사적 사실이 될 수 있을 것이다. 이와는 정반대로 아무도 그것을 취급하지 않을 수도 있는데, 그럴 경우 이 사건은 키트슨 클라크 박사의 선도적인 구출 노력에도 불구하고 비역사적 사실이라는 수렁에 빠질 것이다."

그러면 역사가들은 자신들의 의지로만 역사적 사실을 결정하는가? E. H. 카는 역사적 사실이 다수 역사가의 지지를 통해 이루어진다고 보았다. 즉, 과거의 어떤 사실이 집단과 사회, 국가 등에 얼마나 큰 영향을 주느냐에 따라 역사적 사실 여부가 결정된다고 파악했다.

2) 사료

사료는 역사 연구에 필요한 기본 자료이다. 역사는 사료를 통해 과거의 인간 생활을 탐구하는 학문이다. 그러므로 사료가 없으면 역사는 결코 존재할 수 없다. 랑글루아Charles Victor Langlois, 1863~1929와 세뇨보Charles Seignobos, 1854~1942는 『역사 연구를 위한 입문Introduction aux etudes historiques』에서 사료의 중요성을 다음과 같이 기술했다.

> "역사가는 사료와 함께 존재한다. 사료란 과거에 살던 사람들의 사상과 행동이 남긴 발자취이다. 그러나 사람들이 사상과 행동 가운데 눈에 보이는 뚜렷한 흔적을 남기는 것은 매우 드물다. …… 우연한 사고로 말미암아 사료가 없어진다면, 인간의 과거 행적은 전혀 일어나지 않은 것처럼 보이게 된다. …… 사료 없이는 역사도 존재하지 않는다."

따라서 사료는 일반적으로 역사 연구에 사용되는 중요한 자료들을 일컫는다. 사료는 가장 일반적으로 1차 사료the primary source 또는 원사료the original source와 2차 사료the secondary source로 구분된다. 1차 사료는 역사적 사실과 동시대에 만들어진 기록과 유물로서 1차적인 정보를 준다. 2차 사료는 역사적 사실과 동떨어진 시기에 만들어진 기록물로서 주로 1차 사료를 보완해 준다.

사료 비판은 사료의 객관성, 정확성, 진실성, 타당성 등을 검증하는 방법이다. 역사에서 사료 비판은 필수적인 작업이다. 그것은 사료가 만들어지는 과정에서 이것을 다루는 사람의 이해관계나 편견, 사상 등이 개입할 가능성이 크기 때문이다. 사료 비판에는 외면적 비판external criticism과 내면적 비판internal criticism이 있다. 외면적 비판은 사료의 훼손 상태, 필적, 언어, 서체, 출처 등과 같은 사항들을 조사하는 것이다. 즉, 사료의 진위 여부를 확인하는 것이다. 내면적 비판은 사료 저자의 의도, 저자의 사상, 저자의 심리 상태에 관해를 비판하는 것이다. 즉, 사료 내용의 신빙성을 비판하는 것이다.

2. 역사 인식이란?

'역사란 무엇인가?'에 관한 논쟁은 수 세대 동안 격렬하게 진행되었다. 이 논쟁은 역사 인식을 한층 더 깊고 정교하게 했고, 더욱 다양한 시각으로 역사를 바라볼 수 있는 기회를 제공했다. 헤겔이 이야기하고 있듯이, 역사는 '사실로서의 역사'와 '기록으로서의 역사'로 구분할 수 있다. '사실로서의 역사'는 객관적인 과거 사실이며, '기록으로서의 역사'는 과거의 사실을 토대로 역사가가 주관적으로 재구성하는 것이다.

Leopold von Ranke (1795~1886)

'사실로서의 역사'를 강조한 역사가는 독일의 랑케이다. 역사적 사실을 중요시한 랑케는 '역사란 무엇인가?'라는 질문에 "그것이 원래 어떻게 있었는가Wie es eigentlich gewesen"를 이야기하는 것이라고 답했다. 이는 역사가의 임무가 사료를 수집하고 객관적으로 비판하는 것임을 강조했다. 또한 그는 역사가가 사료를 활용할 때 개인의 감정이 드러나는 일기보다 공문서를 선택해야 한다고 주장했다.

Benedetto Croce(1866~1952)

'기록으로서의 역사를 강조한 역사가는 이탈리아의 크로체와 영국의 콜링우드이다. 크로체는 자연과학을 기초로 하는 실증주의적 역사 연구를 배격하고 인간 정신을 중시하는 역사 연구를 시도했다. 그는 모든 역사란 본질적으로 역사가의 눈을 통해 현재의 문제에 비추어서 과거를 보는 것으로 이해했다. 따라서 "모든 역사는 현재의 역사"라고 주장했다.

콜링우드는 역사 연구에서 사료 자체보다 이것을 다루는 역사

Robin George Collingwood
(1889~1943)

가의 역할에 초점을 맞췄다. 그는 과거의 사실을 바라보는 역사가의 사상이 진정한 역사라고 보았다. 따라서 "모든 역사는 역사가 자신의 마음속에 과거의 사상을 재현하는 것"이라고 말하고, "모든 역사는 사상의 역사"라고 주장했다.

따라서 역사가는 과거에 일어난 사실을 임의로 만들어 내는 것이 아니라 역사적 사실로 재생해 내는 것이다. 이 경우 역사가는 현재적인 관심이나 이해, 편견, 신념 등 자신의 주관으로 말미암아 '있는 그대로의 사실'을 재생하지 못한다. 그 때문에 역사가들은 과거에 일어난 사실에 역점을 둔 '사실로서의 역사' 인식을 중요시해야 할지, 역사가의 주관성이 반영된 '기록으로서의 역사' 인식을 중요시해야 할지 고민하게 된다. 이것을 이해하기 위해서 다음에서는 한편으로 '사실로서의 역사'를 인식하고, 다른 한편으로 '기록으로서의 역사'를 인식한 동 · 서양 역사가들의 역사에 대한 시각을 살펴보고, 또 이들의 견해를 뛰어넘어 새로운 역사 인식을 주장하는 역사가들을 통해 역사학의 현주소를 조명해 보도록 하겠다.

1) 사실로서의 역사 인식

사실로서의 역사에 대한 인식을 중시하는 최초의 역사가는 고대 그리스의 헤로도토스였다. 그는『히스토리아』를 통해 고대의 역사 서술 방식으로 구전과 전승 등과 같은 수많은 자료를 정리했다. 또 철저한 보고 정신과 공정성을 유지하고자 한 측면에서 사실로서의 역사 인식을 추구했다고 볼 수 있다.

Lorenzo Valla(1407~1457)

르네상스 시기의 이탈리아 역사가인 발라는 콘스탄티누스 1세Constantinus I, 재위 306-337의 기증장이 위조임을 밝혀냈다. 이 기증장의 내용에 따르면, 4세기 로마 제국의 콘스탄티누스 황제는 심한 나병에 걸려 고생하면서 계속 치료를 받았지만, 허사였다. 이

때 콘스탄티누스 황제는 로마의 교황인 실베스테르 1세Silvester I, 재임 314-335에게 치유를 받아 건강을 되찾고 이에 대한 감사의 표시로 이탈리아 중부의 토지를 교황에게 기증했다. 그런데 발라는 이 기증장에 사용된 언어가 8세기의 라틴어임을 발견하고 콘스탄티누스 기증장이 위작이었음을 입증했다. 이와 같은 발라의 노력은 사실로서의 역사 인식을 추구한 성과로 평가할 수 있다.

Jean Mabillon(1632~1707)

또한, 생 모르 학파의 프랑스 수도사인 마비용도 사실로서의 역사 인식을 추구했다고 볼 수 있다. 마비용은 고문서 연구학, 즉 기록문들의 신빙성을 밝히는 비판적인 연구 방법을 창시했다. 15세기 베네딕트 교단의 역사가들이 서술 근거로 삼았던 고문서들은 대부분 예수회 교단의 역사가들에 의해 가치 없는 것으로 평가되었다. 이에 대한 반론으로 마비용은 6년 동안 고문서를 연구함으로써 사실로서의 역사 인식을 확립하는 데 크게 이바지했다. 이러한 마비용의 고문서 연구는 사료의 필적과 서체를 중시하는 외면적 비판, 즉 원문의 신빙성에 대한 비판적 연구에 도움을 주었다.

19세기 사실로서의 역사 인식을 대표하는 서양의 역사가는 랑케이다. 그는 르네상스 시기 이탈리아에서 발생한 역사적 사건들에 대한 기록들이 여러 가지로 해석되는 것을 바로잡기 위해 독자적인 역사 시각을 정립했다. 랑케의 역사 방법론의 기본적인 특성은 실증주의 역사관이다. 랑케의 논리는 과거에 일어난 역사적 사실에 대해 애정을 갖고 역사적 사실을 재구성해야 하며, 이것이 역사의 '최고 법칙'이라는 것이다. 이 법칙은 랑케가 역사를 서술할 때 하나의 실천 계율이 되었다. 랑케의 역사 방법론은 과거에 일어난 역사적 사실만을 강조했다. 이러한 랑케의 계율을 지키려면, 역사서를 편찬할 때 과거에 일어난 역사적 사실에 집착해야 하고 그 사실들을 수집 · 입증해야 하는 어려움이 있다. 그러나 역사학을 현실의 철학과 정치에서 분리시켜 역사학의 독자적인 연구 영역을 개척했다는 점에서 그를 '근대 역사학의 아버지'라고 일컫는다.

司馬光(1019~1086)

金富軾(1075~1151)

사실로서의 역사 인식을 펼친 동양의 역사가로는 사마광이 있다. 그는 사료史料의 신빙성을 검증하여 『자치통감고이資治通鑑考異』 30권을 편찬했는데, 이것은 『자치통감』을 편찬하는 과정에서 수많은 사료의 모순을 발견하고, 사료의 신빙성을 검증한 역사서이다. 『자치통감고이』에서 사마광은 진실을 찾으려는 엄격하고 비판적인 기준을 마련하여 사실로서의 역사 인식을 추구했다.

한국에서 사실로서의 역사 인식에 주목한 역사가는 『삼국사기三國史記』의 편찬 책임자인 김부식이다. 『삼국사기』는 개인의 저서[私撰史書]가 아니고 왕의 명령을 받고 편찬한 저서[官撰史書]이다. 즉, 김부식은 저자가 아니라 편찬 책임자였으므로 이 책을 임의로 개작할 수가 없었다. 따라서 김부식은 『삼국사기』를 편찬할 때 사실로서의 역사 인식을 추구하고자 했다. 김부식이 천착했던 사실로서의 역사 인식은 『삼국사기』 권28의 논평 부분에 잘 나타나 있다. 이 부분을 살펴보면, "신김부식이 역사를 편찬함에 있어 그 전해 옴이 오래되었으나 그 내용을 그대로 기록함으로써 삭제하거나 누락하지 않았다."라는 구절에서 김부식이 사실로서의 역사를 추구한 노력을 찾아볼 수 있다. 그런데 『삼국사기』가 김부식의 주관적 관점을 대변하는 역사서라는 연구가 있다. 이것은 역사를 기술할 때 사실에 주목했던 김부식의 역사 인식과 상치되는 평가인 것처럼 보인다. 그러나 김부식은 편찬 책임자로서 여러 사관을 집필에 참여시킨 만큼, 『삼국사기』에 김부식만의 역사 인식이 반영되었다고 보기는 어렵다.

2) 기록으로서의 역사 인식

고대 그리스의 역사가 투키디데스는 『히스토리아펠로폰네소스 전쟁사』를 서술할 때 기록으로서의 역사 인식을 중시했다. 그는 신화와 전설을 배격하려는 자신의 의도를 분명히 서술했다. 그리고 도덕주의, 국가 발전의 필수 조건, 문명의 조건, 역사의 교훈 등의 교훈적인 역사를 담아냈다. 또 자신의 경험을 바탕으로 정치 혼란의 원인과 치유 방법을 제시하여 기록으로서의 역사 인식을 표출했다.

Eusebius Pamphilus(260~340)

『교회사Ekklesiastike Historia』를 서술한 유세비우스는 그리스도의 신성과 사명감을 강조했다. 그는 그는 교회 역사가로서 신을 변호하는 관점에서 기록으로서의 역사에 대한 인식에 주목했던 인물이었다. 그러나 그는 종교적 목적의 증명에 치우침으로써 기록으로서의 역사에 대한 인식을 오히려 위축하는 결과를 낳았다.

기록으로서의 역사 인식을 대표하는 근대의 역사학자로는 크로체와 콜링우드가 있다. 크로체는 역사를 '죽은 역사'와 '살아 있는 역사'로 분류했다. 그는 사상과 결합하지 못한 연대기적 · 문헌학적 기록물들을 죽은 역사로 분류했다. 또 랑케를 비롯한 19세기 역사가들을 '연대기 기록자'라고 비판하며 진정한 역사가가 아니라고 지적했다. 크로체가 제시한 '살아 있는 역사'는 '죽은 역사'와 대비되는 것으로, 역사가에 의해 재생된 역사를 뜻했다. 따라서 크로체는 사료보다 이것을 재생하여 탄생시킨 역사, 즉 역사가의 사상이 반영된 기록으로서의 역사를 진정한 역사로 평가했다. 이와 같은 크로체의 기록으로서의 역사 인식은 콜링우드에 의해 확대되었다. 콜링우드는 역사가가 재생한 역사와 재생된 역사를 서술한 역사가의 생각까지 연구했다.

司馬遷(B.C. 145?~86?)

동양에서 기록으로서의 역사 인식을 펼친 역사가는 『사기史記』를 쓴 사마천이다. 『사기』는 정사正史 또는 관찬사서官撰史書의 대표적인 역사서이다. 사마천은 『사기』를 서술할 때 역사 인물에 대한 도덕적인 평가를 내용으로 구성했다, 즉, 각 장의 끝 부분에 비판적 논평을 부가하여 자신만의 비판적 시각을 펼쳐 기록으로서의 역사 인식을 강화했다.

사마광은 사실로서의 역사 인식을 추구한 역사가이지만, 유교적 도덕론의 관점에서 인물과 기구를 비평한 역사가이다. 그는『자치통감』을 서술할 때 정사正史는 물론 실록實錄 · 야사野史 · 소설小說 · 묘지류墓誌類 등 300여 종의 사료를 참조했다. 또 정치적 사건 외에 제례 · 음악 · 천문 · 지리 · 경제 등 자신의 관심 분야만을 서술했다는 점에서 기록으로서의 역사 인식을 중시하는 역사가로 평가할 수도 있다.

한국의 경우, 사찬사서私撰史書의 대표적인 역사가로『삼국유사三國遺事』를 저술한 승려 일연一然, 1206-1289이 있다. 일연은 그가 서술한『삼국유사』에 신기하고 기이한 고대 역사서의 설화와 야사野史를 많이 제시했다. 이러한 자료의 인용은 역사적 사실을 상징적인 의미로 파악하려는 자신의 주관적인 의지 때문이다. 특히 야사만을 선택적으로 수집 · 분류하고 이를 자유롭게 서술한 방식을 통해 그가 기록으로서의 역사 인식을 가진 역사가임을 확인할 수 있다.

3) 최근의 역사 인식

이상에서 살펴본 바와 같이 사실로서의 역사 인식과 기록으로서의 역사 인식은 각각 독특한 의미가 있다. 그러나 이러한 시각들을 종합하여 새로운 시각을 주장한 역사가들도 있다. 20세기 중후반 영국의 E. H. 카는『역사란 무엇인가What is History?』라는 저서에서 랑케, 크로체와 콜링우드를 비판하면서 새로운 역사 인식을 펼쳤다.

E. H. 카는 랑케의 역사 인식에 대해 “사실과 문서 자체만으로는 역사가 성립되는 것이 아니다. …… 그것은 역사가들의 연구와 해석을 기다리지 않고는 아무것도 의미하지 않는 것이다.”라고 비판했다. 크로체와 콜링우드에 대해서도 “만일 역사가가 반드시 자신이 살고 있는 시대의 눈을 통해 자신이 연구하는 역사적 시대를 바라보아야만 하고, 또한 과거의 문제들을 현재의 문제들의 열쇠로만 연구해야 한다면 …… 역사적 사실은 무가 되고 해석이 전부가

Hayden White(1928~)

된다."고 지적했다. 이러한 비판과 함께 그는 역사가와 역사적 사실을 중시하면서 "역사란 역사가와 그의 사실들의 지속적인 상호작용의 과정, 즉 현재와 과거의 끊임없는 대화이다."라고 서술했다. 바꿔 말하면, 그는 '역사가의 역할'을 강조한 기록으로서의 역사 인식과 '과거에 일어난 역사적 사실들'을 중시하는 사실로서의 역사 인식을 모두 견지하고자 했다.

20세기 후반 E. H. 카의 역사 인식을 넘어서면서 등장한 포스트모더니즘은 역사를 과학보다 문학으로 바라보며 역사를 객관적 실체가 아니라 상대적 · 비판적인 실체로 보았다. 또한 역사를 문학의 영역으로 환원하고 서술 방식도 이야기체로 복원했다. 이러한 시각을 나타낸 헤이든 화이트는 『메타 역사Metahistory』에서 "역사는 언어적인 인공물이다. 역사가의 역사 서술은 기호로서의 언어가 어떤 코드에 입각해서 통일체를 이루는 텍스트이다. 역사의 텍스트는 두 가지 이상의 사건들을 가지고 그것들의 의미를 파악해서 시간적인 순서에 따라 연결한 이야기체이다."라고 주장했다. 이처럼 20세기 후반에 등장한 새로운 역사 인식이 각각 다르기에 오늘날의 역사학계는 모든 역사 인식을 충족할 수 있는 제3의 시각을 기대하고 있다.

3. 왜 역사를 배워야 하는가?

역사란 과거에 관심을 두고 조사 · 탐구하는 학문이다. 인간은 과거를 기억하고 이야기하는 존재이다. 인간이 과거에 대한 기억을 상실하거나 무시하면, 인간으로서의 존재 가치를 잃게 된다. 즉, 역사 없이는 우리가 어떤 존재인지를 알 수 없다. 그래서 역사 교육은 모든 교육 과정에서 항상 필수적인 코드로 인식되었다. 학생들은 역사 교육 과정을 통해 의식 있는 시민으로서 사회에서 자신의 책임을 다하고, 지성 있는 리더로서 중요한 역할을 할 준비를 하게 된다.

Allan Nevins(1890~1971)

Marc Bloch(1886~1944)

Herbert Butterfield(1900~1979)

1) 매력과 감동의 역사

미국의 역사가인 네빈스는 역사서를 읽는 이유 중 하나가 긴장을 해소하고 즐거움을 얻기 위한 것이라고 했다. 역사는 희로애락의 드라마를 포함하고 있어서 많은 사람을 매료시킨다. 우리는 마치 공연장에서 연극이나 영화를 보듯이 역사를 감상할 수 있다. 역사적 사건들이나 영웅들의 이야기는 아무리 훌륭한 극작가라 하더라도 묘사할 수 없는 극적인 드라마를 연출한다. 그래서 우리는 관객의 관점에서 역사의 현장을 흥미롭게 관람하기도 한다.

프랑스 역사학자인 블로흐가 말한 대로 "역사는 부정할 수 없는 매력"을 지니고 있으며 기쁨을 준다. 또한 버터필드에 따르면, 역사는 "추상적인 관념의 학문이 아니라 인간적인 체취가 묻어난 학문"이다. 따라서 역사는 좁은 의미로는 우리의 조상, 넓은 의미로는 인류 선조의 과거 행적에 대한 생생한 기록이며 끊임없는 호기심과 감동, 그리고 즐거움의 원천이다.

2) 효용성의 역사

역사는 모든 경험에 관한 기록이다. 따라서 자신이 살고 있는 세계를 이해하거나 지혜롭게 행동하려는 사람은 역사를 알아야 한다. '현재'라는 시간은 스쳐 가는 순간일 뿐이며, 우리가 의식하는 모든 것은 과거에 존재하는 역사이다. 그러므로 지혜로운 행동은 역사의 경험에서 배운다. 역사는 건축, 토목, 컴퓨터, 산업 디자인 등과 같은 분야의 학문과는 근본적으로 다르다. 이와 같은 기술 분야의 학문은 실생활에 직접 응용할 수 있다. 그러나 역사의 효용 가치는 간접적이다. 즉, 과거를 배움으로써 현재의 생활에서 과오를 피하고 미래를 살아가는 지침을 얻는 데 역사의 효용 가치가 있다. 따라서 역사는 우리의 삶에 큰 도움이 될 수 있는 지식이다.

훌륭한 역사 연구는 우리의 지적 활동을 더욱 왕성하게 해준다. 역사 연구의 대상은 정치, 경제, 사회, 문화, 예술 등과 같은 인간 생활의 모든 영역을 포함한다. 역사는 과거 인류의 역사적 사실과 사건에 대한 지식을 얻는 것뿐만 아니라 창의적인 사고력과 철저한 이해력을 요구하는 지식이다. 따라서 역사는 과거 인류의 경험을 통해 귀중한 가치와 교훈을 주고 우리들의 사고 능력을 발전시키는 데 이바지하기 때문에 중요하다.

3) 교훈의 역사

최초로 역사의 교훈적인 가치를 추구한 역사가는 투키디데스이다. 그는 인간의 본성과 행위가 유사하므로, 인간이 만들어 가는 세상사나 역사의 진행도 반복된다고 보았다. 따라서 그는 과거 인간의 생활과 경험에서 교훈을 찾아내어 현재의 문제 해결을 위한 해답을 얻을 수 있다고 했다.

'교훈적인 역사'라는 용어를 최초로 사용한 역사가는 폴리비오스Polybios, B.C. 203-120이다. 그는 역사 연구가 고난을 극복하고 운명을 개척하는 용기를 배우는 가장 확실한 방법이라고 했다. 그는 『로마사』를 통해 인간이 재난에 직면했을 때 이를 극복하는 인내와 경험을 얻을 수 있다는 교훈적인 역사를 강조했다.

폴리비오스의 교훈적인 역사는 그 후 리비우스Titus Livius, B.C. 59-A.D. 17와 타키투스Publius Cornelius Tacitus, 55?-117?에 의해 계승되었다. 리비우스는 『로마사Ab Urbe Condita Libri』에서 "세계에서 가장 우수한 시민의 업적을 기념하기 위하여 이 저서를 서술한다 …… 역사란 교훈적이어야 한다. 역사는 도덕을 가르쳐야 하고 시민으로서 지녀야 할 덕목과 애국심을 고취시킨다."라고 하여 역사의 교훈성을 강조했다.

타키투스는 로마 제국 시대에 귀족들의 사치와 허영으로 말미암아 시민이 가난과 고통에 시달리는 모습을 보았다. 그는 이러한 상황을 로마 제국의 위기로 파악하고 이를 해결하고자 『게르마니아Germania』를 저술했다. 로마 제국의 구원할 해결책으로 게르만족의 건전하고 소박한 미덕을 강조하여 공화정 초기 로마인들의 도덕적인 생활 태도와 애국심을 되살리고자 했던 것이다. 역사의 교훈성을 강조해서 멸망의 길을 걷고 있는 로마의 운명을 타개하고자 한 것이 타키투스의 역사 인식이다.

4. 21세기와 세계 속의 한국

국가 간의 상호 이해와 협력이 필요한 21세기에서 역사는 한국사와 세계사의 독자성을 인식해야 한다. 과학 기술과 교통 · 통신의 첨단화는 국가 사이의 인적 · 물적 교류를 한층 확대했다. 그래서 인구, 식량, 에너지, 환경 등의 문제는 한 국가가 당면한 문제를 초월하여 세계적인 문제로 떠오르고 있다. 이러한 문제들로 말미암아 발생하는 국가들 사이의 정치적, 경제적, 이데올로기적 대립과 갈등은 전쟁으로 이어지는 경우도 있다. 예컨대, 선진국과 후진국 사이의 경제 문제, 자본주의 국가와 사회주의 국가 사이의 이념 문제, 석유를 둘러싼 자원 문제 등이 국제 관계를 긴장시키고 있고 지역에 따라 극단적인 전쟁을 일으킨다. 특히 제3세계에서 겪고 있는 빈곤, 질병, 식량 부족, 인구 증가, 무지, 억압 등과 같은 열악한 환경 문제는 인류사적인 차원에서 해결해야 할 현안이다. 따라서 21세기의 역사 교육은 국제 관계를 올바르게 인식하고 인류의 공동 번영에 이바지해야 한다. 또 각국의 국민은 서로 상대방의 국가를 상호 이해하고 공존해 나갈 수 있는 풍토를 조성해야 한다.

오늘날 세계는 세계화와 국제화가 하나의 패러다임을 형성하고 있다. 이러한 상황에서 역사를 서술하고 배우는 목적은 다양한 인간의 삶을 인식하고 더 넓은 세계로 지평을 넓혀 세계인의 일원으로서 포용성을 갖추고자 하는 것에 있다. 이를 위해서는 하나의 민족이나 국가가 중심이 되는 역사가 아니라 세계와의 관계 속에서 자국의 역사를 바라보는 '열린 역사'를 지향해야 한다. 따라서 오늘날의 역사 교육은 개인으로서의 나, 민족과 국가의 구성원으로서의 나, 세계 속의 나를 재인식하고 바람직한 세계인으로서의 역사의식을 갖추는 데 있다.

마라톤은 언제부터 시작되었고 왜 이란은 마라톤 종목에 출전하지 않는가?

마라톤은 그리스의 아테네에서 북동쪽 약 30Km 떨어져 위치한 지역이다. 이 곳에서 기원전 490년에 페르시아군과 아테네군 사이에 전투가 있었다. 마라톤 경기는 마라톤 전투에서 승리한 아테네의 승전 소식을 아테네에 전한 전령 페이디피데스를 기리는 뜻에서 1896년 고대 올림픽에 채택된 육상 경기 종목이다. 헤로도토스에 따르면 기원전 490년 아테네가 페르시아군이 마라톤에 상륙한다는 소식을 듣고 전령 페이디피데스는 스파르타에 지원군을 요청하기 위해 파견하였으며, 페이디피데스는 약 200Km의 거리를 이틀에 걸쳐 뛰었다. 이에 스파르타는 아테네로 지원군을 파병하는 데 동의했으나 종교적인 이유로 말미암아 스파르타는 지원군을 보내지 못했다. 결국 아테네는 스파르타의 지원군 없이 동맹도시들의 도움으로 마라톤 전투에서 페르시아군을 물리쳤다. 마라톤 전투에서 패전한 페르시아의 후예국인 이란은 마라톤을 금기시했다. 이를 근거로 이란은 올림픽과 아시아 경기대회 등의 세계대회에서 마라톤 종목에 선수를 출전시키지 않았으며, 이란의 수도인 테헤란에서 열린 1974년 아시안 게임에서는 마라톤이 경기 종목에서 제외되었다.

스파르타 남자들의 삶은 어떠했을까?

스파르타는 남자 아이가 태어나면 최고의 전사로 키우기 위해 일곱 살이 됐을 때 부모와 떨어져 '아고게(Agoge)'라는 교육과정을 통해 훈련을 받도록 했다. 고전기의 아고게는 7세에서 20세까지의 긴 훈련 및 입회 과정이었다. 스파르타 남자들은 아르테미스 신전을 중심으로 생활했고, 아르테미스 여신의 보호 하에서 매우 험악하고 집단적인 교육을 받으며 성인 사회로의 진입을 준비했다. 스파르타 남자들은 아고게에서 달리기와 씨름, 검술, 승마, 수영 등 기초 전투 훈련을 익혔다. 그리고 때때로 도둑질을 해서 허기를 달래게 했다. 만약 도둑질을 하다가 붙잡히면 죽도록 두들겨 맞았는데, 도둑질을 했기 때문이 아니라 도망가지 못하고 들켰기 때문이다. 이처럼 도둑질도 훈련의 일종이었고, 잡히는 것을 수치로 여겼다. 전해지는 기록에 따르면, 한 소년의 경우 훔친 새끼 여우를 외투 속에 숨겨오던 중 발버둥 치던 여우에게 배가 찢기는데도 도둑질을 들키지 않기 위해 참다가 결국 죽었다고 한다. 또한 아고게를 이수한 스파르타 남자는 크립테이아라는 비밀경찰로 재직하면서 헤일로타이를 죽이는 것을 관습적으로 시행했다. 이것은 고전기 스파르타 아고게가 스파르타인의 공동체에 편입되는 장기간의 통과의례 과정의 성격과 성인 전사사회의 감수성과 가치관을 이어받는 시민적 성숙의 과정이라는 성격을 함께 가지고 있었기 때문이다.

참고 문헌

고려대학교 사학과 교수실 엮음,『역사란 무엇인가』, 고려대학교출판부, 1990.

김기봉,『역사란 무엇인가를 넘어서』, 푸른역사, 2006.

김호연,『역사란 무엇인가』, 울산대학교출판부, 2002.

박성수,『역사학 개론』, 삼영사, 2000.

손영호,『역사의 이해-역사의 의미에서 인식까지』, 학지사, 1999.

신승하,『중국사학사』, 고려대학교출판부, 2000.

신영식,『한국사학사』, 삼영사, 1999.

안병직 외,『오늘의 역사학』, 한겨레신문사, 1998.

이상신,『서양사학사』, 청사, 1984.

임희완,『역사학의 이해』, 건국대학교출판부, 1994.

조지형,『역사의 진실을 찾아서, 랑케 & 카』, 김영사, 2006.

한국역사연구회 엮음,『20세기 역사학, 21세기 역사학』, 역사비평사, 2000.

더 읽을 거리

뢰비트, K.,『역사의 의미』, 이석우 옮김, 탐구당, 1990.

반스, H. E.,『서양사학사』, 허승일 · 안희돈 옮김, 한울, 1997.

에번스, R.,『역사학을 위한 변론』, 이영석 옮김, 소나무, 1999.

이거스, G.,『20세기 사학사』, 임상우 · 김기봉 옮김, 푸른역사, 2002.

카, E. H.,『역사란 무엇인가』, 김택현 옮김, 까치, 1997.

캐너다인, D. 엮음,『굿바이 E. H. 카』, 문화사학회 옮김, 푸른역사, 2005.

콘킨, P & 스트롬버그, R.,『서양사학사』, 임희완 옮김, 예문, 1987.

제2장

한민족의 형성과 동아시아

1. 한민족이란 말은 어떻게 만들어졌나?
2. 한민족 형성을 연구하는 어떤 자료가 있나?
3. 동아시아 고대 문명의 다양성
4. 한민족 형성에 대한 견해들
5. 한민족 형성과 열린 민족주의

1. 한민족이란 말은 어떻게 만들어졌나?

한국의 국정 국사 교과서에서 가장 많이 등장하는 용어가 '민족' 혹은 '한민족'이라고 한다. 한국에서는 민족을 단군 이래의 혈연 공동체로 이해하는 경향이 있지만, 민족은 대체로 "언어, 거주하는 지리적 범위, 경제생활과 문화, 동류로서의 공속의식共屬意識을 공통으로 가지며, 역사적으로 형성된 인간 집단"(『두산백과사전』)으로 정의할 수 있을 것이다.

여기서 민족이 인종이나 종족적 차원이 아닌 문화적, 역사적으로 형성된 집단이라는 사실은 의미심장하다. 민족이 고정불변한 개념이 아님을 알게 해주기 때문이다. 따라서 민족주의 전문가인 미국 코넬 대학의 베네딕트 앤더슨 교수는 민족을 고대로부터 존재한 실재가 아니라, 왕조 국가가 쇠퇴하고 자본주의가 발달하는 근대에 생겨난 '특정한 조형물'로 파악한다. 그에게 민족은 특정 시기에 사람들의 경험을 통해서 구성되고 의미가 부여된 '상상의 공동체'에 불과할 뿐이다.

그렇다면 한국 사람들에게 '우리는 하나'라는 인식의 토대를 제공해온 '한민족'이라는 용어는 어떤 역사성을 지니고 있을까?

일단 한국에서 교육받은 사람이면 앞의 '한韓'이 고대의 삼한三韓에서 유래한 것임을 쉽게 짐작할 수 있을 것이다. 이 '한'은 조선 후기 실학자 이익의 '삼한정통론'에서 주목받기 시작했고, 1897년 고종의 대한제국에서 최초로 국호로 차용되었다. 이어 1919년 상하이上海 임시정부에서 '대한민국大韓民國'이라는 국호를 채택했고, 1948년 남한 정부 수립 시 이를 계승함으로써 현재까지 이어지고 있다. 여기서 한 가지 주의할 점은 역시 같은 해 한반도의 북쪽에 세워진 조선인민민주주의공화국북한에서는 '한'이라는 명칭 대신 '조선'이 부각되고 있다는 점이다.

이제 '민족'이라는 용어의 유래에 대해서도 살펴보자. 사실 동아시아 한자

문화권에서 민족民族이라는 용어가 본격적으로 사용된 역사는 그다지 길지 않다. 서양에서 자본주의의 도입과 함께 근대 국민 국가가 성립되던 18~19세기 민족주의nationalism가 새로운 이념으로 등장하기 시작한 것은 주지의 사실이다. 이어 19세기 중엽 서양 문물의 수입을 선도하던 일본 학자들이 'nation'이나 'ethnic group'을 '민족'으로 번역함으로써 '민족'이라는 개념이 동아시아에 처음 등장하게 되었다. 이후 중국의 량치차오梁啓超양계초 등의 저술을 통해 19세기 말부터 보급되다가, 국내에는 일제 식민지 시대에 항일 의식을 고취하려는 신채호 같은 선구적 학자들에 의해 강조되기 시작했다. 사실상 국내에 '민족'이라는 개념이 본격적으로 도입된 시기는 20세기 이후라고 볼 수 있을 것이다.

신채호(1880~1936)

梁啓超(1873~1930)

중국 청 말, 중화민국 초의 학자이자 정치가. 캉유웨이(康有爲)에게 배우고 그와 더불어 입헌군주제를 주장, 1898년 무술정변에 참가했으나 실패하여 일본으로 망명했다. 보황당(保皇堂)을 조직, 쑨원의 혁명적 입장과는 달리 청조의 개조 강화를 주장했다. 서양의 과학적 연구 방법을 중국의 학술에 도입하여 학계에 영향을 미쳤다.

여기서 '한민족'이라는 용어와 관련하여 당시 신채호나 정인보 등 민족주의 사학자들은 민족의 원류로 삼한보다 고조선을 주목했다는 점을 상기해야 한다. 또한, 남한 사람들이 같은 민족으로 믿어 의심치 않는 북한 사람들은 (남한 사람들까지 포함한) 자신을 '한민족'이 아닌 '조선 민족'이라고 부르고 있다.

따라서 한+민족의 조합은 사실상 1948년 대한민국 건국 이후의 산물이었을 가능성이 크고, 한반도의 남쪽에서만 주로 사용되어온 용어임을 알 수 있다. 앤더슨이 주장하듯 '한민족' 역시 20세기 후반부 새로운 국가 건설을 염원했던 한국남한의 특수한 역사적 상황에서 형성된 '상상의 공동체'일지도 모른다. 실제로 지난 세기 한국의 발전에 '한민족'이라는 일체감이 끼친 지대한 영향을 부인하기 어려울 것이다.

이런 측면에서 비교적 최근에 만들어진 '한민족'이라는 용어는 특정한 역사에서 생성된, 명확히 규정하기 어려운 가변적 개념임을 알 수 있다. 따라서 멀리 신석기 시대까지도 소급하여 한민족의 기원이나 형성 과정을 추적하려는 시도는 상당한 한계를 전제로 할 수밖에 없다. 왜냐면 이것은 20세기 후반부 남한에서 설정한 '한민족'이라는 제한적 개념을 수천 년 전의 불확실한 조상에까지 적용하려는 시도이기 때문이다.

그러므로 현재 국내 학계에서 한민족의 형성 시기에 대해 다양한 견해가 제기되어 있음이 일면 당연한데, 그 견해들은 대체로 다음의 세 시기로 나뉜다.

① 기원전 10세기 무렵이나 그 이전: 예濊, 맥貊, 한韓족의 등장과 함께
② 통일신라기: 최초의 통일 국가 출현으로 영역과 언어, 문화, 주민 확립
③ 근대 이후: 개항 이후 제국주의에 대한 반작용으로 민족 결집

③은 민족이 근대적 개념임을 전제로 한 것이고, ①과 ②는 '민족'이라는 용어 자체는 근대 이후 도입되었지만, 이전에도 민족에 해당하는 실체가 형성되어 있었다고 보는 견해이다. 고대에 초점을 맞춰야 하는 이 글의 성격상 ③은 논외로 하고, 주로 ①과 ②를 구체적으로 검토할 것이다.

그러나 본론으로 들어가기 전에 한민족 개념의 모호성만큼이나 우리의 연구를 어렵게 하는 다른 중요한 문제, 즉 한국 고대사 관련 자료의 한계도 살펴볼 필요가 있다.

2. 한민족 형성을 연구하는 어떤 자료가 있나?

한민족의 원류를 구명하는 데에는 대체로 문헌과 고고학 자료가 활용되고 있다. 현재 한국에 남아 있는 가장 오랜 문헌으로는 12세기에 편찬된 『삼국사기三國史記』와 13세기의 『삼국유사三國遺事』를 들 수 있다. 『삼국사기』는 삼국

시대 이전에 대해서는 거의 다루지 않기 때문에, 주로 신화와 전설을 수록한 『삼국유사』가 상고 시대를 연구할 수 있는 가장 오랜 문헌 자료이다.

그러나 신화나 전설에 역사의 잔상이 남아 있을 가능성을 부인할 수 없다고 해도 이를 액면 그대로 받아들이기는 무척 조심스럽다. 그러한 좋은 실례가 『삼국유사』의 '고조선'조에 등장하는 이른바 단군 신화일 것이다. 여기서는 일단 반만년 역사 인식의 토대가 된 단군 기년紀年 문제, 즉 단군왕검의 개국 연대 한 가지만 지적하기로 한다.

'고조선'조에는 단군왕검이 중국의 요堯 임금이 즉위한 지 50년 만에 고조선을 개국했다고 전한다. 바로 이 기록이 우리가 '단기檀紀'로 알고 있는 기원전 2333년의 근거가 되었는데, 이 연대는 요의 즉위 연대를 토대로 한 것임을 짐작할 수 있다.

그러나 일단 요 임금은 중국 전설상 시조 중의 하나로 중국 학계에서도 그 실재를 인정받지 못하고 있음을 알아야 한다. 중국의 위대한 역사가 사마천은 기원전 1세기에 펴낸 『사기史記』에서 기원전 841년 이전의 연대에 대해서는 알 방법이 없음을 천명한 바 있다. 최근 중국에서 사마천이 포기했던 고대의 연대 체계를 세우려고 추진한 대형 학술 프로젝트인 '하상주단대공정夏商周斷代工程'*에서도 요의 시대는 논의의 대상에조차 포함되지 않고 있다. 더욱이 이 프로젝트에서 중국의 최초 왕조들인 하夏나라와 상商나라 전기, 즉 기원전 1300년 이전의 연대는 정확한 파악이 불가능하다고 보고 그 대략적 틀만을 설정하고 있을 뿐이다.

따라서 전통 시대 중국 학자들이 요 임금의 실존을 가정하여 추측해낸 즉위 연대를 수용하는 학자들은 전무하다. 이를 바탕으로 도출된 단군의 개국 연대 기원전 2333년은 더더욱 받아들이기 어려워진다. 마찬가지로 『삼국유사』의 기년 문제를 비롯한 단군 관련 기사는 고려 시대 사람들이 단군을 자신의 시조로 인식했다는 사실을 전해줄 뿐이지, 그 인식의 정당성까지

하상주단대공정 : 1996년부터 5년 동안 중국학자 200여 명이 참여한 하(夏), 상(商), 서주(西周) 왕조의 연대 구축 프로젝트. 천문학과 고고학, 문헌학 등의 다양한 방법을 사용하여 다음과 같은 결과를 얻었다: 하(기원전 2070년 경 건립), 상(기원전 1600년 경~1046년), 서주 왕의 재위년 확정. 학술적 성격 이상으로 정치적 목적도 지닌 프로젝트로, 확정된 연대 역시 이론의 소지가 크다.

보증하는 것은 아니다.

이렇듯 한국에 남아 있는 상고사 관련 문헌 자료들이 불완전하기에, 훨씬 오래 전에 기록되었고 양적으로도 풍부한 중국 측 문헌 자료에 의존하지 않을 수 없다. 그러나 한국 상고사 부분에 관해서는 중국 측 기록 역시 대부분 단편적이고 중화주의 관점에서 서술되었기 때문에 조심스럽게 활용해야 한다.

많은 연구자들이 주로 활용하는 고고학 자료에도 상당한 한계가 있다. 물론 20세기 후반 만주 지역과 한반도에 관한 고고학적 연구의 성과가 풍부한 자료를 제공하고 있음은 분명하다. 그러나 남북한과 중국만주에서 각기 진행된 고고학 자료를 체계적으로 정리하는 작업은 아직 초보 단계에 있다. 즉, 한반도와 만주를 아우르는 고고학적 체계가 아직 제대로 설정되지 않았다는 것이다.

고고학 자료와 관련하여 한 가지 반드시 짚고 넘어가야 할 문제는 고고학적 문화 요소의 분포와 정치체나 민족 분포 사이의 상관관계이다. 한국 학계에서는 대체로 같은 문화 양상이 나타나는 지역을 동일한 족속의 분포 지역으로 간주하는 경향이 강하다. 그 가장 좋은 실례가 국사 교과서에서도 나타나듯이 비파형 동검과 미송리형 토기의 분포 지역을 고조선의 강역과 일치시키려는 시도일 것이다.

그러나 일부 고고학적 문화 요소의 유사성을 토대로 특정 집단을 규정하는 것은 극히 위험한 발상이다. 하나의 고고학 문화를 여러 종족이 공유한 경우가 허다할뿐더러 같은 종족이라도 다른 양식의 문화를 발전시킨 사례도 얼마든지 있기 때문이다. 따라서 고고학 자료를 토대로 한 문화 영역과 문헌에 나타나는 정치적 실체의 범위를 일치시키려는 시도에는 큰 한계가 있음을 인식해야 할 것이다.

이렇듯 한민족 개념의 모호성 못지않은 자료상의 한계 역시 한민족 형성에 대한 탐구가 쉽지 않은 작업임을 보여 준다. 그럼에도 근래 동아시아 고고학 성과는 여러 지역에 다양한 문화권이 존재했음을 드러내고 있어서, 이들과의 대조를 통해 한민족 원류의 실상에 조금 더 가까이 접근할 수 있을 것이다.

3. 동아시아 고대 문명의 다양성

중국의 고대 문명이라면 누구라도 세계 4대 문명의 하나로 알려진 황하黃河 문명을 떠올릴 것이다. 실제로 1960년대까지 문화전파론의 영향으로 중국 혹은 동아시아 고대 문명은 황하 중류 유역에서 최초로 발흥하여 외곽 지역으로 확산한 것으로 인식되었다.

그러나 20세기 중국의 방대한 고고학 성과는 황하 유역 이외의 지역에서도 다양한 신석기 문화가 존재했음을 밝혀냈다. 중심 문화의 전파가 아닌 다양한 지역 문화의 상호 작용이 중국 문명의 토대가 되었다는 인식이 보편화된 지는 이미 오래되었다. 따라서 이제 중국 문명의 다원성과 다양성이 인정받고 있는 이상, 중국 문명 혹은 동아시아의 대표 문명을 황하 문명과 동일시하는 견해는 재검토될 필요가 있다. 이 장에서는 현재의 중국 영역 내에서 발흥한 주목할 만한 초기 문화들과 함께 한반도와 일본의 사례도 살펴볼 것이다.

1) 황하 유역

1920년대 스웨덴의 지질학자 J. G. 안데르손은 중국 허난성河南省하남성 양사오촌仰韶村앙소촌에서 서아시아의 채도彩陶와 유사한 채도를 발견했다. 근래까지도 중국 서쪽 산시성陝西省섬서성의 반포半坡반파와 간쑤성甘肅省감숙성의 마자야요馬家窯마가요 일대에서 이와 유사한 채도가 발견되었는데, 기원전 5000~3000년 사이에 발달했던 이 신석기 문화를 '양사오앙소 문화'라고 부른다. 1930년대에는 또한 동부 산둥성山東省산동성의 룽산전龍山鎭용산진에서 검은색 도기흑도가 발견되었는데 이런 유형의 문화를 '룽산용산 문화'로 명명했다.

양사오 문화에 뒤이어 기원전 2500년경 황하 유역에서 광범위하게 발달한 다양한 룽산 문화 유적지들에서는 계층 분화의 흔적과 함께 성곽, 초보적 문

상대 청동기

자, 예기禮器 등이 발굴되었다. 이런 룽산 문화의 발전이 황하 문명의 주요한 토대가 되었음은 물론이다. 룽산 문화에 뒤이어 허난성 옌스현偃師縣언사현 얼리터우二里頭이리두에서는 거대한 궁궐터와 함께 다양한 청동 예기, 옥기 등이 발견되었고, 중국학자들은 국가 수준에 걸맞은 얼리터우 유적지를 중국 최초의 왕조로 알려진 전설상의 하夏나라 도읍지로 추정하고 있다. 이런 기반을 바탕으로 기원전 15세기 무렵부터 황하 유역에서는 갑골문과 화려한 청동 예기를 사용한 상商 왕조와 그 뒤를 이은 주周 왕조가 상당히 방대한 지역을 장악한 고대국가로 발전했다.

주 왕조는 통상 서주B.C. 1045~771와 동주B.C. 771~221로 나뉜다. 이민족의 침략으로 오늘날 산시성 일대의 중심지를 버리고 동쪽 허난성 뤄양洛陽낙양 지역으로 도읍을 옮긴 기원전 771년부터 춘추 전국 시대로도 알려진 동주 시대가 시작된다. 주 왕실의 세력 약화로 초래된 황하 일대 열국의 치열한 상쟁 과정에서 서방에서 흥기한 진秦의 시황제가 기원전 221년 최초로 중국을 통일한다. 거대한 통일 제국 진이 한漢, B.C. 202~A.D. 220 제국으로 이어지며, 황하 유역은 동아시아 세계의 중심으로 자리매김한다. 문헌에 언급된 하·상·주 삼대와 진한 제국의 거대한 발전 양상이 풍부한 고고학 성과로 입증되고 있음은 물론이다.

2) 창강長江장강; 양자강 유역

창강 하류인 저장성浙江省절강성 항저우만杭州灣항주만 인근에서 기원전 5000년

싼싱두이 유적 출토 청동 인두상

경 형성된 허무두河姆渡하모도 문화는 벼농사의 기원지로서 주목받고 있다. 벼농사의 흔적과 함께 다양한 농구와 상당 규모의 건축 유적지가 발견된 허무두 문화는 창강 하류 지역이 황하와 다른 신석기 문화권이었음을 나타낸다. 이 일대는 마자빙馬家浜마가병 문화와 숭쩌崧澤송택 문화를 거쳐 기원전 3천 년경 '량주良渚양저 문화'라고 일컫는 독특한 문화가 발견되었다. 량주 문화는 도기의 발전에서는 룽산 문화의 흔적이 나타나지만, 고도로 세련된 다양한 옥기가 다량 발견되어 그 발전 수준만큼이나 황하 유역에서는 찾을 수 없는 중요한 문명의 표식을 보여 준다.

창강 중류의 장한江漢강한 평원에서도 다시大溪대계 문화를 이어 기원전 3000년경 취자링屈家嶺굴가령 문화가 형성되었다. 취자링 문화 역시 벼농사를 중심으로 한 농경 문화가 크게 발전했으며, 그 문화 후반기와 이를 이은 시자허石家河석가하 문화 전기에는 거대한 성벽을 갖춘 성이 출현하기 시작했다. 창강 상류 유역에서도 이에 버금가는 신석기 문화의 흔적이 발견되었고, 상 왕조 후기에 이르러서는 쓰촨성四川省사천성 싼싱두이三星堆삼성퇴 지역에서 청동 인두상을 비롯하여 상의 중심지와는 다른 독특한 청동기 문화가 발전했다. 파巴와 촉蜀의 원류로 추정되는 창강 상류 지역과 함께, 중하류 지역에서도 진의 통일 이전까지 초楚와 오吳, 월越 등이 번성했다.

따라서 창강 유역 역시 황하 유역과 마찬가지로 상당 수준의 독자적 문화가 발달했음을 알 수 있다. 이에 최근 중국학자들은 이 지역 문화를 묶어서 황하 문명에 버금가는 '창강 문명'이라는 새로운 개념을 조심스럽게 제출하고 있다.

3) 랴오하遼河요하 유역

현재 중국의 동북 지역, 즉 랴오허와 다링하大凌河대릉하 일대도 새로운 문명의 후보지로 주목받고 있다. 내몽고 동부와 랴오닝성遼寧省요녕성 서부에서 발전한 훙산紅山홍산* 문화는 비슷한 시기 황하 중류의 양사오 문화와 대비된다.

홍산 문화 유적지들에서는 기원전 5000년 무렵까지 소급되는 다양한 옥기들이 발굴되어 관심을 끌고 있다. 대부분 장식품으로 추정되는 홍산 문화의 옥기들은 이보다 시기적으로 늦은 량주 문화의 그것들만큼 섬세하지는 않지만 동북 지역의 독창적 문화 요소로 가치를 인정받고 있다. 홍산 문화의 대표적 유적지인 랴오닝성의 둥산쭈이東山嘴동산취와 뉴허량牛河梁우하량에서는 신전으로 추정되는 복잡한 건축물이 여신상들과 함께 발굴된 바 있다.

홍산
1908년 일본의 인류학자 도리이 류조(鳥居龍藏)에 의해 처음 발견된 네이멍구 자치구와 랴오닝성 일대의 신석기문화.

홍산 문화는 황하 유역의 청동기 문화와 맞먹는 샤자뎬下家店하가점 상하층 문화로 이어진다. 기원전 8~7세기까지 랴오하 서쪽에는 북방 초원 지대의 유목적 성격이 강한 샤자뎬 상층 문화가 존재했고, 같은 시기 다링하 유역에서는 비파형 동검 문화가 형성되어 점차 요동 지방에까지 확산했다. 최근 중국 동북

홍산 문화 옥룡

선양 신러유적 출토 신석기 시대 토기

지역의 고고학자들은 홍산~샤자뎬으로 이어지는 지역 문화를 토대로 '랴오하 문명'이라는 새로운 용어를 내놓고 있다. 중국학자들은 이를 동호東胡 계통의 북방 유목 민족으로 보려는 경향이 강한 반면, 한국의 일부 학자들은 고조선과 한민족의 원류를 여기서 찾고 있다.

중국에는 이 밖의 다른 지역에서도 독특한 신석기 문화들이 발전한 것으로 보이지만, 위의 세 지역이 가장 주목받고 있다. 창강과 랴오하 일대가 황하 유역에 버금가는 독특한 문화권을 형성했음에도, 지금까지 문명의 지위를 얻지 못한 가장 큰 이유는 문자를 사용하여 기록을 남긴 왕조들이 황하 유역에서 지속적으로 발전했기 때문인지도 모른다. 그러나 이 두 지역을 새로운 문명권으로 설정하려는 최근의 시도는 다양한 각도에서 장기간에 걸친 검증이 필요할 것으로 보인다. 이제 한반도와 일본의 상황을 살펴보자.

4) 한반도의 신석기와 청동기 문화

한반도의 신석기 문화 하면 대체로 빗살무늬 토기를 떠올릴 것이다. 한반도 중서부 남쪽에서는 바닥이 둥근 토기가, 압록강과 두만강 유역에서는 바닥이 평평한 빗살무늬 토기가 발견되고 있다. 남부와 동해안 지방에서는 덧무늬융기문 토기가 주로 발견되었는데 두 토기 문화의 연원이나 선후 관계에 대해서는 의견이 일치하지 않고 있다.

양양 오산리 출토 신석기시대 토기

기원전 2000년경부터 한반도에는 큰 변화가 일어나는데, 그것은 바로 무문 토기와 고인돌의 출현이었다. 대체로 고인돌의 출현을 청동기 시대의 표식으로 보기도 하지만, 사실상 한반도 청동기 시대의 개시에 대해서는 기원전 2000~1000년에 몇 가지 다른 견해가 제기되어 있다. 위에서 중국 동북 지탕의 특징적 청동기로 언급했던 비파형 동검은 현재까지 한반도에서 50여 점 출토되었고, 기원전 4세기경부터 한국식 세형 동검으로 발전했다.

그러나 중국의 경우와 달리 한반도의 청동기 시대는 거대한 성벽과 같은 강력한 정치체의 존재를 입증할 만한 고고학적 증거가 아직 나타나지 않고 있다. 그럼에도 전 세계에 존재하는 고인돌의 거의 절반이 한반도에 남아 있다는 사실은 한반도 청동기 시대의 주요한 특징으로 간주되어야 할 것이다.

5) 일본 선사 문화의 독특성

일본에서는 세계 어느 지역보다 빠른 토기 문화가 발전했다. 신석기 시대에 해당하는 조몬 시대는 대표적 토기에 새겨진 새끼줄 문양繩文조몬에서 그 명칭이 유래되었다. 규슈 지방에서 발견된 최초의 조몬 토기는 아주 작고 부서지기 쉬운데 그 연대가 기원전 10750년까지 올라간다고 한다. 뒤이어 제작 연대가 기원전 10000~2500년으로 추정되는, 모양이 다양하고 아름다운 장식이 있는 독특한 토기들이 일본 전역에서 발견되었다. 조몬 시대 말기에는 토기가 주전자 모양으로 바뀌고 다리 달린 그릇들이 출현한다.

조몬토기

일본은 기원전 10세기경 농경이 도입되어 조몬 시대가 막을 내리기 시작하고 기원전 4세기경부터 청동기와 벼농사가 도입된 야요이彌生 시대로 들어간다. 이때부터 한반도를 통해 중국 대륙의 문화가 본격적으로 유입되기 시작했다.

4. 한민족 형성에 대한 견해들

1970년대 이래로 다양한 각도에서 한민족의 형성에 관한 연구가 계속되었다. 이 장에서는 그런 연구에서 제기된 중요한 쟁점을 정리하는데, 우선 최근에 주목받는 유전자를 통한 분석부터 살펴볼 필요가 있다.

1) 유전자를 통한 분석

유전학자들은 대부분 현생 인류가 지금부터 15만 년 전쯤 아프리카에서 분화하여, 약 6~7만 년 전에 아시아로 이주하기 시작했고, 4~5만 년 전 여러 집단이 각각 지역의 특수한 상황에 적응하며 유전적 변이를 거치면서 언어와 문화 등에서 각기 차이를 나타냈을 것으로 보고 있다. 그런데 생물학적으로 볼 때 전체 인류는 유전자의 99.8%를 공유하고 있어서 현대인 개체 간의 유전적 차이는 미미하다고 한다.

그럼에도 최근 분자생물학 및 생물정보학적 분석 기법이 발달함에 따라 각각 모계 및 부계로부터 유전되는 미토콘드리아 DNAmtDNA와 Y염색체 DNA를 분석하여 특정 지역의 사람들이 어떤 유전자를 가졌는지 조사할 수 있게 되었다. 특히 단국대 김욱 교수는 한국인 집단을 포함한 동아시아 여러 민족의 mtDNA 분석을 통해 한민족 기원에 대한 몇 가지 중요한 결과를 내놓았다.

우선 한국인 집단의 mtDNA 유전적 다양성이 매우 높지만, 대체로 북방계의 mtDNA 그룹이 60% 정도를 차지한다고 한다. 동북부 시베리아 계통은 상당히 낮은 빈도로 조사되었다. 또한, 남방 기원으로 해석되는 mtDNA 계통이 전체의 40% 정도를 차지한 것으로 나타났다. 이런 결과는 한국인 집단이 북방과 남방 계통의 유전자가 복합적으로 구성된 다기원적 집단이라는 Y염색체 DNA 연구 결과와도 일치한다. 한국인은 중국 한족漢族이나 베트남인들과는 계통이 다르고 중국 조선족과 만주족, 일본인과 가장 가까운 것으로 분석되었다. 다른 연구들에서도 한국인의 유전자가 일본인과 북중국인을 포함한 북아시아 사람들의 유전자와 유사한 것으로 나타났다.

2) 외래 기원설

한국인의 기원과 관련하여 그동안 논란의 대상이 되어온 문제는 한국인이 과연 어디서 왔느냐는 것이었다. 이에 대해 최초로 주목받은 견해는 시베리아 기원설로, 이는 한반도에서 출토된 빗살무늬 토기와 청동 단추, 돌널 무덤 등이 시베리아의 그것들과 유사하다는 점에서 출발했다. 나아가 시베리아 신석기 문화의 담당자인 고아시아족에 곰 숭배 사상이 있었던 것으로 추정하고, 단군 신화에 나타나는 웅녀를 곰 토템, 즉 곰 숭배의 상징으로 보아 한민족과 고아시아족이 같은 뿌리에서 나왔음을 주장했다.

그러나 한반도와 유라시아 지역에서 출토된 빗살무늬 토기는 명칭은 같아도 무늬의 형태와 기형, 연대 등에 차이가 있어서 양자의 연계성을 부정하는 학자도 많다. 따라서 최근에는 중국 동북 기원설이 제기되고 있는데, 이런 주장은 한반도 출토 토기들과 청동 검 등이 그 지역에서 출토된 것들과 유사하다는 사실에 바탕을 두고 있다.

서울 암사동 출토 빗살무늬 토기

일부 학자들은 벼농사나 고인돌 등이 남방을 통해 들어온 것으로 추정하고 남방 기원설을 주장하기도 한다. 그러나 두 가지 모두 북방 경로와 연결되었을 가능성도 크기 때문에 이를 근거로 남방 민족의 도래를 단정하기는 어렵다.

사실 외래 기원설을 추적하다 보면 앞의 유전자를 통한 분석에서 나타나듯이 결국 아프리카 기원설로 귀결될 수밖에 없을지도 모른다. 따라서 외래 이주 자체를 완전히 부정할 수는 없겠지만, 고고학적으로 나타나는 물질 문화의 유사성을 집단의 이동 차원보다는 문화의 전파나 교류의 측면으로 이해하는 것이 더 타당할 것이다.

3) 토착 기원설

북한에서 주장하는 이른바 '조선 민족 단혈성 기원론'이 대표적이다. 이 이론은 1970년대부터 평양 일대에서 발견된 화석 인골을 토대로, 구석기 시대 이래 평양을 중심으로 조선 민족이 형성되었다고 주장한다. 100만 년 전부터 사람이 살았던 평양은 인류 발생지 중의 하나이며, 구석기 시대 후기에 현생 인류가 나타나 '조선 옛사람'의 원형을 이루었고, 고조선이 성립할 무렵 현대의 '조선 민족'의 토대가 된 '고대 조선족'이 형성되었다는 것이다.

1980년대 말에 세워진 이런 도식적 체계는 1970년대에 정립된 주체사관에 토대를 둔 것으로 평양 지역을 민족의 중심으로 설정하려는 목적에서 비롯된 것이다. 1994년 평양 인근의 거대한 단군릉 복원 역시 이와 맥을 같이한다.

물론 한민족의 형성 과정에서 위에서 살펴본 외래적 요인을 부인할 수 없듯이 토착적 성격 역시 무시되어서는 안 될 것이다. 그러나 북한의 주장처럼 지나치게 과장되고 도식화된 체계는 합리적 연구에 큰 장애라고 하지 않을 수 없다.

4) 고조선에 대한 다양한 해석

한국 사람이면 누구나 한민족 최초의 국가로 고조선을 들기를 주저하지 않을 것이다. 그러나 지금까지 고조선에 관해 무수한 논문이 쏟아져 나왔음에도, 기본적인 문제들에서조차 아주 큰 이견이 있음을 알아야 한다.

무엇보다 고조선의 위치 문제에 대해서는 요서설과 요동설, 평양설이동설로 나뉘지는데, 일단 기원전 3세기 연나라 장수 진개秦開의 침략을 받고 요동에서

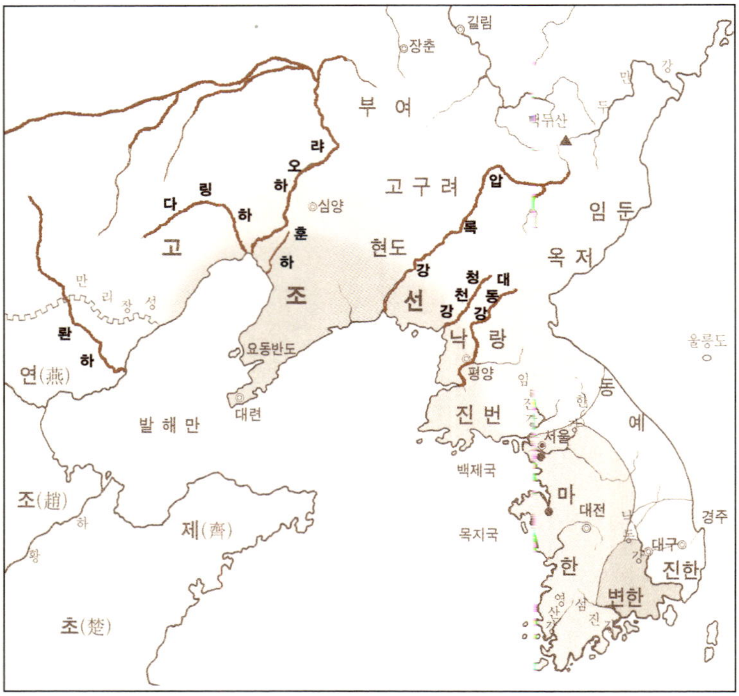

고조선 · 삼한 형세도

요령식 동검(국립중앙박물관)

현재의 평양 지역으로 이동했다는 설이 학계의 주류인 듯하다. 그러나 『사기』 등의 중국 문헌에 당시 조선과 연의 경계가 되었다고 언급된 패수貝水의 위치에 대해 현재까지 한반도 서북과 중국 랴오닝성遼寧省 사이에 있는 7개의 강, 대동강, 청천강, 압록강, 훈하渾河혼하, 랴오하遼河요하, 다링하大凌河대릉하, 롼하灤河난하가 모두 후보지로 주장된 적이 있다는 사실은 이 문제의 복잡성을 보여 준다.

고조선의 건국 혹은 존속 연대 역시 단군 기년에 맞먹는 기원전 2000년 이전에서 기원전 4세기경까지 다양한 견해가 제기되어 있다. 마찬가지로 고조선의 국가 성격에 대해서도, 비파형 동검 출토 지역을 고조선의 범위로 간주하고 여러 소국을 거느린 일종의 봉건 국가였다는 견해에서부터 부족 연맹체에 불과했다는 주장까지 다양하다.

이렇게 다양한 이견이 제시된 이유는 무엇일까? 이미 앞에서도 지적했듯이 고조선에 관한 신빙성 있는 문헌 기록의 부족이 일차적 원인일 것이다. 사실상 고조선 연구는 아주 단편적인 중국 측 기록을 토대로 할 수밖에 없기 때문에 기둥 몇 개도 없이 집을 짓는 것과 다름없는 어려운 과제이다. 여기에 크고 아름다운 집을 세우고 싶어 하는 연구자들의 욕구와 독자들의 기대가 얼마되지 않는 자료에 대한 무리한 해석을 낳게 할 수도 있었을 것이다.

그러나 사실상 위만조선이 멸망한 지 300여 년 이후부터 전통 시대 중국학자들조차 고조선의 위치나 일부 양상들에 대해서 이미 상이한 견해들을 내놓기 시작했음을 알아야 한다. 따라서 획기적인 관련 자료가 추가되지 않는 한, 앞으로의 연구 역시 계속되는 소모적인 논쟁을 잠재울 수 없을지도 모른다.

5) 동이東夷와 예濊 · 맥貊 · 한韓

일찍부터 중국 고대 문헌에 나타나는 한민족의 원류로 동이를 언급해 왔다. 그러나 한국인들이 주목하는 동이에 대해서는 한 가지 함정이 있다. 중국인들의 관점에서 본 '동쪽 오랑캐'를 의미하는 '동이'라는 개념이 고정불변한 것이 아니었기 때문이다. 이를테면 기원전 221년 진시황이 중국을 통일하기 전 상商나라와 주周나라 사람들이 인식했던 동이는 현재 중국의 동쪽 해안 산둥성山東省의 이민족들이었다. 그러나 중국의 영역이 확대되면서 진한秦漢 시대 이후부터는 동북 지역과 한반도, 일본에 거주하던 족속을 '동이'라고 지칭하게 되었다. 따라서 한민족과 관련된 동이는 후자의 동이임을 알아야 한다.

이렇듯 동이라고 지칭되던 여러 집단 중에서 예 · 맥 · 한이 한민족의 원류를 구성한 족속이었다는 점에는 이견이 없다. 고구려와 부여 등 한반도 북부와 만주 지역의 초기 국가들이 예와 맥에서 유래했고 삼한으로 지칭되던 한韓 역시 한민족의 주요한 구성 요소였기 때문이다. 다만 북쪽의 부여계 언어와 남쪽의 한 계통 언어의 동질성 여부에 대해서는 이견이 있기에, 이들을 하나의 민족 개념으로 묶는 데에는 신중한 판단이 요구된다.

6) 삼국과 통일신라

기원전 108년 위만조선이 멸망하고 낙랑군, 대방군을 통해 한반도에 중국 문명이 본격적으로 들어오기 시작했다. 이때 위만조선의 외곽 지역에서 고구려, 백제, 신라 등의 국가가 형성되었고 이들을 중심으로 주민 융합이 진행되면서 각자 나름대로 민족이 형성되었을 것이다. 그러나 삼국이 서로 상쟁했듯이 과연 이들에게 동류同類의식 혹은 원초적 의미의 민족의식이 있었을지는 의문이다. 따라서 신라가 삼국을 통일한 이래 이전 삼국의 주민들을 아우르는 동족의식이 생겨나기 시작했을 터이고, 이때부터 현재 '한민족'이라고 부르는 실체의 원형이 태동했을 개연성이 크다.

5. 한민족 형성과 열린 민족주의

1) 한민족의 형성

지금까지 한민족 형성 문제를 여러 각도에서 약간은 장황하게 서술해 보았다. 연구자라면 누구나 독자들에게 명쾌한 논리로 자신의 논지를 전달하고 싶은 욕구가 있을 것이다. 그러나 이 글을 마무리해 가는 필자는 왠지 마뜩잖은 느낌을 지울 수 없다. 필자 자신의 능력 부족이 일차적 원인임을 고백하면서도, 다른 한편으로 이 글의 처음 두 장에서 언급했듯이 '한민족 형성'이라는 주제 자체의 원초적 한계가 최소한의 변명이 되지 않을까 자위한다.

이러한 한계를 전제로 한민족 형성에 대해 다음과 같이 정리할 수 있을 것이다. 일단 현재 한국인의 뿌리는 토착적 성격을 배제할 수 없지만, 고고학적 · 유전적으로 북방계에 가깝다. 따라서 앞에서 언급한 '랴오하 문명'이라는, 아직은 설익은 개념이 일리 있을 수 있다는 전제하에 그 관련성을 배제할 수 없을 것이다. 그러나 '랴오하 문명=한민족의 고대 문명'과 같은 등식은 지나친 과장으로 보인다. 다만 한민족의 선조로 인식되는 예와 맥 등이 랴오하 문명권의 영향을 받은 정도로는 파악할 수 있을 것이다.

나아가 고조선을 한국 최초의 국가로 상정할 수 있다면 이는 늦어도 기원전 4세기경 중국 동북 지역요서나 요동에서 그 실체를 찾을 수 있다. 고조선은 기원전 3세기경 연나라의 침략을 받고 그 세력이 위축되었지만, 기원전 2세기 위만의 찬탈 이후 한반도 서북부와 중국 동북부 일부를 아우르는 국가로 발전했다. 그러나 기원전 108년 한 무제의 공략으로 멸망하고, 위만조선의 고지에 세워진 한의 군현을 통해 한반도로 중국 문명이 본격적으로 유입되기 시작했다.

이후 만주와 한반도 일대에서 여러 소국이 각축하다 고구려, 백제, 신라가 삼국으로 정립되었다. 이때부터 삼국의 경쟁을 통해 한국식 문화의 원류가 생성되었고 신라의 통일로 원초적 의미의 민족 개념과 상통할 수 있는 일체화의 단초가 열렸다.

2) 단일 민족 신화와 열린 민족주의

2007년 여름 국내에 번역 출간된 『제국 그 사이의 한국 1895~1919Korea Between Empires, 1895-1919』(2002)이라는 책은 1895~1919년 사이 중국과 일본이라는 두 제국의 틈바구니에서 한국인들이 '민족'을 발명하고 개념화해 나가는 과정을 흥미롭게 분석하고 있다. 20세기 초 한국의 진보적 학자들을 통해 보급되기 시작한 민족 개념은 1948년 남북한 정부 수립을 계기로 각각 '한민족'과 '조선 민족'이라는 크게 다르지 않은 개념으로 구체화했다. 초창기 선도적 엘리트 계층의 전유물이었던 민족과 달리 20세기 후반의 한민족과 조선 민족 의식은 한반도 구석구석까지 스며들었다.

이 와중에 실상 명확한 근거를 찾기 어려운 단일 민족과 반만년 역사라는 새로운 신화 탄생은 오히려 자연스러운 일이었는지도 모른다. 나아가 이렇게 만들어진 역사는 한민족 혹은 조선 민족을 각각 하나로 이끄는 큰 원동력으로 작용하기도 했다. 20세기 한반도의 군상들이 경험했던 지난한 역사 상황을 고려할 때 민족의식 고취를 통한 하나됨의 추구는 어느 정도 불가피성을 인정받을 수 있을지 모른다.

그렇지만 지난 세기의 노력을 바탕으로 이미 선진국의 반열에 올라선 한국인들은 이제 스스로 자신감을 가질 때가 되었다. '한민족'이라는 모호한 개념에 의존하여 상상된 과거의 영광에 열광하며 민족주의를 통해 자신들의 존재 이유를 확인받을 필요성이 더 이상 없다는 뜻이다. 다른 한편으로 최근 국내 체류 외국인의 수가 200만 명에 다다른다는 사실과, 국내 외국인 노동자의 열악한 인권 상황, 점점 늘어나는 다문화 가정을 굳이 들먹이지 않더라도, 이방인들에 대한 편견의 원천인 민족주의는 한국인들이 21세기에 추구해야 할 국제화와는 상충할 수밖에 없다. 2007년 8월 유엔 인종차별위원회에서 제기한 단일 민족의식 극복 권고를 쓴 약으로 생각하고 민족의 자존 의식은 고수하되 열린 민족주의를 지향해야 하는 까닭이 바로 여기에 있다.

혹자는 중국이나 일본의 역사적 도발이 상존하는 한 우리의 역사 만들기 역시 정당성을 인정받을 수 있다고 주장할는지도 모른다. 그러나 국가와 국가 사이의 학문적 거리가 성큼 좁혀져 버린 21세기에 어떤 목적성을 띤 학술 프로젝트라도 국제적으로 인정받지 못하면 그 정당한 설 자리를 잃을 것이 자명하다. 중국의 동북공정을 포함한 여러 공정은 시간이 지날수록 그 한계가 명확히 드러나고 있다. 따라서 당장 눈앞에 펼쳐지고 있는 현상에 일희일비하기보다 역시 국제적 검증의 대상이 될 수밖에 없는 우리의 연구 성과를 차분히 집적해 나가야 할 것이다.

참고 문헌

김경호 외,『하상주단대공정: 중국 고대문명 연구의 허와 실』, 동북아역사재단, 2008.

김욱 · 김종열,『미토콘드리아DNA 변이와 한국인 집단의 기원에 관한 연구』, 고구려연구재단, 2005.

노태돈,『단군과 고조선사』, 사계절, 2000.

송호정,『단군, 만들어진 신화』, 산처럼, 2004.

심재훈 편,『화이부동의 동아시아학: 민족사와 고대 중국 연구 자료 성찰』, 푸른역사, 2012.

윤내현,『한국고대사신론』, 일지사, 1986(1989).

이기백 편,「한민족의 기원」,『한국사시민강좌』32, 일조각, 2003.

이희근,『한국사는 없다』, 사람과사람, 2001.

정한덕,『일본의 고고학』, 학연문화사, 2002.

드벤프랑포리, K.,『고대 중국의 재발견』, 김주경 옮김, 시공사, 2000.

슈미드, A.,『제국 그 사이의 한국 1895-1919』, 정여울 옮김, 휴머니스트, 2007.

앤더슨, B.,『상상의 공동체 : 민족주의의 기원과 전파에 대한 성찰』, 윤형숙 옮김, 나남, 2004.

존스, S.,『민족주의와 고고학』, 이준정 · 한건수 옮김, 사회평론, 2008.

더 읽을 거리

유발 하라리,『사피엔스 : 유인원에서 사이보그까지, 인간 역사의 대담하고 위대한 질문』, 김영사, 2015.

제3장

고대 한국과 동아시아 세계의 형성

1. 고조선의 변동과 삼국의 성립
2. 4~6세기 동아시아와 삼국
3. 7세기 동아시아 정세 변동과 삼국통일
4. 통일신라와 발해

1. 고조선의 변동과 삼국의 성립

1) 고조선의 건국과 성장

청동기시대에 중국 동북지방과 한반도에 예족濊族과 맥족貊族, 한족韓族이 살았다. 특히 예족과 맥족이 살던 중국 랴오둥遼東과 한반도 서북지역에서 기원전 10~7세기 사이에 비파형동검과 고인돌, 농경문화를 기반으로 여러 군장 사회를 통합한 최초의 국가 조선이 등장하였다. 이것을 후대의 조선과 구별하여 고조선古朝鮮이라고 부른다.

현재 고조선의 초기 중심지를 평양 일대로 보는 견해와 랴오닝성遼寧省 일대로 보는 견해가 대립하고 있다. 중국 동북부 랴오허遼河 유역에서 비파형동검이 다수 발견되고, 고인돌과 미송리형토기가 널리 분포하였음이 확인되므로 초기의 중심지는 랴오둥지역일 가능성이 높다고 보인다.

단군신화에 따르면, 기원전 2,333년에 단군왕검(檀君王儉)이 고조선을 건국하였다고 한다. 고려시기에 우리나라의 역사가 중국 못지않게 오래되었음을 강조하기 위하여 설정한 건국 연대이다.

고조선은 건국 이후 랴오둥과 한반도 서북지역의 예족과 맥족의 여러 군장을 통합하여 세력을 떨쳤다. 초기 고조선의 세력 범위는 비파형동검과 탁자식 고인돌, 미송리형토기 및 팽이형토기의 분포를 통하여 짐작할 수 있는데, 대체로 랴오허 동쪽의 중국 동북지방과 한반도 서북지역을 망라하는 것으로 확인된다. 중국의 역사책인 『관자管子』*에 산둥반도에 위치한 중국의 제齊나라가 조선과 짐승 가죽을 교역하였다고 전하여 일찍이 고조선이 중국에서 선진문물을 수용하였음을 알려준다.

* 『관자』는 기원전 7세기에 활동하였던 제나라의 관중(管仲)이 지었다고 전한다. 그러나 관자의 내용을 세밀하게 분석하면, 후대의 역사적 사실이 거기에 포함되었음이 확인된다. 이러한 이유로 『관자』는 제나라에 모인 사상가들의 언행을 모아서 전국시대와 전한(前漢) 사이에 편찬한 것으로 이해하고 있다.

기원전 5~4세기에 전국시대戰國時代라는 중국의 혼란기를 틈타 많은 사람들이 고조선으로 이주하였고, 이들에 의하여 고조선에 철기가 전래되었다. 이후 고조선은 청동기와 철기를 바탕으로 성장하여 기원전 4세기경에 그 지배자가 스스로 왕이라고 칭하였고, 박사博士와 대부大夫와 같은 관료를 두었으며, 군사적으로 중국의 연燕과 대결하였다. 그러나 얼마 후 고조선은 연의 장수 진개秦開의 침략을 받아 서쪽의 넓은 영토를 상실하고, 중심지를 대동강유역에 위치한 왕험성王險城으로 옮겼다.

멸망할 때 고조선의 수도를 『사기(史記)』와 『한서(漢書)』에 왕험성이라고 전하고, 『삼국유사』에는 왕검성(王儉城)이라고 전한다.

기원전 3세기 말에서 2세기 초 사이의 진한秦漢 교체기에 다시 많은 사람들이 고조선으로 이주하여 왔다. 이 가운데 한 사람이 한에서 연왕燕王으로 임명한 노관盧綰이 흉노로 망명하자, 무리 1천여 명을 이끌고 고조선에 망명한 위만衛滿*이었다. 위만은 기원전 194년에 준왕準王을 몰아내고 왕위를 차지하였는데, 이를 흔히 위만조선이라고 부른다. 위만조선은 비파형동검을 발전시킨 세형동검 및 우수한 철제 무기로 주변의 임둔臨屯과 진번眞番을 정복해 복속시키고, 남쪽의 진국辰國과 한나라의 중계무역을 통하여 세력을 키워 나갔다.

위만은 고조선으로 들어올 때, 상투를 틀고 이족(夷族)의 옷을 입고 있었다. 이로 인하여 위만을 중국에 살던 동이족 계통의 인물로 보기도 한다. 위만은 왕이 된 뒤에 조선이라는 국호를 그대로 사용하였고, 왕험성을 그대로 수도로 사용하였다. 따라서 위만의 국적과 관계없이 위만의 고조선은 이전의 고조선을 계승한 국가라고 볼 수 있다.

중국의 한나라는 건국 후의 혼란을 수습하고, 적극적인 대외 팽창을 추진하였다. 이에 대응하여 고조선은 흉노와의 연합을 모색하여 한나라를 견제하고자 하였다. 한 무제武帝는 기원전 109년에 대규모 군대를 보내 고조선을 공격하였는데, 위만의 손자 우거왕右渠王을 중심으로 고조선은 1년 동안 완강하게 버티다가 결국 한에 의해 멸망하였다(기원전 108).

한나라는 고조선을 멸망시킨 후에 그 옛 땅에 낙랑樂浪, 진번, 임둔, 현도玄菟 등 이른바 한사군漢四郡을 설치하여 지배하였다. 한사군 가운데 낙랑군은 400여 년 동안 존속하며 우리나라의 통합을 방해하였으나 중국의 선진 문물을 전해주어 삼국의 성립과 발전에 커다란 영향을 끼치기도 하였다.

2) 삼국의 성립과 성장

기원전 4~3세기에 중국 랴오닝성 환런桓仁의 훈강渾江과 압록강 중류 유역에서 '나那'라고 불리는 작은 정치 집단들이 등장했고, 얼마 후에 그들이 연합하여 고구려를 형성했다. 기원전 75년에 고구려인이 중국의 현도군을 공격하여 승리하고 소노부消奴部와 계루부桂婁部를 비롯하여 5부가 연합한 연맹체 국가를 이루었다.

얼마 후에 부여에서 이주한 주몽朱蒙: 계루부의 대표이 오늘날 중국 랴오닝성 환런桓仁에 해당하는 졸본卒本 지역에서 세력을 키워 기원전 37년 무렵에 소노부消奴部를 밀어내고 고구려의 왕위를 차지했다. 『삼국사기』에서는 이때 마치 주몽이 고구려를 건국한 것처럼 기술했다.

서기 1세기경에 태조왕太祖王은 동해안의 동옥저를 정복하여 복속시키고, 주변의 작은 나라를 정벌하였으며, 이어 중국의 요동군과 현도군을 공격하여 승리하였다. 태조왕 때에 대외정복을 활발하게 추진한 결과, 전쟁포로의 획득, 약탈한 물자의 증대, 지방 복속집단이 바치는 공납물의 증가 등으로 인하여 고구려의 국력이 크게 신장되었다. 3세기 무렵 산상왕山上王 때 왕위 계승이 형제 상속에서 부자 상속으로 바뀌어 왕권이 한층 강화되었고, 4세기 무렵에 5부가 연합한 연맹체 국가에서 중앙집권적인 고대국가로 발전했다.

한편 고구려의 팽창으로 위협을 느낀 삼국三國의 위魏나라가 240년대 중반에 장수 관구검毌丘儉을 보내 고구려를 공격하여 한때 고구려가 위기를 맞이하기도 하였으나 곧바로 국력을 회복하였다. 4세기를 전후한 시기에 중국의 진晉나라가 왕위 계승 분쟁과 5호흉노, 선비, 갈, 저, 강의 침략으로 혼란에 빠지자, 고구려 미천왕이 311년에 랴오둥과 한반도 서북지역을 연결하는 교통의 요지인 서안평西安平을 공격하여 차지한 다음, 313년에 낙랑군, 그 다음 해에 대방군帶方郡*을 잇따라 공격하여 병합하고, 랴오둥 진출을 꾀했다.

중국 랴오둥지역을 지배하던 공손강(公孫康)이 204년에서 207년에 사이에 오늘날 황해도 지역에 **대방군**을 설치하였다.

고구려가 건국되어 중국 왕조와 맞서며 성장할 때, 한반도 중 · 남부 지역에는 마한과 진한, 변한의 70여 국이 있었다. 그중 충남지역에 위치한 마한 목지국目支國의 진왕辰王이 삼한 전체를 대표하여 중국 왕조와 교류했다. 기원 전후 무렵에 부여와 고구려계 주민이 한강 유역에 정착하여 백제百濟를 건국했다. 백제는 한동안 목지국의 통제를 받다가 3세기 중 · 후반 고이왕 때에 크게 성장했다.

고이왕은 목지국을 병합하여 한반도 중부지역을 차지하고 마한의 대표 세력으로 부상하였다. 그리고 위나라의 장수 관구검이 고구려를 공격할 때에 낙랑과 대방태수가 여기에 호응하였는데, 이때 고이왕은 좌장左將 진충眞忠으로 하여금 낙랑의 변방지역을 공격하게 하였다. 고이왕이 대외정복을 활발하게 전개한 결과, 영토가 북쪽으로 패하浿河: 예성강, 남쪽으로 웅천熊川: 경기도 안성천, 서쪽으로 서해西海, 동쪽으로 주양走壤: 강원도 춘천시에 이르게 되었다. 고이왕은 넓어진 영토와 늘어난 주민을 효율적으로 다스리기 위해 좌평佐平을 중심으로 관등제를 정비하고, 관리들의 복색服色을 제정했다. 근초고왕은 4세기 후반에 고이왕 때의 성장을 발판으로 대외 팽창을 적극 꾀할 수 있었다.

고조선 멸망 후에 그 유민들이 경주에 이주하여 정착하고, 기원 전후 무렵에 사로국신라을 건국했다. 초기에 신라 왕권이 미약하여 박, 석, 김씨가 왕위를 교대로 계승하였는데, 이들은 서로 혼인을 통하여 유대 관계를 맺으면서도 때로는 왕위를 둘러싸고 경쟁하기도 하였다. 3세기 후반에 신라왕이 진한을 대표하여 중국 서진西晉과 교류하였는데, 당시에 신라가 진한을 대표하는 나라로 성장하였음을 반영한 것이다.

신라가 중앙집권국가로 성장할 수 있는 기틀을 마련한 시기는 4세기 후반 나물왕奈勿王 때이다. 이때 '대군장大君長'을 뜻하는 마립간麻立干으로 왕호를 바꾸고, 김씨가 왕위를 독점하였다. 대외적으로 고구려의 도움을 받아 전진前秦에 사신을 파견하여 중국에 신라의 존재를 알렸고, 광개토왕이 파견한 5만 군대의 힘을 빌어 변방을 침략한 왜군을 물리치기도 하였다. 한동안 신라는 고구려의 강력한 영향력 아래에 놓여 있으면서 선진 문물을 수용하여 비약적인 발전을 이루었고, 이를 발판으로 6세기 전반 법흥왕 때에 중앙집권적인 고대국가로 발전했다.

백제와 신라가 건국되어 성장할 무렵, 낙동강 유역에서 김해의 구야국狗邪國이 세력을 키워 변한, 즉 가야의 대표 세력으로 부상했다. 한동안 구야국, 즉 금관가야金官加耶가 가야연맹체를 주도하다가 400년 고구려군의 침략을 받아 쇠퇴했다. 5세기에 금관가야를 대신하여 고령의 대가야大加耶가 성장하여 가야연맹체를 주도하다가 562년에 신라에 병합되었다.

2. 4~6세기 동아시아와 삼국

1) 4세기~5세기 초반의 삼국 관계

4세기에 들어 서진이 혼란에 빠진 틈을 타서 고구려가 낙랑군을 병합하고 랴오둥 진출을 꾀했다가 선비족 모용씨慕容氏가 세운 전연前燕에 저지당했다. 이후 고구려가 남쪽 백제로의 진출을 모색하자, 백제의 근초고왕이 가야와 왜, 신라, 남중국의 동진東晉 등과 잇따라 수교를 맺고 고구려의 남침에 대비했다. 고구려가 치양성雉壤城: 황해도 백천을 공격하자, 백제가 이를 물리치고(369), 평양성을 공격하여 크게 승리했다(371). 고구려는 평양성 전투 후에 대외 팽창을 자제하며, 전진前秦으로부터 불교를 수용하고, 율령을 반포하는 등 국가 체제 정비에 힘을 쏟았다.

고구려가 다시 대외 정복 활동을 전개한 것은 광개토왕廣開土王 때였다. 광개토왕은 즉위 후에 여러 차례 백제를 공격하다가 마침내 백제의 한성을 압박하여 아신왕阿莘王의 항복을 받아 내고 한강 이북의 58성 700여 촌을 획득했다(396).

광개토왕 즉위 후에 신라 나물왕奈勿王은 스스로 신라가 고구려의 복속국임을 인정하고, 이찬 대서지大西知의 아들 실성實聖을 볼모로 보냈다. 이에 대해 왜가 신라 변방을 침략하자, 신라는 고구려에 도움을 요청했다. 광개토왕은 5만의 군대를 신라에 파견하여 왜군을 물리치고 금관가야까지 진출했다(400).

396년 이후 후연後燕이 왕위 계승 분쟁으로 혼란에 빠지자, 광개토왕이 후연을 공격하여 랴오둥 지역을 차지했고, 서북쪽의 거란契丹과 동북쪽 연해주 일대의 숙신肅愼, 두만강 유역의 동부여東夫餘를 잇따라 정복했다. 광개토왕은 재위 기간에 넓은 영토를 개척했기에 고구려 사람들이 '영토를 널리 개척한 왕'이라는 뜻으로 왕명을 지었다.

4세기 한반도 형세도

2) 5~6세기 전반의 국제 정세와 삼국

5세기에 들어 선비족이 세운 북위北魏가 북중국을 통일하고(439), 송宋이 동진東晉을 멸망시키고 남중국을 차지했다(420). 이후 남중국에서는 송을 이어 제齊, 양梁, 진陳 왕조가 연이어 등장했다. 589년 수隋나라가 중국을 통일할 때까지, 북위와 남중국의 송·제·양·진이 대립하던 시기를 '남북조 시대'라고 부른다.

남북조 시대에 북위의 국력이 가장 강성했고, 남조는 북방 유목민족이 세운 유연柔然*, 선비족이 티베트 고원에 세운 토욕혼吐谷渾*과 연계하여 북위를 견제

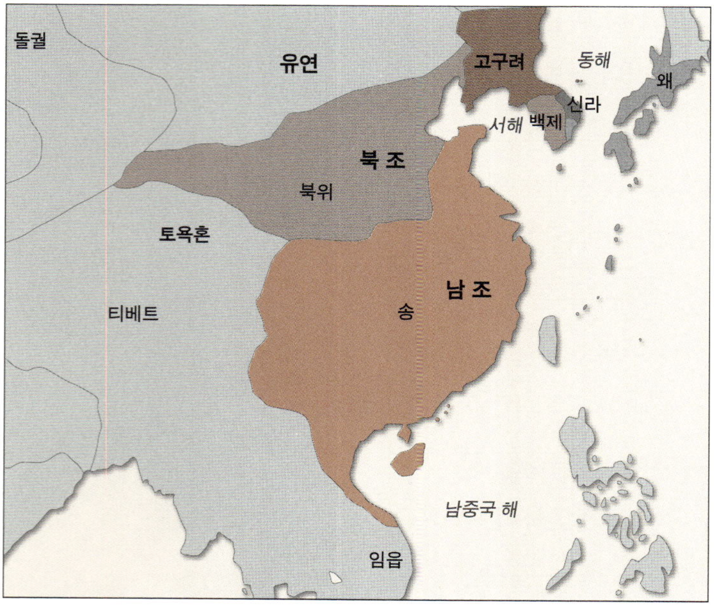

남북조시대의 형세도

유연은 4세기 말부터 6세기 중반까지 중국 북쪽 경계 지역에 존재했던 유목 민족의 국가이다. 5세기부터 6세기에 걸쳐 몰골 고원을 지배하였으며, 연연(蠕蠕), 여여(茹茹), 예예(芮芮)라고도 불렀다. 552년에 돌궐의 침략을 받아 멸망하였다.

토욕혼은 4세기 경부터 663년 토번(吐蕃)의 침공으로 완전히 멸망하기 전까지 티베트 고원에 존속한 유목 민족 국가이다. 선비족 모용씨가 건국하였다.

했다. 이때 고구려가 중국의 분열을 틈타 국제무대에서 위세를 떨쳤다. 남북조 시대에 유연과 토욕혼, 고구려는 중국 남북조와 형식적으로 조공-책봉 관계를 맺으면서 활발하게 교류했다. 그 결과, 중국의 선진 문물이 주변 민족의 국가에 널리 전파되었고, 이를 기초로 동아시아 문화의 공통성이 더욱 공고하게 다져졌다.

고구려 장수왕은 북중국에서 북위가 강성해지자, 북위의 침략에 대비하여 수도를 국내성國內城에서 방어가 용이한 평양平壤으로 옮겼다(427). 이후 고구려가 남진南進을 본격적으로 추진하자, 백제 비유왕이 신라에 동맹을 제의했다. 한동안 고구려에 복속되었던 신라는 고구려가 왕위 계승에까지 간섭하자, 이에 반발하여 백제와 동맹을 맺어 고구려에 대항했다(433).

고구려가 백제의 한성漢城을 공격하여 함락시키자, 백제 문주왕은 웅진충남 공주으로 천도했고(475), 이후 고구려는 남진을 계속하여 한반도의 3분의 2 이상을 영토로 차지했다. 그리고 494년에 부여를 완전히 병합하여 고구려는 최대의 전성기를 맞이했다.

고구려에서는 광개토왕과 장수왕 때에 스스로 천하의 중심이라고 여기는 독자적인 천하관天下觀을 형성하였고, 고구려인은 자기 나라를 하늘의 자손이 세운 천손국天孫國이라고 불렀으며, 신라와 백제, 부여는 천하의 중심 국가 고구려에 조공을 바치는 복속국으로 인식했다. 이처럼 고구려는 동북아시아 최강국임을 자부하며, 이런 자신감을 바탕으로 여러 나라 사람들과 문화를 폭넓게 수용했다.

3) 6세기 중반 이후의 정세 변동

6세기 중반 국제 정세에 특별한 변동이 없는 상황에서 국내 정세에 커다란 변화가 나타났다. 전성기를 구가하던 고구려에서 내분*이 발생하여 국력이 약화된 것이다. 안원왕安原王이 위독하자, 중부인中夫人과 소부인小夫人이 각기 자신의 아들을 왕위에 앉히려고 다툼을 벌였다(544). 안원왕을 이어 중부인의 아들 양원왕陽原王이 즉위했으나 이후에도 귀족들 사이의 분쟁이 끊이지 않았다. 551년에 신라로 망명한 법사法師 혜량惠亮은 고구려가 정쟁政爭으로 언제 망할지 모르겠다고 말했다.

> **고구려의 내분**
> 544년에 안장왕의 동생 안원왕이 위독하자, 중부인과 소부인이 서로 자신의 아들을 왕위에 앉히려고 다툼을 벌였다. 이때 중부인을 지원하는 세력을 추군(麤群), 소부인을 지원하는 세력을 세군(細群)이라고 불렀으며, 이 해 12월에 평양성에서 추군과 세군이 시가전을 전개하여 추군이 승리하였다.

신라와 백제는 내분으로 혼란에 빠진 고구려를 공격하여 각기 한강 상류와 하류 지역을 차지했다(551). 이 무렵에 돌궐突厥이 서북방면에서 유연을 무너뜨리고 고구려를 위협하자, 고구려는 내우외환의 위기를 타개하기 위해 신라에 동맹을 제의하는 한편, 귀족 사이의 분쟁을 조정하고 귀족 연립 정권을 수립했다.

신라 진흥왕은 고구려의 제의를 수용하고(552), 다음 해에 고구려의 측면 지

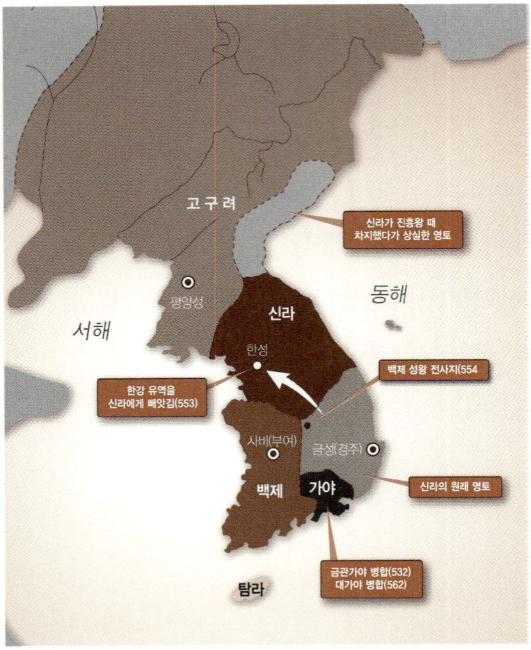

6세기 중반 신라의 영역

원을 받아 백제가 차지한 한강 하류 지역을 급습하여 차지했다. 이에 반발하여 백제 성왕이 대가야, 왜 등과 연합하여 관산성管山城: 충북 옥천을 공격했다가 신라군에게 크게 패하고, 그마저 목숨을 잃고 말았다(554).

신라는 관산성 전투* 승리 이후 한강 유역을 기반으로 독자적으로 중국과 교류하며 삼국통일의 발판을 마련할 수 있었다. 신라는 대가야를 정복하여 가야 전 지역을 영토로 편입했고(562), 함경도 지역에까지 진출했다. 신라는 진흥왕 때의 활발한 정복 활동으로 영토를 세 배나 더 넓히는 성과를 거두었다. 이처럼 6세기 중반 정세 변동은 고구려가 내분으로 국력이 약해진 틈을 타서 신라가 대외적으로 크게 팽창한 상태로 나타났다.

관산성 전투
553년에 신라가 나제동맹을 깨고 백제가 차지한 한강 하류 지역을 급습하여 빼앗아 거기에 신주를 설치하였다. 배신을 당한 백제 성왕은 태자 창(위덕왕)에게 백제와 대가야, 왜 연합군을 이끌고 관산성(충북 옥천)을 공격하도록 하였다. 전투 초기에 백제군이 승리하자, 성왕이 백제군을 위문하기 위하여 관산성으로 가다가 신라군에게 잡혀 처형당하였다. 성왕의 소식을 듣고 백제군의 사기가 크게 떨어진 틈을 타서 김무력 장군이 신라군을 이끌고 공격하여 크게 이겼다. 신라는 관산성전투에서 승리함으로써 한강유역을 확고하게 차지할 수 있었다.

3. 7세기 동아시아 정세 변동과 삼국통일

1) 삼국 간의 항쟁

관산성 전투 패배 이후 백제 위덕왕은 신라에 대한 공격을 자제하고, 남조의 진陳과 북조의 북제北齊·북주北周, 그리고 수隋나라에 사신을 자주 파견하여 외교적으로 신라를 견제하였다.

백제가 신라를 적극 공격하기 시작한 것은 7세기 무왕 때였다. 무왕은 왕권을 강화하기 위하여 사비궁을 수리하고, 왕흥사와 미륵사를 창건하였으며, 전북 익산지역을 적극 개발하였다. 대외적으로 여러 차례에 걸쳐 신라 변경을 침략하여 승리하였는데, 특히 624년에 소백산맥을 넘어 속함성速含城: 경남 함양을 비롯한 6성을 공격하여 빼앗기도 하였다.

6세기 중반 이후 고구려는 한동안 랴오허 상류의 거란족과 일부 말갈족의 지배를 둘러싸고 돌궐과 첨예하게 대립하였다. 얼마 지나지 않아 돌궐의 기세가 꺾이자, 고구려는 한강유역을 회복하기 위해 신라를 공격하였다. 590년 무렵에 온달溫達이 한강유역을 되찾으려고 신라를 공격하였다가 전사하였고, 이를 계기로 두 나라 사이의 동맹이 깨지고 긴장이 조성되었다.

7세기에 이르러 백제와 고구려가 연합하여 신라를 자주 침략하자, 신라는 수, 당과 연결하여 이에 대응했다. 마침내 삼국 간의 대립은 고구려와 백제, 왜, 그리고 몽골 고원의 설연타를 잇는 남북 세력과 신라와 당을 잇는 동서 세력이 대립하는 국제전으로 확대되었다.

2) 고구려와 수·당의 전쟁

6세기 후반에 수隋나라가 분열된 중국을 통일하면서 동아시아 정세가 크게 변했다. 북주北周의 외척 양견楊堅: 문제이 581년에 수나라를 건국한 다음, 몽골 고원의 돌궐을 제압하고 마침내 남조의 진陳을 정복하여 4세기 이래 분열된 중국을 다시 통일했다(589). 수나라는 중국 중심의 국제 질서를 지향하여 고구려에 복속을 강요했고, 백제와 신라는 수의 고구려 침략을 부추겼다.

고구려는 동북아시아에서 독자적인 세력권을 계속 유지하기를 바랐기에 수의 요구를 거절했다. 이에 수 문제가 고구려를 침략해 왔으나 고구려가 이를 물리쳤다. 이후 양제가 즉위하여 113만의 대군을 동원하여 다시 고구려를 침략했다가 을지문덕 장군의 유도 작전에 말려 대패했다(612). 수나라는 고구려

원정 실패에 따른 국력 소모와 농민들의 잇따른 반란으로 곧바로 멸망하고 말았다.

수나라를 이어 중국에서 당唐 왕조가 등장했다(618). 당나라는 건국 초기에 수나라의 전철을 밟지 않기 위해 고구려와 화친을 꾀하다가 태종太宗 이세민李世民이 황제에 즉위하자 태도를 바꾸어 고구려에 복속을 강요했다. 고구려 지배층은 당의 요구를 둘러싸고 분열했는데, 연개소문淵蓋蘇文이 정변을 일으켜 당과의 화친을 주장하는 영류왕과 대신大臣들을 제거하고 권력을 잡았다(642). 연개소문은 랴오둥 방면에 천리장성*을 쌓는 작업을 독려하며 당의 침략에 대비하는 한편, 백제와 연합하여 신라를 압박했다.

당 태종은 연개소문의 정변을 구실로 삼아 자신이 직접 군대를 거느리고 고구려를 정벌했다. 당군은 초기에 랴오둥 지역의 여러 고구려성을 공격하여 함락시키며 승승장구하다가 안시성 전투에서 고구려군에게 패하고 철수했다(645). 당나라는 이후 대규모 정벌을 지양하고 소규모 군대를 끊임없이 파견하여 고구려군을 피로하게 하는 지구전을 전개했고, 신라와 연합하여 고구려를 협공하는 방향으로 전략을 수정했다.

살수대첩
612년에 수 양제는 직접 113만 대군을 동원하여 고구려를 공격하였다. 육군은 고구려의 요충지 요동성을 공격하였다가 실패하고, 수군마저 평양성 부근에서 패하였다. 초조해진 양제는 우문술과 우중문에게 30만 5,000명의 별동대를 이끌고 평양성을 직접 치게 하였다. 수나라 군대를 대적한 을지문덕은 그들을 국내에 깊숙하게 끌어들이는 유인 작전을 전개하였다. 수나라 군대가 일부러 퇴각하는 고구려군을 좇아 평양성 근처까지 빠르게 진군하였기 때문에 크게 지치고 굶주렸다. 고구려군이 이를 틈 타 반격을 개시하였다. 퇴각하는 수의 주력 부대가 살수를 건널 때, 고구려군은 상류의 물길을 막았다가 터서 전멸시켰다. 별동대 30만 5,000명 가운데 살아서 돌아간 자가 겨우 2,700명 정도였다고 한다. 이를 살수대첩이라고 부른다.

천리장성은 고구려가 당의 침략에 대비하여 647년(보장왕 6)에 16년의 공사 끝에 완성한 것으로서 북쪽의 부여성(눙안)에서 남쪽의 비사성(다롄)에 이른다.

양만춘(楊萬春)
안시성 성주의 이름은 중국의 사서나 『삼국사기』 및 『삼국유사』에 전혀 보이지 않는다. 안시성주를 양만춘이라고 부른 것은 조선시대 송준길(宋浚吉)의 『동춘당선생별집(東春堂先生別集)』과 박지원의 『열하일기』 등 야사에 전한다.

3) 백제와 고구려의 멸망

고구려가 당나라와 힘겹게 맞서는 상황에서 백제 의자왕이 고구려의 측면 지원을 받아 신라를 자주 공격했다. 백제는 신라의 서쪽 변경을 공격하여 40여 성을 빼앗고, 대야성大耶城: 경남 합천을 공격하여 함락시키고 옛 가야 지역을 영토로 편입했다(642). 대야성 전투 이후 김춘추가 고구려와 왜에 가서 도움을 요청했으나 실패하자, 648년에 당에 들어가 태종을 만나 군사 동맹을 제의했다. 마침 고구려 정복에 실패해 다시 공격할 기회를 엿보고 있던 당나라는 김춘추의 제의를 받아들여 백제와 고구려를 멸망시키기로 합의했다. 이를 흔히 '나당동맹'이라고 부른다. 이때 신라는 군사 지원에 대한 대가로 평양 이북의 땅을 당나라에 양보하고, 당나라의 문물과 제도를 적극적으로 수용하기로 약속했다. 다음 해에 신라는 독자적인 연호를 포기하고 당나라의 연호를 사용하면서 중국의 제후국을 자처했다.

신라와 당나라가 동맹을 맺을 즈음, 초기에 선정善政을 베풀던 의자왕은 술과 여자에 빠져 정사를 제대로 돌보지 않았다. 이때 대부인大夫人 은고恩古가 의자왕의 총애를 믿고 국가 권력을 마음대로 쥐고 흔들었다. 여기에다 이 무렵에 가뭄이 자주 들어 농민들이 굶주림에 시달렸다. 민심이 점차 백제 왕조에 등을 돌릴 즈음에 여러 가지 괴변이 발생했다. 사비성 백성이 이유 없이 놀라 달아나다가 쓰러져 죽기도 하고, 재물을 잃어버린 사람도 수없이 많았다.

백제가 혼란한 틈을 타서 660년에 당나라 장수 소정방蘇定方이 육·해군 13만을 이끌고 서해를 건너 백제로 진격했고, 신라의 태종 무열왕 역시 김유신에게 5만의 군대를 이끌고 백제로 진격하게 했다. 나당연합군이 침략하자, 백제 조정은 우왕좌왕하며 제대로 대처하지 못했고, 계백 장군만이 황산벌에서 신라군에 맞서 싸웠으나 역부족이었다. 나당연합군이 사비성을 포위하자, 의자왕은 웅진성으로 달아났다가 곧바로 항복했다(660).

당나라는 옛 백제 지역에 웅진도독부熊津都督府를 두어 백제 유민을 통치했다. 복신福信과 도침道琛, 흑치상지黑齒常之 등이 왕자 풍豊을 왕으로 추대하고 백제 부흥 운동을 꾀했으나 내부 분열로 세력은 곧바로 크게 위축되었다. 때마침 백제 유민을 도우러 왔던 일본의 수군마저 백강白江: 금강 하구 전투에서 당군에게 크게 패했고, 나당연합군에게 부흥군마저 진압되면서 백제의 부흥 운동은 실패하고 말았다.

당나라와 신라는 백제를 정복한 후에 힘을 합하여 고구려를 자주 공격했다. 이러던 차에 고구려 집권자인 연개소문이 666년에 사망하고, 맏아들 남생男生

이 권력을 차지했다. 그러나 남생은 곧바로 동생인 남산男産과 남건男建에게 권력을 빼앗기고, 옛 수도인 국내성으로 달아났다가 당나라에 항복했다. 게다가 연개소문의 동생 연정토淵淨土는 동허안의 12성을 들어 신라에 투항했다.

지배층이 사분오열되어 고구려가 큰 혼란에 빠지자, 667년 당나라가 고구려를 침략했다. 당군은 랴오둥 지역의 여러 성을 함락하고 평양성으로 진격했으며, 신라 역시 이에 호응하여 평양성으로 진격했다. 고구려군은 한동안 평양성에서 나당연합군에 맞서 완강하게 저항했으나 결국 내부 분열로 전력이 약해지면서 패하고 말았다(668). 당나라는 고구려 멸망 후에 평양에 안동도호부安東都護府를 두어 옛 고구려 땅을 통치했다.

4) 나당전쟁과 신라의 삼국통일

고구려 멸망 후 검모잠劍牟岑과 고연무高延武는 보장왕의 서자인 안승安勝을 왕으로 추대하고 한성漢城: 황해도 재령과 요동의 오골성烏骨城을 근거지로 고구려 유민을 모아 부흥 운동을 펼쳤다. 이대 당나라가 약속을 어기고 평양 이남의 백제와 고구려 영토를 차지한 다음, 신라마저 영토로 삼으려는 야욕을 드러내자, 신라는 고구려 부흥군을 배후에서 몰래 지원했다.

고구려 부흥 세력은 한때 위세를 크게 떨쳤으나 안승이 검모잠을 죽이고 신라에 항복함으로써 결국 부흥 운동은 실패했다. 신라 문무왕은 안승을 보덕국報德國: 전북 익산시 금마읍의 왕으로 삼아 고구려유민을 포섭하고, 당군과 전면적인 전쟁을 시작했다. 신라는 먼저 옛 백제 지역에 주둔해 있던 당군을 몰아내고, 한동안 임진강 유역에서 당군과 일진일퇴의 공방전을 전개하다가 675년 매소성경기도 양주 근처에서 이근행이 이끄는 20만 명의 당군을 격퇴하고 전쟁의 주도권을 장악했다. 당나라 수군은 전세를 만회하기 위해 금강 하구의 기벌포를 역습했다가 신라 수군에게 섬멸 당했다.

이 무렵 티베트 고원에서 흥기한 토번吐藩이 당나라를 침공하여 수도인 장

백제 · 고구려 부흥운동과 나당전쟁

안성을 위협했다. 나당 전쟁에서 전세가 불리하게 전개되자, 당 고종은 안동 도호부를 랴오둥 지역으로 옮기고, 한반도에서 군대를 철수시켜 토번전에 투입했다(676). 이로써 마침내 신라는 삼국통일을 이룰 수 있었다. 신라의 삼국통일은 비록 영토상으로 불완전한 것이었지만, 그로 말미암아 삼국 주민 사이의 통합이 강화되어 우리 민족 형성의 기틀을 다졌다는 데서 그 의의를 찾을 수 있다.

4. 통일신라와 발해

1) 통일신라의 발전

신라가 삼국을 통일하면서 오랫동안 계속되었던 전쟁이 끝나고, 이후 대외 관계도 안정되어 평화로운 시대가 전개되었다. 통일신라는 백성의 세금을 줄여주고 농업 생산을 장려했다. 그 결과로 백성의 생활도 점차 나아지고 정치도 안정되었다.

삼국통일 이전에는 성골 신분이 왕위를 계승했으나 진덕여왕이 사망하여 성골의 대가 끊기자, 진골 신분이 왕위를 계승했다. 태종 무열왕은 그의 아들과 김유신을 요직에 등용하여 강력한 왕권 확립의 기틀을 다지고, 당나라와 연합하여 백제를 멸망시켰다(660). 문무왕은 삼국통일을 완성하고, 평화적인 국제 관계를 유지하기 위해 당과 일본과의 외교를 강화했다. 또한, 국내의 정치적 안정을 위해 친당 세력을 비롯한 일부 진골 귀족을 숙청했다.

신문왕은 즉위하자마자 장인인 김흠돌金欽突의 반란을 진압하고, 진골 귀족에게 충성으로써 임금을 섬기라고 지시했다. 신문왕은 중앙과 지방 통치 체제를 새로 정비하고 귀족들의 경제 기반이었던 녹읍祿邑*을 폐지하여 귀족에 대한 국왕의 지배력을 강화했다. 나아가 전면적인 국정 쇄신을 위해 달구벌達句伐: 대구로 수도를 옮기려 했으나 진골 귀족의 반대에 부딪혀 포기했다.

문무왕과 신문왕의 노력으로 중대中代: 무열왕~혜공왕에 왕권이 한층 더 강화되었고, 이에 힘입어 무열왕계가 한동안 독점적으로 왕위를 계승할 수 있었다. 특히 성덕왕과 그의 아들 경덕왕은 안정된 왕권을 바탕으로 당의 제도와 문물을 수용하여 신라의 국제적 위상을 높이고 불교와 유교 문화를 크게 발전시켰다.

녹읍
녹읍은 신라에서 관리들에게 녹봉 대신 군·현에서 세금을 거둘 수 있는 권리를 지급한 녹봉제도의 일종이다. 관리가 거둘 수 있는 세금은 원칙적으로 토지에서 생산된 곡물에 제한되었으나 필요에 따라 일부 특산물을 징수하거나 곡물 수송에 필요한 노동력을 징발할 수 있는 권리를 부여하기도 하였다.

중대에 확립된 강력한 왕권은 8세기 말부터 흔들리기 시작했다. 혜공왕 때에 96각간의 난*이 일어나 온 나라가 혼란에 빠졌고, 마침내 혜공왕도 반란에 휩쓸려 목숨을 잃었다. 혜공왕 이후에 나물왕의 먼 후손인 김양상선덕왕이 왕위를 이었는데(780), 이때부터 신라가 멸망할 때까지를 '하대下代'라고 부른다.

96각간의 난
서울과 5도(道)의 주군(州郡)을 아울러 96각간이 서로 싸워 큰 난리가 일어나 (난을 일으킨) 대공각간(大恭角干)의 집은 망하고 그 집의 재산과 보물이며 비단 등을 대궐로 실어 날랐다. 이때 신성(新城)의 장창(長倉)이 불탔으며 역당(逆黨)들의 보곡(寶穀: 높은 이자를 받고 꾸어주는 곡식)으로서 사량·모량리에 있었던 것을 왕궁으로 실어 날랐다. 난리는 석 달이나 끌다가 끝났는데, 상을 받은 자도 매우 많았으나 목 베어 처단된 자도 수를 셀 수 없었다(『삼국유사』).

하대 155년 동안 20여 명의 왕이 즉위할 정도로 왕위 계승 분쟁이 자주 일어났다. 더구나 귀족 사이의 권력 다툼은 중앙을 벗어나 지방에까지 확산되었는데, 특히 822년에 웅천주충남 공주 도독 김헌창金憲昌이 5개 주州와 3개 소경小京을 기반으로 반란을 일으켰다가 진압되었다. 김헌창의 반란 이후 중앙 정부의 지방에 대한 통제력이 크게 약해져 지방 세력이 성장하는 기반이 조성되었다.

경주 불국사 석굴암과 더불어 통일신라의 불교예술을 대표하는 불국사는 유네스코 세계 문화유산으로 지정되어 있다. 두 곳 모두 고도의 과학적 지식을 활용하여 불교에서 말하는 이상세계를 표현하였다.

하대에 들어 권력 다툼이 자주 발생하여 농민 경제가 매우 어려워졌고, 그들이 9세기 후반에 전국적으로 항쟁하면서 신라 왕조는 몰락했다. 후삼국의 정립 이후 신라는 겨우 명맥만을 유지하다가 마침내 935년에 경순왕이 고려에 항복하면서 멸망하고 말았다.

2) 발해의 성립과 성장

고구려가 멸망한 후 고구려 유민은 여러 갈래로 분산되었다. 일부는 당으로 끌려갔고, 일부는 신라로 망명했다. 당나라는 신라와 고구려 유민의 강력한 저항에 부딪히자, 안동도호부를 평양에서 랴오둥遼東으로 옮기고 고구려의 마지막 왕 보장왕을 '요동도독遼東都督'으로 삼아 고구려 유민을 회유하려고 했다.

때마침 랴오허 서쪽의 영주營州: 중국 랴오닝성 차오양시에서 거란의 추장 이진충李盡忠이 당나라의 학대에 대항하여 반란을 일으켰고, 걸걸중상乞乞仲象과 걸사비우乞四比羽가 고구려 유민과 말갈족을 이끌고 합세했다. 당군이 거란군을 진압하는 사이에 걸걸중상과 걸사비우는 영주 동쪽의 여러 성을 차지하고 랴오둥 지역으로 진출했다. 당군이 걸사비우가 이끄는 말갈인을 공격하여 격파하자, 말갈인이 대거 걸걸중상에게 합류했다.

이 무렵에 걸걸중상이 사망하고, 그의 뒤를 이어 아들 대조영大祚榮이 고구려 유민과 말갈인을 이끌었다. 대조영은 랴오둥 동북쪽의 천문령天門嶺에서 당군의 추격을 따돌리고, 고구려 유민과 말갈인을 모아 길림성의 동모산東牟山: 중국 지린성 둔화현 성산자산성 근처에 도읍을 정하고 나라를 세웠다(698). 처음에 국호를 '진국振國'이라고 했다가 나중에 발해渤海로 고쳤다.

발해 주민은 고구려 유민과 말갈인으로 이루어졌다. 지배층은 대부분 고구려 유민이었다. 그래서 일본에 보낸 외교 문서에서 발해 왕은 스스로 '고구려 왕'이라 칭했고, 일본인도 스스럼없이 발해를 고구려라고 불렀다. 발해의 건국으로 동아시아는 당나라를 중심으로 통일신라와 발해, 일본이 상호 공존하는 형세가 성립되었다. 이때 통일신라와 발해는 서로 견제하고 교류하며 각기 발전을 도모했다.

대조영의 뒤를 이은 무왕武王은 영토를 확장하여 옛 고구려의 땅을 대부분 회복했다. 발해의 팽창에 위협을 느낀 당나라는 흑수말갈黑水靺鞨과 연합하여 발해를 압박했다. 이에 발해가 산둥 지방을 공격하여 대응하자(732), 당나라는 신라와 연합하여 발해를 응징하려다가 추운 날씨와 발해의 완강한 저항에 부딪혀 실패했다. 무왕의 아들 문왕文王은 대외 정책 노선을 변경하여 당과 친선 관계를 맺고, 상경上京 용천부龍泉府로 수도를 옮겼으며, 중국의 문물제도를 수용하여 국가 체제를 정비했다.

발해의 영역

그러나 문왕이 죽고 나서 왕위 다툼이 벌어져 나라가 혼란에 빠졌다. 9세기 전반에 선왕宣王이 혼란을 수습하고 국가의 중흥을 모색했다. 선왕은 강력한 왕권을 확립하고, 대외 정복에 나서 최대의 영토를 확보했다. 이때 발해의 영역은 북쪽으로는 흑룡강, 동쪽으로는 연해주, 서쪽으로는 랴오둥, 남쪽으로는 함경남도 영흥 지역에까지 이르렀다. 선왕 이후 발해가 위세를 떨치자, 당나라에서는 발해를 해동의 융성한 나라, 즉 '해동성국海東盛國'이라고 불렀다.

그러나 9세기 말부터 발해는 또 다시 내부 분쟁의 격화로 국력이 약화되었다. 이 틈을 타서 926년 거란이 발해를 공격하여 멸망시켰다. 발해 멸망 이후 만주 벌판은 우리 역사의 무대에서 벗어났지만, 그러나 발해 유민이 대거 고려로 이주함으로써 발해의 역사적 전통은 우리 역사에 녹아들어 오늘날까지 면면히 이어지고 있다.

3) 통일신라와 발해의 대외교류

신라는 나당 동맹 체결을 계기로 자국自國의 신성성神聖性과 독자성을 내세우는 의식을 뒤로 하고 중국 중심의 천하관과 세계 질서를 능동적으로 수용했다. 그러면서도 신라인은 중국과 대등한 유교 문화를 발달시켰다고 자부하여 스스로 신라를 '군자君子의 나라'라고 일컬었고, 당나라도 신라의 유교 문화가 높은 수준임을 인정하여 신라를 '군자국君子國'이라고 불렀다. 신라인은 이런 자부심을 바탕으로 일본과 발해를 문화적으로 낙후한 오랑캐 국가로 인식하기도 했다.

발해는 무왕 때부터 '인안仁安'이라는 독자적인 연호를 사용했고 왕이 새로 즉위할 때마다 연호를 바꾸었다. 대외적으로 자주독립 국가임을 내세우고 대내적으로 왕권을 강화하기 위해 독자적 연호를 사용했던 것이다. 특히 발해 문왕은 스스로 황제와 같은 뜻인 '황상皇上'으로 칭했으며 일본에 보낸 외교 문서에서는 자신을 '천손天孫'이라고 브르고 발해와 일본을 장인과 사위의 관계로 설정했다. 이것은 무왕과 문왕 때에 국력이 크게 신장하자, 대외적으로 발해의 위상을 높이려는 자신감의 표현이었다.

신라는 나당전쟁 이후 한동안 당과 불편한 관계에 있었으나, 8세기 전반 이후 관계가 회복되어 교류가 활발해졌다. 그에 따라 사신을 비롯하여 유학생, 승려, 상인 등의 왕래도 잦아졌다. 유학생 중에는 당의 과거 시험, 즉 빈공과賓貢科*에 합격한 사람도 있었다. 한편, 일본과의 교류도 활발하게 전개되어 신라는 금속제품과

빈공과
당나라에서 외국인 유학생에게 과거 시험에 응시할 수 있도록 하였는데, 이를 흔히 빈공과라고 부른다.

직물류 등을 일본에 수출했다. 신라는 당과 일본 사이에서 중계무역으로 이득을 보았으며, 일본에서는 신라의 배를 이용하여 당에 왕래하기도 했다. 또한 신라의 불교와 유교 문화가 일본에 전해져 일본 문화 발전에 크게 기여했다.

발해는 초기에 당 · 신라와 갈등을 빚자, 두 나라를 견제하기 위해 일본에 사신을 파견하여 교통했다. 문왕 때에 당과 친선 관계를 맺은 이후 사신의 왕래가 잦았고, 당나라에 유학승과 유학생을 파견하여 8세기 후반에는 빈공과의 합격생을 배출하기도 했다.

한편 발해와 신라는 국제무대에서 서로 경쟁하며 대립했다. 발해인이 빈공과에서 신라인을 제치고 수석을 차지하자, 신라가 이에 항의했고(872), 발해 왕자가 사신의 좌석을 배치할 때 신라인보다 윗자리에 앉기를 요구한 이른바 '쟁장사건爭長事件'* 도 벌어졌다(897).

그러나 발해와 신라가 줄곧 대립한 것은 아니었다. 두 나라는 때로 사신을 교환하며 친선을 다졌고, 민간인도 자주 왕래하며 교류했다. 790년과 812년에 신라가 파견한 사신들은 발해로 갈 때 신라의 천정군泉井郡: 함경남도 덕원과 발해의 동경東京) 용원부龍原府: 중국의 훈춘를 잇는 도로인 신라도新羅道*를 이용했던 것으로 보인다. 사신뿐 아니라 상인들도 빈번하게 신라도를 통해 두 나라를 왕래하며 거래했을 것이다. 이런 이유로 통일신라와 발해를 '남국南國'과 '북국北國'으로, 두 나라가 양립한 시기를 '남북국 시대南北國時代'라고 부르기도 한다.

쟁장사건
당나라에서는 정월 초하루의 신년하례를 받는 자리나 축하잔치, 환영잔치를 벌일 경우에 각 나라 사신의 서열을 매겨서 자리를 잡게 하였다. 동쪽에는 신라를 첫째 자리, 대식국(아라비아)을 둘째 자리에 앉게 하였다. 서쪽에는 티베트를 첫째 자리에, 일본을 둘째 자리에 앉게 하고 그 나머지도 각각 서열대로 앉게 하였다. 당나라는 항상 발해보다 신라 사신을 앞자리에 앉게 하였다. 897년에 발해의 왕자인 대봉예가 당에 사신으로 와서 '신라보다 발해가 국력이 훨씬 강하니, 신라와 발해 사신의 자리를 바꾸어 주십시오'라고 요청하였으나 당나라 소종은 발해의 요구를 거절하였다. 이를 신라와 발해의 쟁장사건(爭長事件)이라고 부른다.

신라도는 발해 동경 용원부(책성부)와 신라 천정군(함남 덕원) 사이에 개설된 도로로서 여기에 39개의 역이 있었다.

『발해고』는 1784년에 유득공이 지은 우리 역사상 최초의 발해 역사책이다. 여기서 유득공은 발해가 고구려를 계승하였음을 분명히 밝혀 놓았으며, 삼국 통일 이후를 신라와 발해가 남북국으로 대립한 시대로 설정하였다. 발해를 우리나라 역사의 한 부분으로 적극 끌어들었다는 점에서 『발해고』의 가치가 매우 크다.

참고 문헌

노중국, 『백제정치사연구』, 일조각, 1988.

노태돈, 『고구려사연구』, 사계절, 1999.

______, 『삼국통일전쟁사』, 서울대학교출판부, 2009.

송기호, 『발해정치사연구』, 일조각, 2006.

송호정, 『한국고대사 속의 고조선사』, 푸른역사, 2003.

이기동 · 이기백, 『한국사강좌』(고대편), 일조각, 1984.

이기동 외, 『한국고대사론』, 한길사, 1988.

더 읽을 거리

노태돈, 『한국고대사』, 경세원, 2014.

전덕재, 『한국고대사회의 왕경인과 지방민』, 태학사, 2002.

한국역사연구회, 『삼국시대 사람들은 어떻게 살았을까』, 청년사, 2005.

한국역사연구회 고대사분과, 『문답으로 엮은 한국고대사 산책』, 역사비평사, 1994.

제4장

고려와 동아시아의 소통

1. 고려와 동아시아의 다원적 국제 관계
2. 몽골의 등장과 동아시아의 변화
3. 몽골의 세계 경영과 고려

1. 고려와 동아시아의 다원적 국제 관계

10세기에 들어서 동아시아는 커다란 변화를 겪게 되었다. 중국에서는 당唐이 멸망한 후 오대 십국*이 흥망을 거듭하여 혼란이 계속 되었다. 10세기 후반에 송宋이 통일을 이루기까지 중국은 혼란에 휩싸여 있었던 것이다. 이러한 와중에 북방의 거란요, 遼이 새롭게 세력을 확장해 나갔다.

거란족은 5세기 이래 랴오허遼河 상류인 시라무렌 유역에서 여러 부족으로 분열되어 거주하고 있었다. 당 말기에 통일의 기운이 일어나면서 916년에 야율아보기가 여러 부족을 통합하고 스스로 황제를 칭하며 거란을 건국하였다. 이에 거란은 926년에 발해를 멸망시키고 물자가 풍부한 중원中原에 진출하여 화베이華北의 연운燕雲 16주州를 획득하였다. 947년에는 국호를 '요遼'로 개칭한 다음 계속 남진하였으나 960년 송이 건국됨으로써 서로 대치하는 상태가 되었다. 이러한 거란의 성장은 종전의 동아시아 책봉 체제에 중대한 변화를 일으켰다. 거란은 1004년에 성립된 '전연의 맹'*으로 송과 형제 관계로 상징되는 대등한 위치에 올랐던 것이다. 이리하여 동아시아는 송에 의한 일원적인 책봉 체제가 무너지고, 거란이 새로이 책봉 체제를 형성해 나갔다.

한편, 신라는 후삼국*으로 분열되더니 936년에 고려가 후삼국을 통일하여

오대십국(五代十國) : 오대(五代)는 당이 멸망한 907년부터 송이 중국을 통일한 960년까지 화북을 중심으로 한 후량(後梁, 907~923), 후당(後唐, 923~936), 후진(後晋, 936~947), 후한(後漢, 947~950), 후주(後周, 951~960) 등을 말한다. 십국(十國)은 화남과 기타 지역에 분립해 있었던 오월(吳越), 민(閩), 형남(荊南), 초(楚), 오(吳), 남당(南唐), 남한(南漢), 북한(北漢), 전촉(前蜀), 후촉(後蜀) 등이다.

전연의 맹(澶淵之盟) : 중국을 침입한 거란의 성종(聖宗)과 송의 진종(眞宗)이 찬저우(澶州)에서 맺은 강화조약. 주요 내용은 다음의 3가지 사항이었다. 첫째, 송은 군비(軍備)로서 거란에 매년 비단 20만 필, 은 10만 냥을 보낸다. 둘째, 진종은 성종의 모(母)를 숙모로 삼고 양국은 형제의 교분을 갖는다. 셋째, 양국의 국경은 현 상태를 유지하며 양국의 포로는 서로 송환한다. 이 맹약을 체결한 후 거란과 송 사이에는 평화가 유지되었으며, 거란은 문화와 경제가 발전해 동아시아 제일의 강국이 되었다.

후삼국(後三國) : 신라, 후백제, 후고구려(태봉) 및 고려를 말한다. 신라가 세력이 약해지자 견훤은 900년에 완산주(전주)를 수도로 하여 후백제를 건국하였고, 궁예는 901년에 송악(개성)에서 후고구려를 건국하였다. 918년에 왕건은 궁예를 축출하고 고려를 건국하였으며, 신라와 후백제를 멸망시키고 후삼국을 통일하였다.

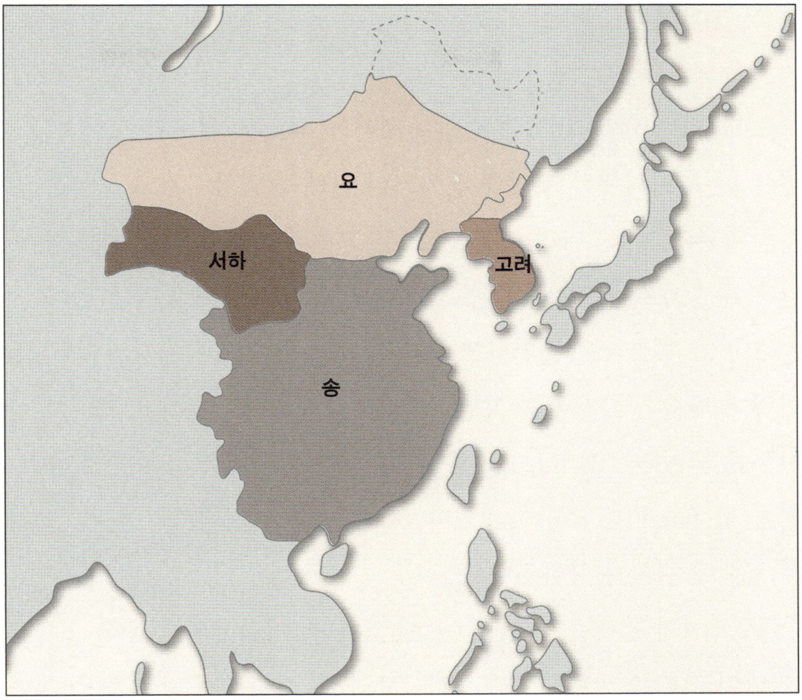

10세기의 동아시아

한반도의 주역으로 등장하였다. 이에 동아시아의 패권을 놓고 각축을 벌였던 송과 요는 각각 외교와 전쟁을 통해 고려와 관계를 구축하려 하였다. 고려는 대립과 갈등의 국제 정세를 잘 파악해 실리 위주의 외교 노선을 펼쳤으며, 때로는 강력한 군사 행동을 통해 세력 균형을 이루고자 하였다.

이처럼 10세기 이후 송, 요와 고려의 관계는 당시 동아시아를 대립과 갈등으로 몰아갔다. 그러나 이 과정에서 동아시아에는 새로운 국제 질서가 형성되었다. 종래의 동아시아가 중국 중심의 질서였다면 이 시기 동아시아는 급변하는 국제 정세에서 상호의 세력 균형을 모색하면서 새롭게 형성된 다원적인 체제였다. 이런 견제와 균형의 다원적인 국제 질서 속에서 고려·송·요·일본은 활발한 대외 무역과 문화의 교류를 펼쳐 나갔다.

1) 고려와 거란(요)의 관계

고려가 건국된 10세기의 동아시아는 새로운 질서를 모색하고 있었다. 거란은 만주 지역에서 세력을 떨치더니 발해를 멸망시키고 중국을 압박하였다. 마침내 947년에는 나라 이름을 '요'르 고쳤다. 960년, 중국 대륙에서는 송이 혼란을 수습하고 통일을 이룸으로써 양국은 날카롭게 대립하였다. 한반도에서는 고려가 후삼국을 통일하고 북진 정책을 단행해 청천강까지 국경을 넓혔다. 이렇게 해서 동아시아는 북방의 거란, 남방의 송, 그리고 고려가 삼국 구도를 이루게 되었다. 그러나 고려와 송이 긴밀한 관계를 유지함에 따라 거란과 고려는 첨예하게 대립하게 되었다. 거란은 송과 전쟁하는 한편, 고려도 위협해 세 차례에 걸쳐 침략하였다.

거란의 1차 침략은 993년(성종 12)에 있었다. 거란군의 선봉장 소손녕은 압록강을 넘어 고려를 공격하였다. 그는 고려군을 향해 "우리 거란은 천하를 통일하였다. 아직 항복하지 않은 자들은 기어이 멸망시키고 말 것이다. 그러니 속히 와서 항복하라."고 위협하였다. 그러나 고려 측에서 아무런 반응이 없자 그는 다시 "80만 대군이 곧 도착할 터이니, 고려의 군주와 신하들은 어서 나와 항복하라."고 거듭 협박하였다. 성종은 거란군과 전투를 벌이면서 다른 한편으로 전쟁 중지를 위해 서희로 하여금 소손녕과 회담하게 하였다.

소손녕은 서희에게 "고려는 신라의 옛 땅에서 일어났고, 옛 고구려의 땅은 거란의 소유이다. 그런데도 고려는 우리 국경을 침범하고 있다. 그리고 고려는 우리와 국경을 접해 있으면서도 바다 건너 송과 사귀고 있다. 이 때문에 우리는 고려를 정벌하러 왔다."라고 침략의 이유를 밝혔다. 이에 서희는 "우리는 고구려를 계승하였다. 그래서 국호를 고려라 한 것이다. 영토로 따지자면 거란의 동경인 요양은 옛 고구려 땅에 있으니 오히려 거란이 우리 땅을 침범하고 있다."라고 반박하며 한 걸음도 물러서지 않았다. 사실 거란이 고려를 침략한 목적은 고려로 하여금 송과 외교를 단절하고 거란과 국교를 맺으려는데 있었다. 서희는 이러한 거란의 의도를 간파하고, 고려가 거란과 외교 관계를 맺지 못한 이유로 두 나라 사이를 가로막고 있는 여진족을 지목하면서 거란과 수교할 의사가 있음을 확인시켜 주었다. 서희의 주장에 설득당한 소손녕은 철수를 결정하였다.

거란은 1차 침입에서 고려와 맺은 외교 관계 외에 별다른 성과를 얻지 못하였다. 그러나 고려는 성종 13년994부터 3년간 거란 측에서 양해한 대로 압록강 동쪽의 여진족을 축출해 영토를 확장해 나갔다. 이렇게 확보한 압록강 동쪽의 땅에 새로 성을 쌓았는데, 이를 '강동 6주'라고 한다. 그런데 거란이 강동 6주를 고려에 양보한 것은 이곳이 전략적으로 얼마나 중요한지를 미처 깨닫지 못했기 때문이었다. 뒤늦게 이런 사실을 자각한 거란은 고려에 강동 6주의 반환을 끊임없이 요구하였다. 결국, 이 문제로 고려와 거란은 계속 대립하게 되었다.

강동 6주의 반환도 거절되고, 송과도 여전히 긴밀한 관계를 맺고 있는 고려에 불만을 느낀 거란은 1010년현종 1에 2차 침입을 감행하였다. 고려의 강조는 거란군과 맞서 용감하게 싸웠으나 사로잡히고 말았다. 거란의 성종은 그를 회유하여 신하로 삼으려고 했으나 강조는 끝내 거절하고 죽음을 택하였다. 거란군이 개경을 점령하자 고려의 현종은 멀리 전라도 나주까지 내려가 피신하였다. 그러나 고려군이 더욱 드세게 저항하자, 후방 보급로의 차단을 두려워한 거란군은 별다른 소득 없이 물러갔다. 이후 소규모로 침략을 일삼던 거란은 1018년현종 9에 3차 침입을 단행하였다.

선봉장 소배압을 앞세운 거란의 10만 대군은 압록강을 건너 고려를 침공했으나 북방을 지키던 상원수 강감찬과 부원수 강민첨에게 곳곳에서 격파당하였다. 게다가 강감찬은 거란군을 물리칠 큰 계책을 준비하고 있었다. 그는 압록강 남쪽에 있는 흥화진의 산골짜기에 1만 2천 명의 병사를 매복시킨 다음, 굵은 노끈으로 쇠가죽을 이어 강물을 막아 놓고 있다가 거란군이 도착하자 곧바로 물길을 터놓아 물살에 휩쓸리게 하고, 기병으로 공격하였다. 커다란 손

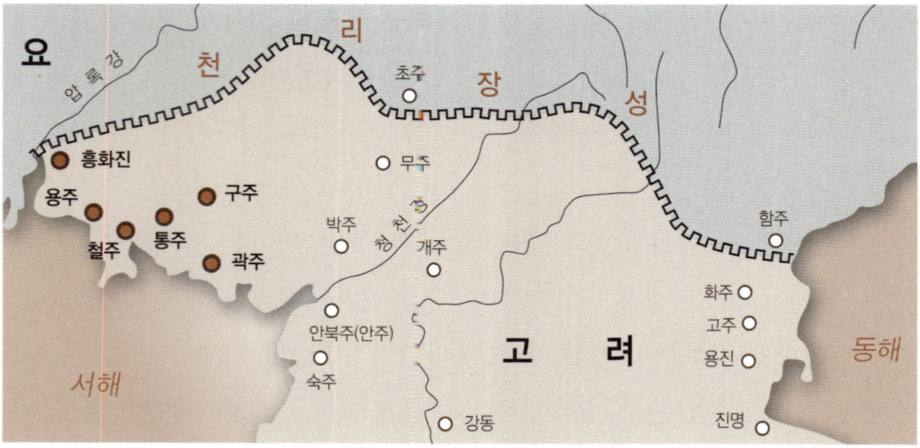

강동 6주와 천리장성

실에도 불구하고 거란군은 계속 남하하여 수도 개경을 위협하였다. 그러나 고려군의 반격을 받은 거란군은 이듬해 2월에 철수하지 않을 수 없었다. 철수하던 거란군은 구주龜州를 지나다가 고려군의 추격을 받고 대패하였다. 이 전투를 '구주대첩'이라고 부른다. 거란의 10만 대군 중에서 살아서 돌아간 자는 겨우 수천 명에 지나지 않았다. 이처럼 거란의 3차 침략도 결국 실패로 돌아갔다. 고려가 거란군의 침략을 물리치면서 전쟁이 고려의 승리로 끝나자 동아시아에는 고려, 송, 요거란 3국이 세력의 균형을 이루며 평화가 찾아왔다.

2) 고려의 여진 정벌과 금金의 등장

'숙신', '읍루', '물길', '말갈' 등으로 불린 여진족은 고구려, 발해에 복속되어 있다가 발해 멸망(926) 이후에는 만주 지역에서 여러 부족으로 나뉘어 흩어져 살았다. 특히 함경도 일대에 살던 여진 부족들은 고려를 상국上國 혹은 부모의 나라라고 하면서 섬겨 왔다. 그러다가 여진은 점차 단합하여 세력을 키워 나가면서 고려를 자주 침범하였다.

여진의 고려 변경 침입은 문종 때1046~1082부터 고조되기 시작하였다. 이후

동여진의 완안부가 강성해지면서 고려 침략은 더욱 심해졌다. 이에 고려는 숙종 때에 들어서 여진에 대한 대대적인 정벌을 추진하였다. 그러나 여진 정벌의 임무를 띠고 출전한 윤관의 군대는 민첩한 기병을 주요 전력으로 활용하는 여진에 패하고 말았다. 이에 고려 정부는 보병으로 여진의 기병을 대적할 수 없었다는 윤관의 보고에 따라 1104년숙종 9에 별무반을 설치하게 되었다. 별무반은 특성에 따라 여러 조직으로 편제했는데 그중에서 기병 부대인 신기군은 여진에 가장 효과적으로 대적할 수 있는 전력이었다.

여진 정벌이 본격적으로 이루어진 것은 1107년예종 2이었다. 숙종의 뒤를 이은 예종은 여진의 침략을 뿌리 뽑기 위해 윤관을 출정군 총사령관에 임명하고 대대적인 정벌을 단행하였다. 예종 2년부터 이듬해 3월까지 전개한 작전에서

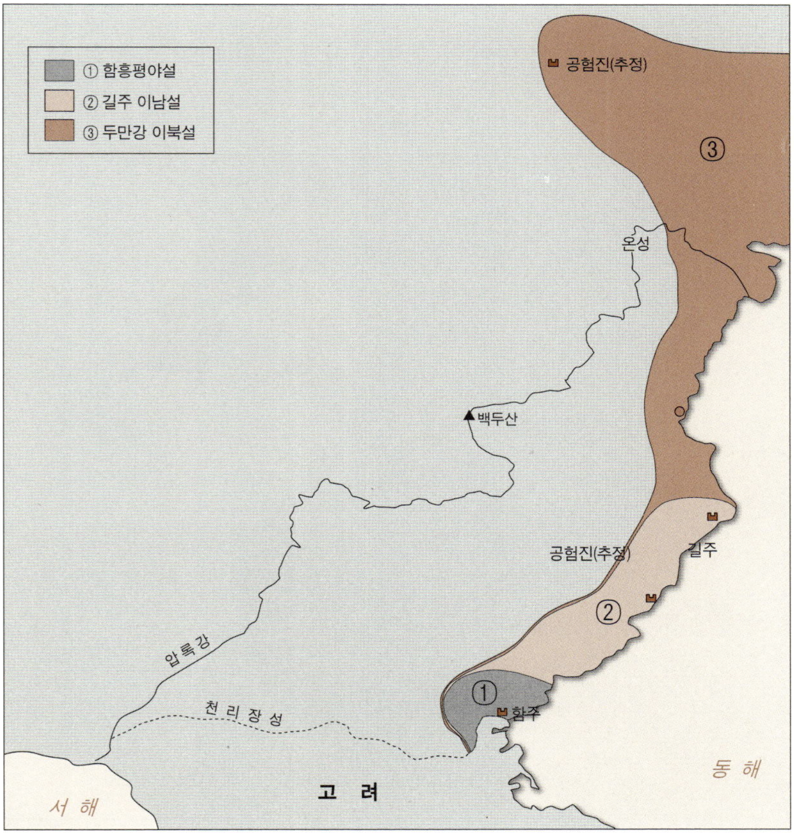

9성의 위치도

윤관의 고려군은 함경도 일대에서 여진족을 몰아내었으며, 이렇게 하여 확보한 땅에는 9성을 쌓아 고려의 영토로 편입하였다. 그리고 9성 중에서 가장 북쪽에 있는 공험진의 선춘령에 영토의 경계비를 세웠다. 9성이나 이 경계비의 위치를 두고 논란이 있지만, 고려의 영토는 백두산과 두만강 방면까지 확장되었던 것으로 보인다.

그런데 여진 정벌 1년여 만인 1109년예종 4년 7월, 고려는 여진에게 9성을 돌려주고 말았다. 고려가 9성을 지키기에는 인적 · 물적 자원의 부담이 매우 컸다. 9성 사이의 거리가 너무 멀어 지키기 어려웠을 뿐만 아니라 군사 동원으로 백성의 원성이 높아지고 있었다. 이에 따라 윤관의 정적들을 중심으로 9성을 돌려주자는 주장이 제기되었다. 결국 고려는 여진에게서 다시는 도발하지 않겠다는 약속을 받아 내고 9성을 돌려주게 되었다.

9성 반환 이후 고려, 나아가 동아시아에 닥친 변화는 실로 엄청났다. 9성을

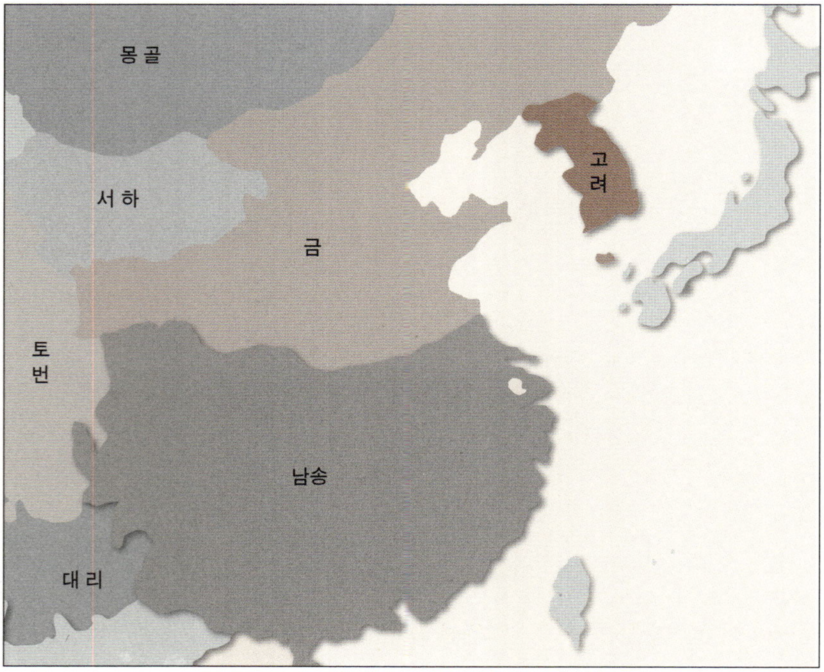

12세기의 동아시아

돌려받은 여진은 이를 바탕으로 강력한 세력으로 부상하였다. 여진족을 통일한 완안부의 추장 아골타는 1115년에 국호를 '금金'이라고 하고, 그 스스로 황제라 칭하기에 이르렀다. 금은 1122년예종 17에 요거란의 수도 연경을 함락했으며 1125년인종 3에는 송과 연합해서 요를 멸망시켰다. 더 나아가 이듬해에는 송의 수도 카이펑開封을 함락하고 송북송마저 멸망시켰다. 그러나 송의 잔여 세력은 남쪽으로 도망하여 왕조를 유지하였으니, 이를 남송南宋*이라 한다.

남송(南宋) : 송(宋)의 후기 왕조(1127~1279). 1126년에 금(金)은 송의 수도 카이펑을 점령하였고 이듬해 황제를 포로로 잡아가 송(북송)이 멸망하였다. 그런데 남쪽으로 도망한 흠종의 동생 고종이 임안(지금의 항저우)에 도읍하여 남송을 재건하였다. 1276년에 몽골군에 의해 임안이 함락되고 1279년에 멸망하였다.

한편 금은 고려에 끊임없이 압력을 가해 왔다. 금의 태조 아골타는 사신을 통해, "형인 대여진 금국 황제가 아우인 고려 국왕에게 글월을 보낸다."라는 서한을 보내 고려에 대해 금이 우위에 있음을 드러내었다. 그리고 1125년인종 3에 금은 고려에 군신 관계를 요구해 이를 관철하였다. 고려는 지금까지 부모의 나라로 고려를 섬기던 금의 태도 변화에 분개했으나, 거란을 멸망시키고 송을 위협하는 현실적인 힘에 어쩔 수 없이 굴복하였다. 이리하여 12세기에 들어 금은 동아시아의 최강국이 되었다.

3) 고려와 송의 관계

고려는 거란요, 그리고 거란의 뒤를 이은 금과 교류하였으며, 여전히 송과도 활발히 교류하고 있었다. 고려는 거란에 124회, 금에는 173회에 걸쳐 사신을 보냈다. 그리고 2백 년에 걸친 고려와 송의 관계에서 고려 측이 송에 사신을 파견한 횟수는 60회 안팎으로 확인되고 있다. 고려와 송은 특히 교역이 활발했는데, 그것은 두 나라 사이의 정치적 관계가 긴밀하였기 때문이다. 송이 고려에 사신을 보낸 횟수는 30여 회에 불과했지만, 송상宋商이 고려에 입국한 횟수가 130회에 이르는 것은 고려와 송 사이의 정치적 · 경제적 관계가 그만큼 긴밀했음을 말해 준다. 더구나 양국 간에 사신 내왕이 없었던 시기에도 송의 상인들은 꾸준히 고려에 출입하였다.

고려와 송의 교역은 고려·거란의 전쟁이 마무리되었던 현종 때1010~1031부터 본격적으로 시작되었다. 송상은 1012년현종 3에서 1278년충렬왕 4까지 약 260여 년간 고려에 입국했는데 현종 때에 13회, 문종 때1046~1083에 43회, 숙종 때1095~1105에 12회, 의종 때1146~1170에 21회에 걸쳐 빈번히 내왕한 것으로 나타나 있다. 이처럼 송상은 11~12세기에 가장 활발하게 고려와 교역하였다.

2. 몽골의 등장과 동아시아의 변화

1) 몽골의 등장과 고려 침략

13세기에 들어 동아시아는 몽골의 등장으로 새로운 변화를 맞이하게 되었다. 테무진칭기즈칸, 1167~1227은 몽골 초원에 흩어져 있던 부족을 통합해 세력을 확장하더니 1204년에는 몽골을 통일하였다. 이를 발판으로 하여 몽골족은 중앙아시아와 만주, 그리고 중국을 향한 정복 전쟁을 시작하였다.

칭기즈칸은 금金과 서하西夏에 대한 정벌에 나서 재물을 약탈하고 기술자와 농민들을 유목 지대로 강제 이주시켰다. 또 유라시아 대륙을 통하는 동서 무역로를 확보하기 위해 서방으로 진격해서 서요西遼를 병합하였다. 이어 이슬람 지역으로 대원정1219~1225을 단행하였다. 호레즘*을 정복해서 아랍을 굴복시켰으며, 이후 진격을 계속해 크림 반도를 침공하였다. 칭기즈칸은 서방 원정에서 개선하고 나서 영토를 여러 아들과 동생들에게 나눠 주고 통치하게 하였다.

호레즘(Khwarezm) : 현재의 우즈베키스탄과 투르크메니스탄 지역에 1077년에서 1231년까지 존속했던 중앙아시아의 왕조. 원(元)의 사서(史書)에는 '화자자모(花剌子模)'라고 기록되어 있다. 서요(西遼)와 연합해 이란, 아프가니스탄까지 진출한 대국이었다. 사마르칸트를 중심으로 동서 무역을 독점해 번영했으나 몽골군에 패해 멸망하였다.

한편 몽골이 만주 지역으로 세력을 넓혀 나가자 거란족이 반

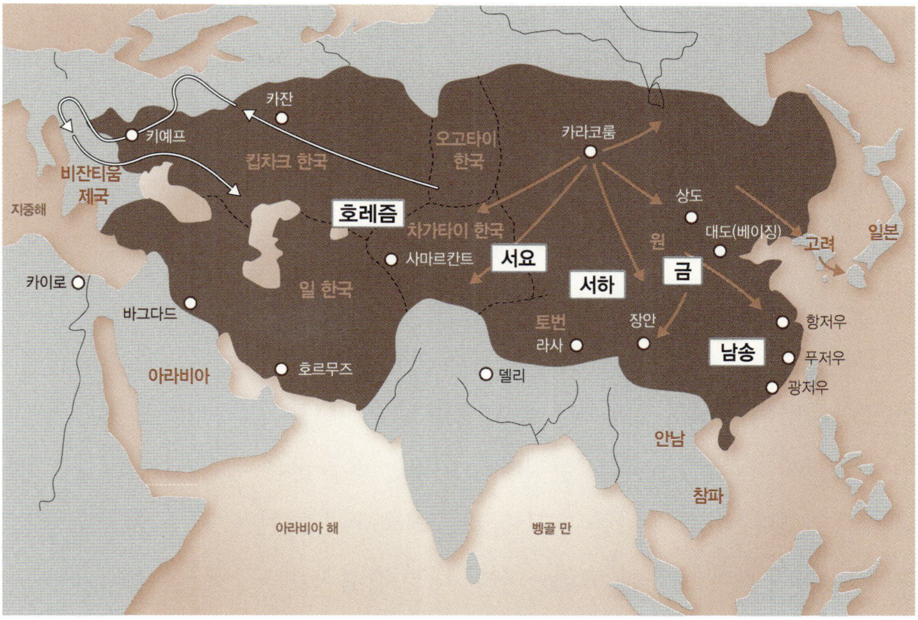

몽골제국의 최대 판도

란을 일으켰다. 몽골이 거란족을 무자비하게 진압하자 몽골군에 쫓긴 거란족은 압록강을 건너 고려의 영토로 들어오게 되었다. 거란족은 고려 군의 반격을 받아 평양 부근에 있던 강동성에 갇히게 되었다. 이에 고려군과 몽골군이 공동 작전에 돌입했으니, 이것이 고려와 몽골의 첫 접촉이었다. 이때가 1216년이었다.

고려와 몽골은 강동성을 함락시키고 거란군을 섬멸하고 나서 형제의 맹약을 맺었다. 그러나 몽골은 고려에 크나큰 은혜나 베푼 듯이 과도한 공물을 요구했고, 태도 또한 몹시 불손해 고려인의 분노를 샀다. 양국 관계가 점점 소원해지던 중 사신으로 왔던 저고여가 몽골로 돌아가던 길에 압록강 부근에서 피살되는 사건이 벌어졌다. 이를 빌미로 몽골의 고려 침입이 시작되었다.

2) 고려와 몽골의 전쟁

몽골은 저고여 살해 사건을 빌미로 하여 1231년에 제1차 침략을 시작하여 1259년에 강화가 성립되기까지 약 30년 간 모두 11차례에 걸쳐 고려에 침입하였다. 간헐적인 침략도 있었지만, 대규모 전쟁도 여섯 차례나 있었다. 그리고 삼별초 항쟁까지 포함하면 고려는 약 40년간 몽골에 저항하였다.

1231년고종 18, 저고여의 피살을 빌미로 삼아 정복 야욕을 드러낸 몽골의 태종은 살리타撒禮塔에게 고려 침공을 명령하였다. 제1차 침략에 맞서 박서는 귀주성을 끝까지 지켜 냈지만, 살리타가 이끄는 몽골군은 계속 남하해 수도 개경을 포위했다. 위험에 처한 고려 정부는 몽골군과 화친을 맺지 않을 수 없었다. 몽골의 무력에 굴복한 고려는 심한 내정 간섭과 과도한 공물 요구에 시달리게 되었다. 이에 집권자 최우는 대몽 항쟁을 계속하기 위해 강화도로 천도를 단행하였다. 몽골군은 기마 부대였으므로 바다를 쉽게 건너올 수 없으리라 판단했기 때문이다.

강화 천도에 자극을 받은 몽골은 1232년에 다시 고려를 침략하였다. 몽골군 총사령관 살리타가 이끄는 제2차 침략군은 한강을 통과해 광주산성남한산성을 공격하였다. 몽골군은 몇 달 동안 공격했지만, 광주산성 함락에 실패하였다. 이에 몽골군은 이곳 공략을 포기하고 남하하였다. 몽골군은 경기도 용인의 처인성을 지나게 되었는데, 이곳에는 고려 군민과 김윤후라는 승려가 피난해 있었다. 살리타는 처인성 전투에서 활에 맞아 전사하였으며 김윤후의 지휘 아래 고려군은 몽골군을 물리칠 수 있었다.

2차 침입 이후에도 몽골은 계속 고려를 공격해 그 피해가 경상, 전라 지역에까지 미쳤다. 백성의 생명과 재산은 물론이고 부인사의 대장경과 경주 황룡사 같은 문화재도 큰 피해를 보았다. 전해 오던 대장경이 불에 타 없어지자, 고려 조정에서는 이를 다시 제작하기로 하였다. 대장경 판각은 당시 최고 권력자인 최우의 주도로 시작되었다. 최우는 강화도에 대장도감을, 남해에 분사 대장도

해인사 고려대장경판

감을 두고 각판을 추진하였다. 이 작업은 1236년고종 23에 시작되어 1251년고종 38년에 완성되었다. 이렇게 완성된 고려대장경의 각판은 81,258장에 달하였다. 이에 이 대장경을 흔히 '팔만대장경'이라 부른다. 최우가 국가사업으로 대장경을 제작한 이유는 불교 신앙을 중심으로 일체감을 조성해 대몽 항쟁 의식을 고취하고자 했기 때문이다.

한편 몽골의 침입에 맞선 항쟁 중심에는 삼별초가 있었다. 삼별초는 최씨 정권의 두 번째 집정자 최우가 치안 유지를 위해 설치한 야별초가 그 기원이었다. 야별초 소속 군인의 수효가 늘어나자 이를 좌 · 우별초로 나누었고, 포로가 되었다가 탈출한 병사들로 신의군을 조직하였다. 이렇게 삼별초는 좌별초, 우별초, 신의군의 3개 특수 부대로 구성되었다. 삼별초는 설립자 최우의 집권에 중요한 구실을 하였다. 경찰 · 전투 임무 외에 도성 수비와 최우의 친위대 임무도 수행했으며, 이 시기에 있었던 몽골 침략에 맞서 대몽 항쟁에서 크게 활약하였다. 고려의 정규군인 2군 6위의 활약이 별로 눈에 띄지 않는 가운데 삼별초는 대몽 항쟁에서 강력한 전투력을 발휘해 강화도에만 머물지 않고 전국 각지에서 몽골군과 싸워 큰 전과를 올렸다.

삼별초의 항쟁은 고려와 몽골의 강화 후에도 계속되었다. 1270년, 원종과

삼별초의 항쟁

신하들은 강화도를 떠나 개경으로 환도를 결정하고 삼별초의 해산을 명령하였다. 그러나 삼별초는 이에 따르지 않고 끝까지 저항하기로 하면서, 개경으로 환도한 원종의 고려 정부에 맞서 반기를 들었다. 이들은 몽골에 복속한 개경 정부를 전면 부정하고, 왕족인 승화후를 새로운 왕으로 옹립하였다.

배중손을 중심으로 강화도에서 봉기한 삼별초는 강화도에서 진도로 이동하였다. 배중손은 이곳의 용장성을 거점으로 삼아 개경 정부와 몽골에 대항하였다. 진도의 삼별초군은 여몽 연합군과의 싸움에서 여러 차례 승리하며 개경 정부를 위협하였다. 그러나 1271년원종 12년 5월에 여몽 연합군의 공격으로 큰 타격을 입은 삼별초는 제주도로 거점을 옮기게 되었다. 삼별초는 제주도 해안에 돌로 장성을 쌓아 여몽 연합군의 침입에 대비하였다. 그 사이에 배중손을 대신해 김통정이 새로운 지도자로 부상하였다. 삼별초는 조직을 정비하고, 방어 시설을 갖추고 나서 원래 본거지였던 전라도 해안에서 군사 활동을 전개하였다. 그리고 충청, 경기의 연해까지 활동 범위를 넓혀 가며 개경을 위협하였다. 그러나 여몽 연합군의 공격을 받아 1273년원종 14 4월에 제주도의 삼별초는 무너지고 말았다. 삼별초의 패배는 몽골에 대한 저항이 끝났음을 의미하였다. 결국, 고려는 몽골에 일부의 영토를 빼앗기고, 여러 방면에서 끊임없이 간섭을 받게 되었다.

3. 몽골의 세계 경영과 고려

1) 원 간섭하의 고려

최씨 무신 정권의 마지막 집권자 최의가 살해당한 이후 정국이 혼란에 빠지고, 전쟁이 끝나기를 바라는 사람도 늘어났다. 마침내 고려는 몽골과 강화를 맺기로 하고, 1259년고종 46에 태자원종를 몽골에 파견하였다.

고종을 이어 즉위한 원종은 무신 집권자 김준을 제거하고 왕권을 강화하고자 하였다. 하지만 개경 환도를 추진하면서 새로운 무신 집권자 임연과 갈등하게 되었다. 1270년원종 11에 임연이 세상을 뜨고 그의 뒤를 이어 아들인 임유무가 무신집정자가 되었다. 원종은 마침내 개경 환도를 결정하였으며, 이를 거부한 임유무는 홍규와 삼별초에 의해 죽임을 당하였다. 이로써 100년 동안 지속한 무신 정권은 막을 내렸다. 고려 조정은 개경으로 돌아왔으며, 원종의 친정이 이루어졌다.

한편 칭기즈칸의 손자인 쿠빌라이세조, 1260~1294는 정권을 장악한 후 국호를 원元이라 하였다. 그는 수도를 몽골 고원의 카라코룸에서 중원 지역의 대도大都, 지금의 베이징로 옮겨 권력을 강화하였다. 원은 쿠빌라이가 다스리는 동안에 동아시아의 대제국이 되었다. 그리하여 고려는 제후국으로 전락해 원의 간섭을 받게 되었다. 이 시대를 '원 간섭기'라고 한다.

원은 개경에 정동행성征東行省이라는 기관을 두고 고려 내정에 간섭했으며 두 차례에 걸쳐 일본 원정에 동원하기도 하였다. 또한, 고려 영토의 일부는 원의 직접 지배를 받아야 하였다. 원은 고려 북방에 동녕부와 쌍성총관부를, 제주에 탐라총관부를 두고 직접 통치하였다. 그뿐 아니라 남자는 환관으로, 여자는 공녀로 원에 끌려갔다.

원은 고려의 왕의 즉위와 퇴위를 결정했을 뿐 아니라, 원 출신의 공주를 고려의 왕비로 삼게 하였다. 원종은 이미 혼인한 상태였던 태자충렬왕를 원 세조 쿠빌라이의 딸 제국대장공주와 혼인시켰다. 충렬왕이 제국대장공주와 결혼하면서 태자 시절 배우자였던 첫 부인 정신부주 왕씨는 서열에서 밀려 왕비가 될 수 없었다. 이처럼 원 공주는 고려 국왕의 혼인 여부와 상관없이 왕비가 되었다. 이후 이런 원칙은 계속 되었다. 그리하여 고려 국왕은 원 황제의 사위가 되고, 고려는 원의 부마국사위의 나라이 되었다. 이런 상황에서 고려에 대한 원의 영향력은 클 수밖에 없었다.

고려가 사용하던 황제국 체제의 명칭들도 제후국 체제에 맞춰 격하되었다. '짐朕'은 '고孤'로, '폐하陛下'는 '전하殿下'로, '선지宣旨'는 '왕지王旨'로 바뀌었으며, '태자太子'는 '세자世子'로 칭하게 되었다. 그리고 임금의 호칭에도 변화가 있었다. 원종 이전과는 달리 충렬왕부터는 종宗을 붙이지 못하고 '왕王'이라 칭해졌다. 더구나 원나라에 충성하였다는 의미로 '충忠' 자를 붙이게 되었다. 그리하여 원 간섭기에 고려 왕은 충렬왕-충선왕-충숙왕-충혜왕-충목왕-충정왕 등으로 이어졌다. 이 '충' 자 돌림의 고려 왕은 글자 그대로 원에 충성을 바쳐야만 했던 존재였다.

동녕부와 쌍성총관부

원의 간섭은 왕실에 그치지 않았다. 중서문하성과 상서성은 통합되어 첨의부로, 중추원은 밀직사로, 행정을 담당한 6부部는 4사司로 개편되는 등 정치 기구도 격하되거나 축소되었다. 게다가 고려의 일부 세력은 아예 고려를 원에 편입시키려는 움직임을 보였다. 이를 '입성立省 책동'이라고 한다. 입성은 행중서성行中書省을 세운다는 뜻이다.

원의 최고 기구는 중서성이었는데, 그 산하에 있는 지방의 최고 기구는 행중서성이었다. 원은 중국을 통치하면서 지역 마다 성省, 즉 행중서성을 두어 지배하였다. 이처럼 원과 똑같이 고려에도 행중서성을 설치하자는 주장은 고려를 원에 속한 하나의 지방으로 편입하자는 주장이었다. 고려에 행중서성이 설치되면 일개 지방으로 전락하여 고려는 완전히 사라지는 것이었다. 이런 입성책동이 원 간섭기에 수차례 일어났다.

2) 고려의 자주성 회복과 북원의 성립

충목왕이 일찍 세상을 뜨자 이복동생인 충정왕과 숙부인 강릉대군공민왕이 후계자로 떠올랐다. 고려인들은 공민왕을 옹립하고자 했지만, 원은 충정왕을 즉위하게 하였다. 충정왕은 12살의 어린 나이로 즉위하였는데, 이때는 나라의 기강이 해이해지고, 밖으로는 왜구의 침입이 잦았던 시기였다. 이렇게 나라가 혼란해지자 고려 사람들은 충정왕 대신 강릉대군이 즉위하게 해달라고 원에 요청했으며 이에 공민왕이 즉위하게 되었다.

1351년, 공민왕이 즉위했을 때는 세계 최강국이었던 원이 점차 기울어져 가고 있었다. 허베이 성河北省 영평永平에서 한산동, 유복통 등이 중심이 된 한족漢族 반란군은 원에 큰 타격을 주었다. 이들은 머리에 붉은 수건을 둘렀기에 '홍건적紅巾賊'이라고 불렸다. 홍건적은 원에 가장 큰 위협이 되었다. 원이 고려에 지원군을 요청하자, 고려는 원의 쇠퇴를 직접 확인할 수 있었다. 공민왕은 원의 간섭에서 벗어날 절호의 기회가 왔다고 판단하였다. 1356년공민왕 5에 공민왕은 친원 세력을 제거하기 시작하였다. 공민왕은 원을 등에 업고 왕권까지 능멸해온 기철, 권겸, 노책 등 친원파들을 왕궁으로 유인해 살해하였다. 기철은 원나라에 공녀로 갔다가 순제의 눈에 들어 제2왕후가 된 고려 여인 기황후의 오라비로서 왕 앞에서도 무례하고 방자하기가 이를 데 없었다. 노책 역시 원의 순제에게, 권겸은 원의 황태자에게 딸을 바쳐 득세한 인물이었다.

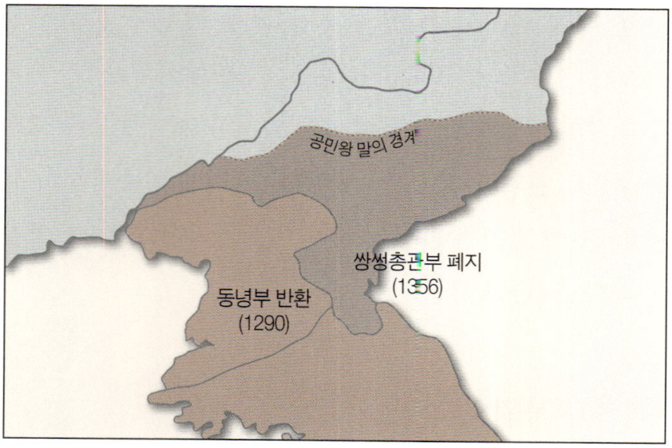

공민왕의 영토 수복

공민왕은 친원파를 제거하고 나서 원의 내정 간섭 기구도 없애 버렸다. 즉, 고려의 내정에 간섭하고 형벌권까지 행사하던 정동행성의 이문소를 혁파했던 것이다. 나아가 군대를 동원해 서북쪽으로는 압록강 너머에 설치된 원의 요새들을 격파했고, 동북쪽으로는 함흥 일대의 쌍성총관부를 공격하였다. 이리하여 고려는 상실하였던 북방 영토를 회복하고 원의 간섭에서 벗어날 수 있었다.

고려는 공민왕 때에 이르러 원의 세력을 업고 왕권을 제약하던 부원 세력을 제거하고, 상실한 국토를 회복해 원의 간섭에서 벗어났다. 그 후 원은 새롭게 중원에서 세력을 확장하고 있던 명明에 의해 몽골 고원으로 쫓겨났는데 이를 '북원北元'이라 한다. 이리하여 중원에서는 원을 대신에 명이 들어섰으며, 고려도 얼마 지나지 않아 멸망하였다.

참고 문헌

김당택,『원 간섭 하의 고려 정치사』, 일조각, 1998.

김철웅,『고려』, 청아출판사, 2008.

박용운,『고려시대사』, 일지사, 2008.

박종기,『새로 쓴 5백년 고려사』, 푸른역사, 2008.

윤용혁,『고려 대몽항쟁사 연구』, 일지사, 1991.

이정신,『고려시대 정치변동과 대외정책』, 경인문화사, 2004.

장동익,『고려후기 외교사연구』, 일조각, 1994.

한국중세사학회,『고려시대사 강의』, 늘함께, 1997.

스기야마 마사아키,『몽골 세계제국』, 임대희 옮김, 신서원, 1999.

패트리샤 버클리 에브리,『사진과 그림으로 보는 케임브리지 중국사』, 이동진 · 윤미경 옮김, 시공사, 2010.

더 읽을 거리

박용운 외,『고려시대 사람들 이야기』, 신서원, 2001.

박종기,『고려사의 재발견』, 휴머니스트, 2015.

한국역사연구회,『고려시대 사람들을 어떻게 살았을까』, 청년사, 2005.

마르코 폴로,『마르코 폴로의 동방견문록』, 김호동 옮김, 사계절, 2000.

잭 웨더포드,『칭기스칸, 잠든 유럽을 깨우다』, 정영목 옮김, 사계절, 2005.

제5장

조선과 국제 질서의 변동

1. 15세기 조선의 대외 관계
2. 16~17세기 왜란과 호란
3. 18세기 대외 정세와 사회 변동
4. 19세기 서구 열강의 접근과 조선의 대응

1. 15세기 조선의 대외 관계

1) 14~15세기 동아시아의 정세

朱元璋(1328~1398)

14세기 초반부터 소빙기小氷期 현상이 지구를 강타하였다. 유럽과 중국에는 한랭화가 진전되어 흉년이 들고 기근이 만연하였다. 중국에서는 여기에 더해 1340년대 황허 강의 대범람이 발생해 사회가 더욱 혼란하였다. 각지에서 원의 지배에 저항하는 반란이 이어졌고 그 과정에서 빈농 출신 주원장朱元璋, 태조 洪武帝이 백련교계 홍건적 집단에 투신해 권력을 잡았다. 그는 1368년 명明을 창건하고 난징南京을 수도로 삼았다.

홍무제는 연해민이 해양으로 진출해 외국인과 무역하지 못하도록 해금海禁을 실시하였다. 그는 오직 납공納貢과 회사回賜, 그리고 그 외연에서 이루어지는 제한적인 통상을 포함하는 조공 무역만을 인정하였다. 주변국들이 명과 조공 무역을 하기 위해서는 우선 명 황제로부터 책봉을 받는 책봉 의식을 수용해야 하였다.

명은 이 같은 복속의 대가로 주변 나라 국왕이 대명對明 무역권을 독점할 수 있는 특혜를 준 셈이었다. 그 과정에서 책봉 조공 체제가 체계적으로 정비되었다. 홍무제 치세 2~3년 만에 고려, 월남, 참파, 시암 등 십수 개국이 봉작을 청하고, 책봉 체제에 편입되었다.

특히 명 제국의 위상을 알리는 데 적극적이었던 성조 영락제 때에는 조공 관계를 수립한 국가가 30개국에 이르렀다. 일시적으로 조공 무역 관계를 맺게 된 나라까지 합하면 모두 60여 개국에 이르렀다. 영락제는 몽골에 대한 원정을 다섯 차례에 걸쳐 추진하고 동북 여진 지역도 군사 조직에 편입하였다. 영락제는 이슬람계 환관 정화鄭和로 하여금 28년 동안1405~1433 일곱 차례에 걸쳐

정화의 원정

인도와 아라비아 반도를 거쳐 아프리카 남단까지 항해하게 하였다. 정화의 원정으로 동남아 및 인도 연안 십수 개국이 조공 사절을 파견하였다.

일본에서는 1392년 북조의 3대 쇼군 아시카가 요시미츠가 전국을 통일하면서 60년에 걸쳐 계속되었던 남북조의 내란 상태가 종식되었고 무로마치 막부가 출범하였다. 그러자 명은 일본에 왜구의 통제와 조공을 요구해 1404년 일본은 명의 책봉 체제에 다시 편입되었다. 이것은 9세기 말 견당사遣唐使 폐지 이후 단절되었던 조공 관계의 부활을 의미하였다.

무로마치 막부의 대명 통교는 그 뒤에 일시 중단되었으나, 다시 재개되면서 이른바 '감합선勘合船'* 무역만이 이루어졌다. 사무역을 통제하기 위해서 명에서 발급한 감합인勘合印과 감합부勘合符를 가진 선박만이 대명 무역에 종사할 수 있게 된 것이다. 15세기 후반에 들어서면서 명의 해금이 강화되자 다시 왜구가 발호하였다. 15세기 말 일본 국내는 다시 계속된 전란으로 혼란해져 갔다.

감합선
조선 정부 역시 일본 무역선의 내왕을 제한하기 위해 대조선 무역의 특허권을 부여한 대마도주 등 몇몇 일본의 지방 영주에게 도장을 주고, 그들이 조선에 보내는 무역선에 이 도장이 찍힌 도서(圖書)를 지참하게 하였다. 도서를 지참한 일본 무역선이 삼포에 도착하면, 조선 관원은 도서에 찍힌 도장과 조선에 비치한 도장의 원부를 대조해 감합하고 나서 입국을 허락하였다.

2) 사대교린 정책

조선 초기의 대외 관계는 사대교린事大交隣을 기조로 하였다. 명으로부터는 책봉을 받지만, 다른 여러 종족에게는 벼슬을 주고 회유하는 정책이었다. 사대외교는 당시 동아시아의 관행적 외교 형식으로서 조선의 왕은 명의 황제로부터 책봉을 받고 그 연호를 사용하였다. 그러나 여기에 내정 간섭은 없었다.

조선이 명과 사대 관계를 맺은 것은 실질적으로 조공 관계를 유지하기 위해서였다. '조공 무역'이란 주변국이 명 황제에게 조공물을 진헌하고, 이에 대해 회사물回賜物을 받아 오는 형태의 교역이었다. 명은 주변국과의 교역에 조공 관계 이외의 다른 방법을 허용하지 않았다.

조공 무역은 경제적 측면에서 받는 쪽보다 바치는 쪽이 더 유리하였다. 따라서 실리를 추구하는 주변국에서는 조공을 명분으로 되도록 빈번하게 명에 사행을 파견하려고 하였다. 조선이 명 태조의 3년 1공三年一貢 제한에 대해 1년 3차 입조一年三次入朝를 고집한 것이 그 예이다. 태종은 조공 사대를 국가 보전의 불가피한 전략으로 생각했다. 대명 관계 강화를 위해 모화관慕華館을 건립하는 등 다양한 노력을 전개하였다. 그리하여 조공 회수가 태조 대에는 3년 1공이었던 것이 1년 3공으로 늘어났다.

세종 대에는 지성사대론至誠事大論이 새롭게 강조되기도 하는 가운데 더욱 적극적으로 사대교린 질서를 확장하고자 하였다. 『경국대전』「예전」에서는 사대 항목을 명문화하고, 대명 관계의 중요성을 제도적 차원에서 강조하였다. 조선은 1년 3차의 정기적인 사행으로 정조正朝 · 성절聖節 · 천추사千秋使를 파견하였는데, 이에 더해서 동지사冬至使도 파견하게 되었다. 그 밖에도 특별한 목적으로 파견되는 사은謝恩 · 주청奏請 · 진하進賀 · 진향사進香使 등도 있었다. 조선의 조공품은 마필馬匹 · 인삼人蔘 · 피물皮物 · 포자布子 등이었고, 명의 회사물은 채단 · 자기 · 약재 · 서적 등이었다. 조공 사행의 왕래는 조선이 새로운 문물을 수입하는 유일한 통로가 되었다.

조선은 일본에 사신을 파견해 왜구들의 근절과 그들이 납치한 포로의 송환을 요구하였다. 조선은 일본을 기미정책羈縻政策*의 대상으로 간주하였기에 관계가 가장 밀접한 대마도의 소오宗씨를 비롯해서 다이묘 같은 일본의 지방호족들에게 조공 무역의 형식을 빌려 조선과 교류하게 하였다. 다만 무로마치 막부 장군에게는 조선 국왕과 대등한 예우를 해주는 적례敵禮 관계 교린정책을 구사하였다. 이것은 무로마치 막부 장군을 회유해 왜구를 금압하기 위한 조처였다.

기미정책
다른 민족에 대한 간접 통치 정책. 기미는 '굴레와 고삐'라는 뜻으로 이민족에 자치를 인정해 간접적으로 지배하는 방식을 이른다.

그러나 왜구가 근절되지 않자, 1419년세종 1에 대규모의 대마도 정벌을 감행하였다. 동시에 회유책으로 부산포, 내이포제포, 염포 등 삼포를 왜선에 개항해 주었다. 왜선의 내왕이 빈번해지자, 1443년세종 25 대마도주와 계해약조癸亥約條를 체결해 세견선을 연 50척으로, 세사미를 미두米豆 200섬으로 제한하였다. 그렇지만 대마도주 외에도 일본 국왕足利將軍이나 대소 호족들의 사송선使送船이 내왕할 여지를 주었다.

15세기 말에 조선이 사무역을 더욱 엄격히 단속하자 대마도주와 삼포의 왜인들이 불만을 품게 되었다. 1510년중종 5에는 삼포왜란이 일어나 삼포를 폐쇄하였다. 대마도주의 간청으로 1512년중종 7에 임신약조壬申約條를 체결해 세견선과 세사미를 연 25척, 미두 100섬으로 반감하였다. 그 밖에도 종래에 허용했던 특송선도 폐지하였다. 그뿐 아니라 왜인들의 삼포 거류를 금하고 제포의 왜관만을 다시 설치하였다. 왜사의 도래도 제포 · 부산포에 한정하였다. 이 조치로 일본 소호족이나 왜상들은 적지 않은 타격을 받았으나 일본 막부의 사선使船 내왕은 16세기 중엽에 이르기까지 여전히 빈번하였다. 또한, 대호족들의 통교도 크게 쇠퇴하지 않았다. 이에 반해서 조선에서는 15세기 중엽 이후로 일본에 사신을 파견하는 일이 없었다. 1555년에는 삼포왜란과 임신약조로 교역량이 줄어든 것에 불만을 품은 쓰시마섬 등지의 왜인들이 전라도 영암 일대를 노략질하는 을묘왜변이 발생하였다.

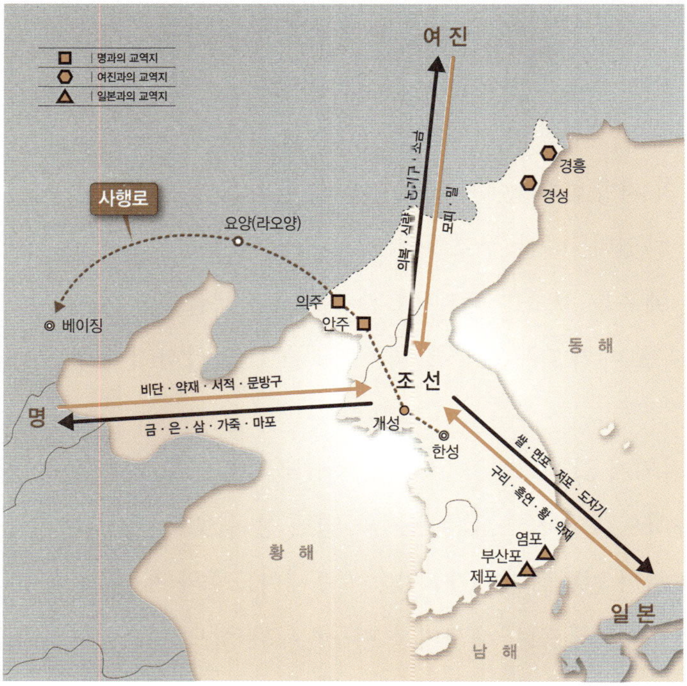

조선 전기의 대외 무역

한편 여진족에 대해 조선은 국경 부근에 무역소를 설치해 그들의 경제적 욕구를 어느 정도 충족시켜 주었다. 조선은 여진인의 귀화를 권장해 공물을 바치는 추장에게는 관직과 봉록을 주고, 진상품을 가져오는 자에게는 회사물을 주었다. 아울러 경성과 경원에도 무역소를 두어 교역의 길을 터주기도 하였다.

그러나 여진족이 북방에서 자주 소란을 피우자, 원정군을 파견해 그들의 본거지를 토벌하는 강경책도 병행하였다. 세종 때에는 압록강과 두만강 유역에 4군 6진을 개척해 남쪽 주민을 적극 이주시켜 오늘날과 같은 국경선이 확정되었다.

류큐琉球의 추장은 고려 말부터 왜구에게 잡혀갔던 고려의 포로를 돌려보내고 특산물을 공납하였다. 조선 시대에 들어와서도 해마다 세견선을 보내 왔다. 조선은 류큐인에게 관직을 주어 우대하였다. 시암 · 조와 등지에서도 사신을 보내와 토산물을 바쳤다. 조선에서는 그 지방을 '남만南蠻'이라 부르고 그들의 선박을 '남만선南蠻船'이라 불렀다.

2. 16~17세기 왜란과 호란

1) 임진왜란과 정유재란

16세기 이후 동아시아 조공 무역은 민간 사무역의 확대에 따라 상대적으로 위축되어 갔다. 조공 무역을 위장한 사무역업자의 광저우廣州 입항이 공공연해지고 있었다. 이에 명조는 1509년 일반 상인에게 광저우를 개방하기로 결정하였다. 특히 1520년대부터 감합제로 통제되던 중일 무역의 외연에서 '왜구'로 불린 무장 밀무역 집단이 등장하기 시작하면서 중국 연해에도 밀무역 거점이 출현하였다.

명조에서는 무력으로 왜구를 제압하는 한편, 해금 완화를 추진하였다. 1567년부터 푸젠福建 항을 1년에 90척에 한해 동남아 교역에 종사하는 중국 상인에게 개방하는 대신 관세를 징수하기 시작하였다. 그러나 연해안에서의 밀무역이 성행하자 마침내 명 왕조는 두 차례에 걸쳐 대규모 군대를 쌍서도에 파견해 이곳을 초토화하였다. 이에 따라 밀무역 상인들도 해적이 되어 대규모 선단을 이루고 연해안의 관청을 공격하거나 민간을 약탈하였다. 당시 밀무역 상인 중에는 일본인이 섞여 있었고, 명나라 상인들도 국적을 감추기 위해 일본인 머리 모양과 복장을 하고 있었다. 이를 원말의 왜구와 비교해 '후기 왜구'라 한다.

이 사건을 계기로 명 왕조는 장저우漳州의 월항月港을 민간에 개방하였다. 물론 조공 국가에 한해 교역을 허가하였다. 그러나 일본에 대한 경계의 일환으로 일본 상인에게만은 이 항구를 개방하지 않았다. 이에 따라 일본 상인은 멀리 필리핀이나 월남, 시암 등지에서 중국 상인과 접촉하지 않을 수 없었다. 일본은 후기 왜구 사건 이후 중국과의 교역이 차단되어 있었기에 조선을 통해 중국 상품을 구할 수밖에 없었다. 그래서 조선은 명에서 가져온 고급 비단에 이윤을 붙여 일본에 되팔기도 하였다. 조선은 당시의 무역 환경을 이용해 삼각무역을 했던 셈이다.

후기 왜구 사건 이후 중국과의 교역에서 철저히 배제된 일본은 교역선을 동남아시아로 돌릴 수밖에 없었다. 이 과정에서 포르투갈 상인이나 스페인 상인들과 접촉하게 되었다. 이를 통해 그들은 서양의 새로운 문물을 입수하기도 하였다. 그 대표적인 것이 포르투갈 상인이 일본에 전해준 조총이었다.

도요토미 히데요시는 강력해진 무기로 명과 조선을 침공할 뜻을 노골적으로 드러냈다. 조선 조정은 사신을 보내어 일본의 동정을 살펴 오게 하였다. 그러나 조선 조정은 일본의 침략 의도를 간파하지 못하고 방비를 소홀히 하였다.

관군이 전쟁 초반에 계속 패하면서(임진왜란, 1592) 서울과 평양을 빼앗기자 선조는 의주로 피난하였다. 그러나 이순신이 이끄는 수군과 의병이 활약한 가운데 관군도 재정비되었고, 일본이 조선 침략의 명분으로 내세운 '정명가도征明假道'에 자극받은 명도 원병을 파견하였다. 이에 일본은 휴전을 제의하였다. 명과 일본이 강화를 체결한 동안 도요토미는 명에 대해 여러 가지 요구 조건을 내걸었다. 그중 하나가 감합부 요구였다.

도요토미가 요구한 감합부는 명이 조공 국가에 무역을 허가하는 증명서였다. 이를 받기 위해서는 명의 책봉을 받아야만 하였다. 명은 도요토미가 감합부를 요구했으므로, 그에게 조공의 의사가 있는 것으로 판단하고 그를 일본국왕으로 책봉하였다. 그러나 도요토미는 자신이 감합부를 요구했을 뿐, 국왕 책봉을 요청한 적이 없다며 명의 사절에게 격분하면서 다시 조선을 침략하였다(정유재란, 1597). 이처럼 도요토미는 당시 동아시아 국제 질서를 전혀 이해하지 못하고 있었다.

정유재란을 일으켰지만, 승산이 없다고 판단한 일본군은 도요토미 히데요

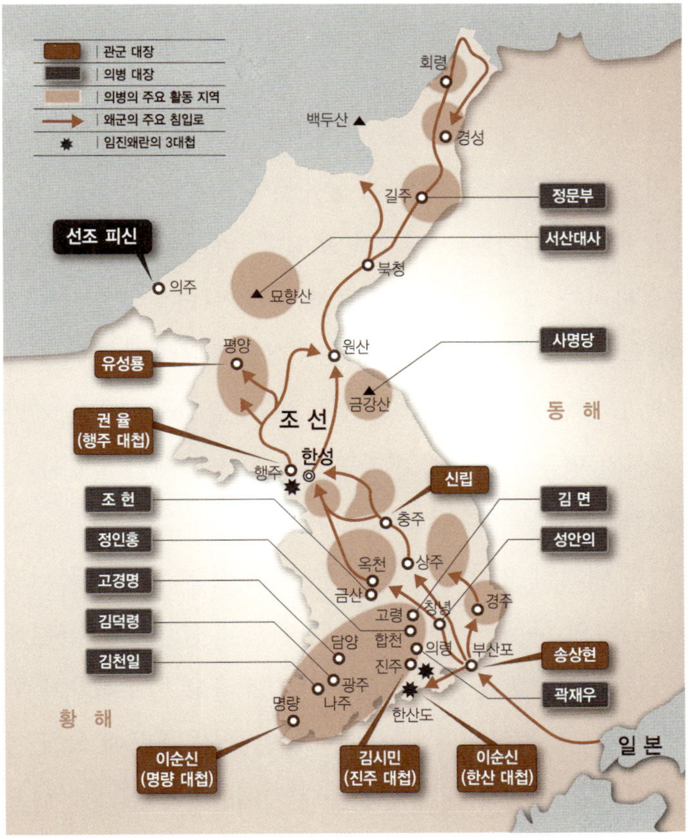

임진왜란

이순신(1545~1598)

도요토미 히데요시(1536~1598)

시가 병사하자 서둘러 본국으로 철수하였다. 7년에 걸친 전쟁이 막을 내린 것이다. 왜란은 실패로 끝났지만, 이후 동아시아 문명은 크게 흔들리게 되었다. 중국에서는 명이 전쟁에 참여해 국력이 크게 약해진 틈을 타서 여진족이 급속히 성장해 후금을 건국하였다. 이는 결과적으로 명·청의 교체로 이어졌다. 일본에서도 정권 교체가 일어나 도쿠가와 막부가 성립하였다. 한편, 일본은 전쟁 과정에서 조선의 활자, 그림, 도자기 등 문화재를 약탈했고, 많은 학자와 기술자를 잡아갔다. 이는 일본의 문화가 크게 발전하는 계기가 되었다.

2) 정묘호란과 병자호란

명의 만주 경략은 15세기 이래 점점 약화해 그 세력은 랴오허遼河 강 하류 유역으로 후퇴하였다. 이에 여진족은 쑹화松花 강 상류에서부터 랴오허 강 상류 일대에까지 뻗쳐서 그 세력이 집결되는 기세를 보였다. 랴오허 동북 지방의 젠저우建州 추장인 누르하치는 그가 25세가 되던 해인 1583년부터 활동하기 시작해 여진족 통합에 노력하였다. 그는 1589년에는 스스로 왕이라 칭하고 군세를 더욱 증강하였다. 1616년에는 후금後金을 건국하고, 팔기군八旗軍을 기반으로 세력을 확대해 조선과 명을 위협하기 시작하였다. 1636년에는 국호를 청淸으로 바꾸고 대명 결전의 기회를 기다리고 있었다.

명은 17세기 중반 이후 내외적 요인이 중첩되면서 내부적 혼란이 증폭되고 있었다. 환관파와 비환관파의 투쟁 및 이와 연관된 당쟁이 심화하고, 한편에서는 황허의 범람과 가뭄의 확산으로 농업 생산량이 감소하고 빈부격차가 확대되고 있었다. 결국, 1644년 리즈청李自成이 이끄는 농민 반란 세력에 의해 명조가 붕괴하고, 만주족의 청조가 중국 대륙에 진출해 지배권을 확립하게 되었다.

한편 조선에서는 선조의 뒤를 이은 광해군이 임진왜란의 복구 사업에 주력해 토지 대장과 호적을 새로 만들어 국가 재정을 확충하고, 성곽과 무기를 수리해 국방력 강화에 힘을 기울였다. 그리고 백성의 생활 안정에도 노력해 경기도에서 대동법을 시행하였다. 명이 쇠약해지고 후금이 강성해지는 국제 정세의 변화를 살펴 신중한 중립 외교를 펼침으로써 국가의 안정을 도모하였다. 그러나 대명 의리론자들이 반발하는 가운데 결국 그는 1623년 인조반정으로 폐위되었다.

정권을 잡은 서인 세력은 명의 은혜를 강조하면서 후금을 배척하는 외교 정책을 펼쳤다. 서인 세력이 광해군의 실리 중립 외교 정책을 버리고 친명 정책으로 기울어진 것은 후금을 자극하는 직접적인 계기가 되었다. 이에 후금청은

정묘호란과 병자호란

두 차례 조선을 침공하였다. 1627년 후금의 태종은 광해군을 위해 보복한다는 구실로 압록강을 건너 쳐들어왔다. 그러나 후금은 애초에 명에 대한 공격을 목표로 했으므로 조선과 형제국의 맹약을 체결하고 나서 철수하였다. 이를 '정묘호란'이라 한다.

후금의 태종은 1636년 국호를 '청'으로 고치고 조선에 사신을 보내 종속 관계를 요구하였다. 조선이 그 국서를 돌려보내고 선전의 교서를 내리자 청태종이 대군을 거느리고 조선을 침략하였다(병자호란). 조선 조정에서는 전쟁을 결심하고 임금과 신하가 남한산성으로 피신했으나, 결국 굴욕적인 항복과 함께 청과 군신 관계를 맺었다(1637).

3. 18세기 대외 정세와 사회 변동

1) 청조의 세력 확장과 동아시아 정세

청조는 중국 진출 후 18세기 중반까지 지속적인 경제 호황으로 인구가 급증하는 가운데 이른바 '강건康乾' 성세를 구가할 수 있었다. 건륭제乾隆帝 때에는 서북 변경으로 세력 확장에 박차를 가해 신장新疆, 티베트 등지까지 청조의 지배 영역으로 편입되었다. 동중국해에서 남중국해를 아우르던 명의 판도에 광대한 서북 내륙을 추가한 것이다.

중국을 통치하기 시작한 만주족은 스스로 중화 정통의 계승자임을 강조하였다. 초기부터 중국 왕조의 통치 방식을 계승하고 한인 관료 신사紳士 층을 대거 등용했으며 전통문화 보존에 노력하며 자신들이 중화 세계의 정당한 계승자임을 적극적으로 강조하였다.

특히 18세기 초 옹정제雍正帝는 『대의각미록大義覺迷錄』을 간행해서 당당하게 중화의 계승자이자 수호자임을 강조하였다. 그는 이적과 중화를 나누는 기준이 보편적 윤리를 알고 있는가에 달려 있으며, 『춘추春秋』에서 '화이지분華夷之分'을 강조하는 것은 예의의 유무로 구별하는 것이지 지역의 원근으로 구별하는 것이 아니라고 하였다. 그도 종족적 의미에서 만주족이 '오랑캐夷'라는 점을 부정하지 않았지만, 성왕 요堯도 '동이東夷' 출신이고, 주 문왕周文王도 '서이西夷' 출신이었다는 점을 상기시키며 만주족 황제는 성인에 비할 만한 덕을 갖췄기에 천하를 통일하고 군림할 수 있었다는 점을 강조하였다.

청은 이런 논리를 바탕으로 대외 관계에서도 종래의 중화제국과 마찬가지로 주변 국가에 책봉 조공 관계에 따른 복속을 요구하였다. 특히 조선이나 월남의 경우처럼 국경이 인접한 주변국은 강화되는 청조의 현실적 힘 앞에서 청조 중심의 조공 질서에 다시 참여하지 않을 수 없었다.

2) 북벌론과 조선 중화주의의 전개

청에 굴복한 이후에도 조선의 지배층들은 청을 오랑캐로 여겨 '중화의 정통 계승자는 조선'이라는 문화적 자부심을 품고 있었다. 이런 인식을 바탕으로 오랑캐에게 당한 치욕을 씻고 명의 원수를 갚자는 북벌 운동이 추진되기도 하였다.

병자호란 때 청에 인질로 잡혀갔던 봉림대군孝宗은 왕위에 오른 후 북벌을 적극적으로 추진하였다. 여기에는 오랑캐에게 당한 치욕을 씻어야 한다는 당시 지배층들의 인식이 반영되어 있었다. 북벌 운동에는 세계의 질서를 중화와 오랑캐로 구분해서 인식하는 성리학적 세계관인 존주론尊周論이 반영되어 있었다.

그러나 남명南明 정권의 저항과 삼번三藩의 난*이 평정되어 청조의 중국 지배권이 확립되면서 북벌론의 실행은 사실상 불가능하게 되었다. 청이 명실상부하게 동아시아의 강자로 등장한 18세기에도 북벌론을 계속 추구하는 것은 현실적으로 무리였다.

북벌론이 힘을 잃어 가는 대신 무력보다는 정신적인 면에서 조선이 청보다 우위에 있음을 확인하려는 이념적 사조가 강화되었다. 유교에서 이상 사회로 여기는 요순 3대의 국가적 정통이 명나라까지 이어지다 명조 멸망 후 조선으로 계승되었다는 '조선 중화주의'가 그것이었다. 조선 중화주의는 임진왜란 때 명에서 원병을 파견해서 도와준 은혜再造之恩에 대한 의리를 지켜야 한다는 '대명 의리론'을 사상적 기반으로 하였다.

대명 의리론자였던 송시열은 명과 조선의 관계를 군신 관계로 이해하고 조선이 명의 마지막 연호인 숭정崇禎을 사용하고 임진왜란 시 원군을 파견해준 명나라 신종神宗의 신위를 모셔

삼번의 난
만주인의 왕조인 청나라가 중국 본토를 지배하자 많은 한인(漢人)의 도움과 지원을 받은 오삼계, 상가희, 경중명이 군단을 이끌고 나가 큰 공을 세웠다. 중국이 평정된 뒤 청나라는 오삼계를 윈난(雲南)의 평서왕(平西王), 상가희를 광둥(廣東)의 평남왕(平南王), 경중명의 아들 경계무를 푸젠(福建)의 정남왕(靖南王)으로 봉하였다. 그들은 각기 번부(藩府)를 설치해, 군사·재정권을 갖는 독립 정권의 수장이 되었다. 그러나 삼번이 청나라에 위협적인 세력으로 성장하자 강희제(康熙帝)는 번(藩)의 해체를 명하였다. 1673년 오삼계가 반란을 일으키고, 이어서 1674년 경계무의 아들 경정충이, 1676년에는 상가희의 아들 상지신이 반란에 가담하였다. 각지에서 반청(反淸) 세력이 이에 동조해 한때는 양쯔 강 이남 일대, 쓰촨, 산시가 그들 지배에 들어갔다. 그러나 1678년 오삼계가 후난(湖南)에서 고립되어 그해 8월에 죽고, 그를 이은 오세번도 1681년 자살하자 모두 청조에 의해 평정되고, 청나라의 중국 지배권이 확립되었다.

야 한다고 주장하였다. 명조가 멸망한 지 60주년이 되는 1704년에는 숙종이 이런 주장을 수용해서 창덕궁 후원에 신종의 신위를 모시기 위한 대보단大報壇을 설치하였다. 이어 영조는 대조지은大造之恩을 거론하며 명 태조와 의종毅宗의 신위를 추가로 봉안하게 하였다.

이처럼 조선 중화주의를 바탕으로 강한 문화적 자부심이 있었던 조선 후기 지식인들은 자국 역사가 『명사明史』에 왜곡된 모습으로 나타나자 청에 항의하며 수정을 요구하기도 하였다. 이 같은 요구가 거부되자 조선 조정은 독자적으로 『명사』 편찬을 추진해서 『황명통기집요皇明通紀輯要』, 『자치통감강목신편資治通鑑綱目新編』 등을 간행하였다.

조선 중화주의는 왜란과 호란으로 국력이 고갈되고 민심이 피폐한 상황에서 문화적 자존 의식을 고양해 체제 안정을 도모하기 위한 이념으로 활용되었다. 그러나 윤리 문제에 집중함으로써 상대적으로 주변의 정세 변화에 대한 관심의 약화를 초래하였다. 이것이 18세기 후반 이후 북학론北學論이 제기되었을 때 국제 정세에 대한 유연하고 적극적인 자세를 보이지 못하게 한 원인으로 작용했다는 점도 부정할 수 없다.

3) 북학론의 대두

17세기 국가 대의로 제창된 북벌론의 실현 가능성이 희박해지면서 '복수 설치'라는 대청 복수론은 약해졌다. 청이 부강해지고 문물이 크게 발전하자, 청을 무조건 배척할 것이 아니라 청의 앞선 문물을 수용해서 백성의 삶을 향상해야 한다는 북학론이 대두하였다.

영조는 천문 · 역법 정비를 명목으로 관련 서적 및 기구를 청에서 구입하게 하였다. 정조는 청에서 구입할 서적 목록인 『내각방서록內閣訪書錄』을 작성케 하였다. 이것은 최고 권력층에서도 새로운 문물 도입에 적극적인 관심을 보이고 있었음을 보여 주는 사례이다. 1603년 한역 서학서와 세계지도인 『곤여만국

전도坤輿萬國全圖』가 처음으로 조선에 건너온 이래 조선 정부에 의해 역법의 측면에만 한정되어 오던 서기西器 수용의 풍조는 정조 대에 접어들면서 본격화해서 북학의 풍조가 만개하였다.

이처럼 북학의 대상에는 청조에 전파된 서양의 학문도 다수 포함되어 있었다. 정조는 천주교 서적의 국내 유입을 철저히 금지하고 있었지만, 서기 관계 서적에 대해서는 계속 수입을 추진하였다. 그것은 정조가 즉위 직후 『사고전서四庫全書』의 저본인 『고금도서집성古今圖書集成』 5,022권을 구입한 조처의 연장선에서 이루어진 일이었다. 정조 대에 이르면 역법을 포함한 광범위한 서기의 수용이 본격화되었다. 그것은 당대 지식인들의 시무 개혁 의지와 맞물려 북학의 기운을 고조시켰다. 정약용도 그의 실학사상 태반이 내각에 비치된 『고금도서집성』의 섭렵이었음을 토로한 바 있다.

대표적 북학론자였던 홍대용, 박지원, 박제가 등은 청에 선왕의 법과 중화제도가 계승되고 있으며, 이용후생에 활용하기 위해 선진 문물을 청조에서 도입해야 한다고 적극 강조하였다. 이들이 주장한 '북학'의 대상은 청의 선진화된 문물 제도와 아울러 청국에 이식된 서학까지 포함하는 것이었다. 나아가 서사西士의 초빙까지를 염두에 둔 포괄적인 것이었다. 말하자면, 북학의 대상은 중국 문명과 습합된 선진화된 서구 문명인 청구문명淸歐文明을 가리키는 것이었다.

국왕 정조는 북학을 주창한 서얼 출신의 인물들을 규장각 검서관으로 수용하는 등 정학과 실학의 참신한 결합을 모색하였다. 그러나 정조의 갑작스러운 서거로 북학 운동은 꽃을 활짝 피우지 못하였다.

4. 19세기 서구 열강의 접근과 조선의 대응

1) 중화제국 질서의 동요

18세기 말 이후 무역 마찰로 영국과 중국의 갈등이 점차 고조되었다. 영국은 대량 생산된 면직물을 중국 시장에 판매하고자 했으나, 오히려 중국제 차 수입이 급증하면서 무역 적자가 심화하였다. 이에 영국은 인도산 아편을 중국에 수출해서 1820년대 중반 이후에는 양국 간 무역수지가 역전되었다. 영국의 아편 판매에 대해 청조가 강경하게 대응하자, 영국은 아편전쟁을 일으켰다. 결국, 영국의 승리로 난징南京조약이 체결되었다(1842).

난징조약을 통해 광저우 외에 상하이上海, 닝보寧波, 샤먼廈門, 당하이定海 등 5개 항구가 개방되면서 폐쇄적이었던 광둥 무역 체제가 해체되었다. 하지만 1차 아편전쟁의 성과에 만족하지 못한 영국은 1856년 다시 프랑스와 연합 작전을 전개해서 톈진과 베이징을 함락시켰다. 그 결과 1860년에는 톈진과 그 외 10개 항구를 추가로 개방하기로 한 베이징조약이 체결되었다. 그 결과 중화제국 질서는 크게 흔들리게 되었다.

1884년 프랑스와의 전쟁에서 패한 청은 조공국 월남을 상실하였다. 그뿐 아니라 미얀마도 곧 영령 인도 제국이 병합되어 중국의 조공 체제에서 이탈하게 되었다. 청은 마지막 남은 조공국 조선에 대해 더욱 적극적인 개입 정책을 추진할 수밖에 없었다. 1882년 7월 임오군란이 발생하자 청조 측은 회군 4천 명을 파견해서 대원군을 톈진으로 납치하고 조선의 군사, 외교, 재정에 대한 내정 간섭을 강화해 갔다. 1882년 8월에는 조청상민수륙무역장정朝清商民水陸貿易章程을 체결해서 청이 조미朝美조약에 애써 삽입하려다가 실패한 조선속방론朝鮮屬邦論을 명문화하였다. 그리고 청의 상인들이 내륙 시장에까지 진출할 수 있는 경제적 특권을 보장하였다.

1894년 조선에서 갑오농민혁명이 발생하자 이를 계기로 청군과 일본군이 조선 출병을 단행해서 청일전쟁이 시작되었다. 전쟁은 사전에 치밀하게 준비했던 일본의 승리로 끝나고, 1895년 시모노세키下關조약이 체결되었다. 그 조약을 통해 청은 마지막 조공국이던 조선을 상실하고 일본에 2억 냥의 배상금 외에 타이완 등지의 영토 할양을 약속하였다. 그 외에 랴오둥 반도의 할양도 약속했으나, 곧 러시아 · 프랑스 · 독일이 이른바 삼국간섭을 단행하였다. 그 결과 랴오둥 반도 할양 대신 청조 측에서 배상금을 3천만 냥 증액하기로 합의하였다. 이 전쟁으로 중국 중심의 동아시아 국제 질서, 즉 중화제국 질서는 해체되었다. 이후 새로운 동아시아 질서의 선도자로서 일본의 위상이 확고해지게 되었다.

일본은 페리 함대의 방문을 계기로 미국과 1854년 화친조약을, 1858년에는 수호통상조약을 체결해서 문호를 개방하였다. 이후 내부적 갈등을 거쳐 1867년 왕정복고가 단행되고, 서구를 모델로 한 내정 개혁과 대외 관계 개선이 본격적으로 추진되었다. 1871년 일본은 청조에 접근해서 형식상 대등한 관계를 규정한 청일수호조약을 체결하고, 조선을 압박해서 1876년 강화도조약을 체결하였다.

1874년에는 일본이 타이완에 표착했던 류큐 주민이 피살된 사건에 대한 문책을 명분으로 타이완에 군사를 파병하였다. 1879년에는 중국과 일본의 사츠마薩摩 번에 모두 조공 사절을 파견하는 양속 정책을 취하고 있던 류큐를 일본령으로 병합함으로써 청조에 큰 충격을 주었다. 일본은 더욱 적극적으로 동아시아의 패권을 장악할 준비에 착수하였다. 1883년에는 징병령을 강화하고 이후 중국을 가상적으로 한 전쟁 준비를 본격화하면서 1887년에는 국민개병제를 목표로 징병령의 전면 개정을 추진하였다. 1889년에는 제국헌법이 제정되고 이듬해 제국의회가 구성되어 왕정복고 이래의 개혁 작업이 일단락되었다.

페리(1794~1858)

2) 조선의 수교와 청의 내정 간섭

조선은 18세기 후반부터 조선 근해에 출현한 이양선의 통상 요구를 단호히 거부하였다. 흥선대원군은 천주교를 탄압해서 수많은 천주교 신자와 프랑스 선교사들을 처형하였다(병인박해, 1866). 프랑스는 병인박해를 구실로 군함을 보내 조선을 침략하였다(병인양요). 이에 한성근 부대가 문수산성에서, 양헌수 부대는 정족산성에서 프랑스군을 물리쳤다. 프랑스군은 퇴각하면서 불을 지르고, 강화읍에 보관된 외규장각 도서 등 귀중한 문화유산과 재물을 약탈하였다.

미국도 제너럴 셔먼호 사건을 구실로 강화도를 침공하였다(신미양요, 1871). 미군이 초지진을 함락하고 광성보를 공격해 오자, 어재연 등이 이끄는 조선군 수비대는 격렬한 항전을 벌였지만, 전력의 차이가 커 함락되고 말았다. 그러나 미군은 조선의 개항이 쉽지 않음을 깨닫고 물러갔다. 신미양요 이후 흥선대원군은 서양과의 통상 수교를 거부하는 정책을 널리 알리기 위해 전국에 척화비를 세웠다.

일본은 운요호 사건을 일으킨 결과 조선과 조일수호조약(강화도조약, 1876)을 체결하였다. 이 조약은 우리가 외국과 맺은 최초의 근대적 조약이지만, 일본에 전적으로 유리한 불평등한 조약이었다.

청은 러시아의 남하와 일본의 영향력 확대를 견제하기 위해 조선과 미국의 수교를 적극 알선하였다. 제2차 수신사 김홍집은 청의 외교관 황쭌셴이 쓴 『조선책략』(1880)을 가지고 돌아왔다. 이 책에는 러시아의 남하를 막기 위해 조선이 친중국 · 결일본 · 연미국 해야 한다는 내용이 담겨 있었다. 이에 따라 조선은 서양 국가 중에서 최초로 미국과 조미수호통상조약을 체결하였다

제너럴 셔먼호

(1882). 조선은 미국과 수교한 뒤에 영국(1883), 독일(1883)과 외교 관계를 맺었다. 러시아는 청의 알선 없이 독자적으로 수교했으며(1884), 천주교 공인 문제로 조약 체결이 지연되었던 프랑스와도 수교하였다(1886). 이들 조약은 모두 미국과 맺은 조약과 큰 차이 없이 최혜국 대우 규정에 따라 외국에 유리한 조항이 자동으로 적용되는 불평등 조약이었다.

한편 민씨 일파 등 집권층의 부패로 불만을 품었던 구식 군인들은 마침내 1882년 7월 임오군란을 일으켰다. 임오군란이 일어나자 민비명성황후는 청에 군사 지원을 요청하였다. 청은 회군 4천 명을 파견해서 대원군을 톈진으로 납치하였다. 청은 군란을 진압한 후에 3천 명의 군대를 조선에 주둔시키면서 마젠창과 독일인 묄렌도르프를 고문으로 파견해서 내정을 간섭하였다.

임오군란 이후 청의 내정 간섭이 심해지자 1884년 10월, 김옥균, 박영효가 중심이 된 급진개화파가 갑신정변을 일으켰다. 그러나 청군이 출동하자 일본군이 약속과는 달리 곧바로 철수함으로써 정변은 삼일천하三日天下로 막을 내렸다. 이후 청은 위안스카이를 통해 더욱 심하게 조선 내정에 간섭하게 되었다.

3) 일본의 한국 침략

조선 조정이 러시아를 끌어들이려 하자 영국이 거문도를 점령하는 거문도 사건이 발생하였다(1885~87). 이는 조선을 둘러싼 열강들의 팽팽한 신경전을 보여준 사례였다. 1894년에는 조선에서 갑오농민혁명의 발발로 청군과 일본군이 출동해서 청일전쟁이 시작되었다. 전쟁은 사전에 치밀하게 준비했던 일본의 승리로 끝나고, 1895년 시모노세키조약이 체결되었다.

일본의 세력 확대를 견제하려던 조선은 친러 정책을 추진하였다. 위기를 느낀 일본은 친러 정책의 주도적 역할을 하던 민비를 무참히 살해하는 을미사변을 일으켰다(1895). 을미사변 이후 단발령 시행 등 을미개혁이 급진적으로 추진되면서 개혁에 대한 백성의 반발도 커졌다. 특히 최익현 등 많은 유생은 단발

고종(1852~1919)

령을 강경한 자세로 거부하면서 전국적으로 의병을 일으켰다.

이런 상황에서 고종은 신변의 안전을 꾀하고 일본의 영향력을 약화시키기 위해 러시아 공사관으로 처소를 옮기는 아관파천을 단행하였다(1896). 러시아 공사관에 피신한 지 1년 만에 경운궁으로 환궁한 고종은 실추된 국가의 위상을 높이기 위해 황제 즉위식을 거행하고 대한제국을 선포하였다(1897). 대한제국은 전통적인 제도를 바탕으로 서양의 근대적인 제도와 기술을 받아들이기 위해 광무개혁을 추진하였다. 그러나 황제권 강화에 역점을 둔 나머지 민권을 보장하는 데까지 나아가지는 못하였다. 또 군사 개혁은 황실 근위와 치안 유지의 수준을 벗어나지 못했고, 일본 등 열강의 간섭에서도 완전히 벗어나지 못한 상태였다.

청일전쟁 이후 삼국간섭, 민비 시해 사건, 아관파천 등 한국 지배를 둘러싼 러시아와 일본 간의 각축은 결국 러일전쟁으로 이어졌다. 전쟁에서 승리한 일본은 한국 내에서 군사 기지를 마음대로 사용할 수 있게 하는 한일의정서를 체결해 한국의 전쟁 협력을 강요하였다. 그 후 재정 · 외교 고문의 초빙 등을 주 내용으로 하는 제1차 한일협약(1904)을 체결해 재정 고문으로 메가타, 외교 고문으로 미국인 스티븐스를 파견하였다.

일본은 미국과 가쓰라 · 태프트 협약(1905.7)을, 영국과 제2차 영일동맹(1905.8)을 체결해 미국과 영국으로부터 한국에 대한 지배를 승인받았다. 1905년 11월 17일 을사늑약으로 대한제국의 외교권이 강탈되고 통감부가 설치되었으며 이토 히로부미가 초대 통감으로 부임해 내정과 외교를 장악하기에 이르렀다.

을사늑약이 체결되자 고종은 조약의 무효를 선언하고 1907년 네덜란드 헤이그에서 열리는 만국평화회의에 이상설, 이준, 이위종을 특사로 파견했으나 일본과 영국 등의 방해로 성공을 거두지 못하였다. 오히려 일본은 이를 빌미로 고종을 강제로 퇴위시켰다.

그 후 일제는 한일신협약(정미7조약, 1907)을 강요해 통감의 내정 간섭 권한을 크

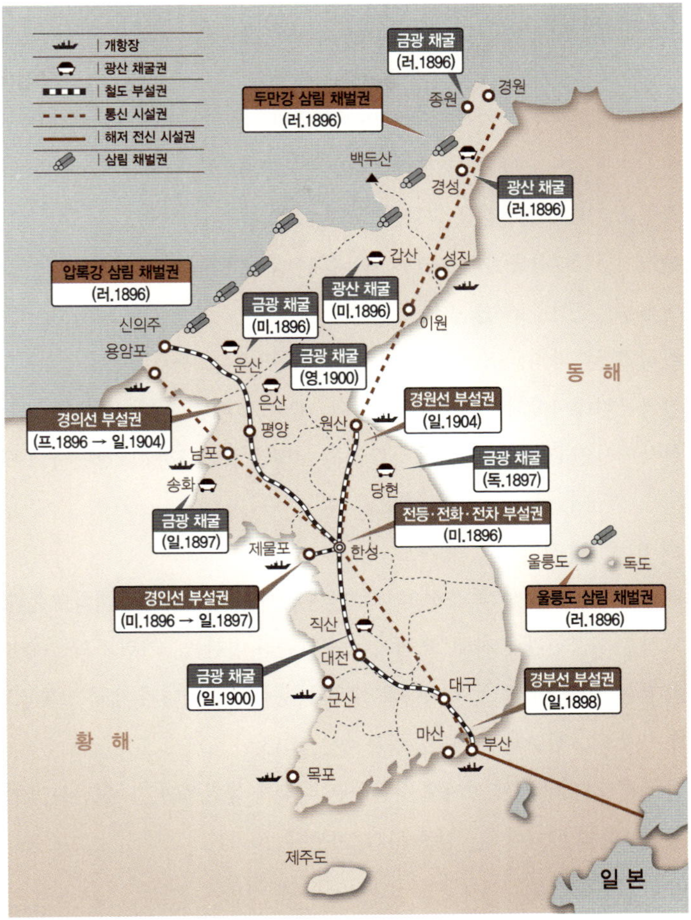

열강의 이권 침탈

게 강화하였다. 그 후속 조치로 한국인 대신 일본인 차관을 임명하는 차관 정치를 시행하고 군대를 해산하였다. 또 사법권(기유각서, 1909)과 경찰권(1910.6)을 차례로 빼앗고, 일진회를 사주해 친일 여론을 조성하면서 대한제국의 국권을 강탈하였다(1910.8).

참고 문헌

김문식,『조선후기 지식인의 대외인식』, 사문사, 2009.

박성순,『조선 유학과 서양 과학의 만남』, 고즈윈, 2005.

박성순,『박제가와 젊은 그들』, 고즈윈, 2006.

송병기,『근대한중관계사연구』, 단국대학고출판부, 1985.

이성무,『조선왕조사』, 수막새, 2011.

한국고문서학회,『조선시대 생활사』, 역사비평사, 1996.

한국근현대사학회,『한국근대사강의』, 한울, 2008.

한국역사연구회,『조선시대 사람들은 어떻게 살았을까』1, 청년사, 1996.

더 읽을 거리

계승범,『정지된 시간: 조선의 대보단과 근대의 문턱』, 서강대학교출판부, 2011.

고성훈 외,『민란의 시대: 조선시대의 민란과 변란들』, 가람기획, 2000.

박맹수,『개벽의 꿈, 동아시아를 깨우다: 동학농민혁명과 제국 일본』, 모시는 사람들, 2011.

오수창 외,『정조와 18세기』, 푸른역사, 2013.

한국역사연구회,『조선시대 사람들은 어떻게 살았을까』1, 청년사, 1996.

황현,『완역 매천야록』, 김준 옮김, 교문사, 1994.

제6장

현대 한국과 남북통일

1. 민족 분단의 원인과 과정
2. 남북한의 변화와 발전
3. 남북의 통일 운동과 정책
4. 남북통일의 과제와 미래

1. 민족 분단의 원인과 과정

1) 대한제국의 멸망과 일제의 식민지 지배

한민족의 분단 원인은 여러 가지이지만, 대한제국이 멸망하고 일제의 식민지 지배를 받게 된 것도 그 가운데 하나였다. 일제의 식민지 지배를 받게 되면서, 한민족은 민족의 운명을 스스로 결정하기 어려운 상태가 되었고, 이것이 민족 분단의 원인이 된 것이다.

한민족은 스스로 운명을 결정하기 위해 다양한 노력을 기울였다. 그 노력이 독립운동이었다. 독립운동은 일제에 빼앗긴 국토와 주권을 되찾아 자주독립 국가를 건설하는 데 목적이 있었다. 한민족은 이를 실현하기 위해 국내를 비롯하여 만주와 연해주 · 중국 대륙 · 미주 등 국내외 각지에서 일제가 패망할 때까지 다양한 방법으로 독립운동을 전개하였다.

충칭 대한민국 임시정부 청사 앞 임시정부 요인들
(『중국 내 대한민국 임시정부 기념관 도록』, 독립기념관, 192쪽)

이런 독립운동 과정에서 한민족은 스스로 자주독립 국가를 세웠다. 1919년 3월 1일 '독립국'임을 선언하고, 그 해 4월 11일 중국 상해에서 국호를 '대한민국'으로 한 임시정부를 수립한 것이다. 대한민국 임시정부(이하 임시정부로 약칭)는 일제의 식민지 지배를 부정하고 한민족의 운명을 스스로 결정하기 위해 세운 민족의 대표 기구였다. 수립 이후 임시정부는 1945년 일제가 패망할 때까지 정부의 조직을 유지 운영하면서 민족의 대표 기구 역할을 하였다.

그러나 일제는 물론이고 연합국들도 대한민국 임시정부를 인정하지 않았다. 일제가 임시정부를 인정하지 않은 것은 임시정부가 일제의 식민지지배를 부정하는 존재나 다름없었기 때문이었다. 그러나 미국과 영국을 비롯한 연합국들은 자국의 이해관계 때문에 임시정부를 인정하지 않았다. 연합국은 한국을 일본의 일부로 보았고, 일본과의 전쟁을 통해 차지해야 할 지역으로 여겼을 뿐이다. 그리고 인도를 식민 지배하고 있던 영국은 임시정부를 인정한다면 인도의 독립 요구가 불거져 나올 수 있었다.

이런 이해관계 때문에 연합국들은 한민족의 독립운동은 물론이고, 임시정부를 인정하지 않았다. 그리고 일본과 싸워 이겼을 때 한반도에서 최대한 이익을 얻어낼 방안을 찾고 있었고 카이로회담, 얄타회담, 포츠담회담 등에서 바로 이런 문제들을 논의하였다. 결국, 한민족은 자신의 운명을 스스로 해결할 수 없게 되었으며, 이것은 민족 분단의 주요한 요인이 되었다.

2) 해방과 미·소의 분할 점령, 그리고 민족 분단

민족이 분단된 직접적 원인은 해방과 더불어 미국과 소련이 한반도를 분할 점령한 데 있었다. 한민족은 1945년 8월 일제의 식민지 지배에서 해방되었다. 그러나 해방과 더불어 미군과 소련군은 북위 38도 선을 경계로 한반도를 분할 점령했고, 이것은 민족을 분단한 직접적 원인으로 작용하였다.

민족의 분단이 예고된 날은 1945년 9월 2일이었다. 이날은 연합국이 일본 정부로부터 항복을 접수한 날이며 38선이 알려진 날이기도 하다. 38선은 연합군 최고사령관 맥아더가 9월 2일 발표한 일반명령 제1호에 명시되어 있었다. 즉, 38선을 경계로 이남 지역에 있는 일본군은 미국군에게, 이북 지역에 있는 일본군은 소련 극동군에게 항복하라는 내용이 그것이다. 이 내용만 보면, 38선은 일본군의 항복을 접수하기 위해 설정한 군사 분계선이었다.

서울에 진주한 미 7사단 32보병연대가 일장기를 내리고 성조기를 게양하고 나서 중앙청 광장에서 나가는 모습이다(1945.9.9)
(『대한민국50년-제2의 건국』, 한국사진기자회, 1998, 50쪽)

38선을 경계로 미군과 소련군은 한반도를 분할 점령하였다. 소련군은 1945년 8월 9일 일본에 선전포고하고, 일본군을 공격하며 북한 지역에 들어왔다. 그리고 미군은 9월 9일 서울에 들어와 조선 총독으로부터 항복을 접수하였다. 이후 미군과 소련군은 각기 군정을 실시했고, 사실상 한반도의 통치자가 되었다. 이로써 38선은 국토를 분단하는 분단선이 되었고, 민족도 분단시켜 놓았다.

한민족은 해방과 더불어 자주적인 독립 국가를 건설하고자 하였다. 1945년 8월 16일 여운형, 안재홍 등이 조선건국준비위원회를 결성한 것이 대표적인 움직임이었다. 좌익 세력이 중심이 된 조선공산당, 우익 세력의 한국민주당 등 많은 정당이 결성되었다. 미국에서 활동하던 이승만과 중국에서 활동하던 김구 중심의 임시정부도 환국하였다. 그리고 여러 정치 세력이 각각의 정치적 이념을 기반으로 새로운 국가 건설을 추진해 나갔다.

그러나 한국의 운명은 한국인 스스로 결정하기 어려운 상황이 되었다. 미군정은 유일한 정부를 내세우며, 이들의 활동을 용납하지 않았다. 1945년 12월에는 미 · 영 · 소 3국 외상이 모스크바 삼상회의에서 한국 문제를 결정하였다. 최고 5년 동안의 신탁통치를 거쳐 한국을 독립국으로 인정한다는 전제하에 우선 조선임시민주주의 정부를 수립하고, 이를 위해 미군과 소련군 대표로 구성된 미소공동위원회를 구성하며, 미소공위와 한국의 대표들이 만나 신탁통치의 시기와 방법을 결정한다는 내용이었다.

신탁통치안이 발표되면서, 이를 반대하는 '반탁'과 찬성하는 '찬탁'으로 국론이 크게 분열되었다. 여기에 좌우의 이념적 갈등과 대립 등으로 국내 정세는 심각한 혼란에 빠졌다. 그리고 모스크바 삼상회의의 결정을 실행하기 위한 미소공동위원회마저 결렬되고, 유럽에서 소련의 팽창을 둘러싸고 미소 간 냉전 체제가 성립되면서 한국 문제는 해결에 난항을 겪게 되었다.

미소 간 논란 끝에 결국 한국 문제는 유엔으로 이관되었다. 유엔에서는 남북한 총선거를 통해 정부를 수립한다는 방침을 결정하였다. 유엔한국임시위원단이 파견되었지만, 소련은 그들이 38선 이북으로 입국하는 것을 허락하지 않았다. 이로써 통일 국가 수립은 어려워졌다. 김구 등 남측의 지도자들이 평양에 가서 북쪽 지도자들과 통일 국가 수립을 위한 남북 협상을 전개했지만, 상황은 이들의 역량만으로는 해결할 수 없는 국면으로 치닫고 있었다.

38선 이남에서는 유엔의 결정대로 1948년 5월 10일 총선거가 실시되었다. 선출된 의원들이 국회를 구성하고, 헌법을 제정하면서 정부 수립을 추진, 1948년 8월 15일 이승만을 대통령으로 한 대한민국 정부 수립을 선포하였다. 38선 이북에서도 9월 9일 김일성을 수상으로 한 조선민주주의인민공화국이 수립되었다. 이로써 38선을 경계로 두 개의 국가가 수립되었고, 민족은 분단되고 말았다.

3) 6 · 25전쟁과 분단의 고착

남과 북에 각각 독립 정부가 수립되자, 민족의 분단은 돌이킬 수 없는 사실이 되어 버렸다. 두 개의 정부가 각기 체제와 이념을 달리하고 있다는 점도 있었지만, 핵심적인 문제는 민족의 정통성이었다. 남도 북도 통일된 '민족국가 건설'이라는 민족의 염원을 저버렸다는 점에서 자유로울 수 없었고, 대립과 갈등이 증폭되었으며 결국 6 · 25전쟁이 일어났다.

1950년 6월 25일 북한군의 기습적인 공격으로 시작된 6 · 25

'6.25'는 이전에 '6.25동란' 혹은 '6.25사변'이라고 불리다가 최근에는 '한국전쟁'으로 많이 불리고 있다. 이는 다른 나라에서 통용되는 영어의 'Korean War'를 번역한 용어이다. 그런데 영어의 'Korea'는 한반도 전체를 가리키는 것이므로 문제가 없지만, 이를 한글로 '한국전쟁'이라고 하면 문제가 있다. 왜냐하면 '한국'은 38선 혹은 휴전선 이남의 대한민국만을 가리키기 때문에 '한국전쟁'이라는 용어는 대한민국이 어느 나라와 싸운 전쟁인지 분명히 나타내지 못할 뿐 아니라, 대한민국 안에서만 일어난 전쟁을 말하는 것처럼 인식될 수 있기 때문이다. 그러므로 '한국전쟁'보다는 '6.25전쟁'이라는 용어가 좀 더 일반적으로 사용되고 있다.

휴전협정이 조인된 뒤 판문점 주변에서 대치중인 연합군과 인민군(1953.7)

전쟁은 남과 북 모두에 엄청난 피해와 상처를 입혔다. 북한군은 전쟁을 도발한 지 3일 만에 서울을 점령하고 7월 말에는 낙동강 지역까지 밀고 내려왔다. 그러나 유엔군이 전쟁에 참여하면서 전세는 역전되었다. 인천상륙작전을 통해 서울을 되찾은 국군은 유엔군과 함께 북진을 계속했고, 평양에 이어 압록강 지역까지 점령하였다. 그러나 중국군이 개입하면서 전쟁은 다시 역전되었다. 북한군이 중국군과 함께 한강 남쪽까지 다시 내려온 것이다. 이후 38선 일대에서 밀고 밀리는 치열한 전투가 벌어졌고, 전쟁은 1953년 7월 27일 휴전협정이 체결될 때까지 계속되었다.

3년여에 걸친 전쟁은 우리 민족에게 참화를 가져왔다. 우선, 남과 북이 엄청난 피해와 상처를 입었다. 전쟁 과정에서 죽거나 다친 인명의 피해가 6백만을 넘었다. 당시 남북의 인구가 대략 3천만 정도였다는 점을 고려하면 전체 인구의 5분의 1에 해당하는 숫자이다. 가족과 헤어진 이산가족도 1천만 명에 달했고, 거리는 부모를 잃은 전쟁고아들로 넘쳐 났다.

경제적 피해와 손실도 엄청났다. 대부분 주요 도시가 파괴되었고, 전 국토가 폐허나 다름없는 상태가 되었다. 주택, 도로, 철도를 비롯한 사회간접 시설은 물론이고 전력, 공장 등 산업 시설도 잿더미가 되고 말았다. 해방과 함께 찾아왔던 새로운 독립 국가 건설에 대한 환희와 희망이 한순간에 사라져 버렸다.

이런 피해는 남과 북에 모두 지울 수 없는 상처를 남겼다. 무엇보다도 남과 북 사이에 적대적인 증오가 남게 되었다. 남북은 각각 '반공'과 '반미'를 주요 이념으로 삼고, 서로 '괴뢰도당'이라고 부르며 '타도'를 외쳤다. 전쟁은 개인과 집단의 의식구조를 바꾸어 놓았고, 상대에 대한 적대감과 증오심을 증폭시켰다. 전쟁의 이런 영향은 민족의 분단을 더욱 확고하게 하였다.

2. 남북한의 변화와 발전

1) 남한

남한은 정부 수립 이후 현재에 이르기까지 각 분야에서 많은 변화와 발전을 거듭하였다. 정치적으로는 독재 체제를 무너뜨리고 민주화를 이루었다. 이승만의 장기 집권에 이어 1961년 5 · 16 군사 쿠데타로 군부 세력이 정권을 장악하면서, 30여 년에 걸친 독재 정권이 계속되었지만, 이를 물리치고 민주주의

'6.29선언'을 이끌어낸 1987년 6월의 전국적인 민주화 운동
(『건국 60년 위대한 국민-새로운 꿈』, 문화체육관광부, 46쪽)

체제를 확립한 것이다.

1960년 4·19혁명은 남한의 민주주의 발전에 획기적인 역할을 하였다. 학생들이 주도한 4·19혁명은 이승만 독재 정권을 무너뜨렸고, 이후 군사독재 정권을 상대로 민주화 운동을 전개하는 원동력이 되었다. 그리고 1970년대와 1980년대에도 군사독재 정권을 타드하기 위한 민주화 운동이 계속 이어졌고, '광주민주화운동'과 '6월항쟁'을 거치면서 군사 독재를 종식한 것이다. 이로써 국민의 자유와 권리가 회복되었고, 자유민주주의 체제가 확립되었다.

경제적으로도 놀라운 경제 발전을 이루며 자본주의 경제 체제를 확립하였다. 6·25전쟁으로 산업 시설이 파괴되고 국토가 황폐해졌지만, 이후 1960년대 들어와 경제 개발 5개년 계획을 연이어 추진하면서 매년 10% 이상의 경제 성장을 기록한 것이다. 이러한 경제성장은 세계적으로 놀라운 성과로 평가받고 있으며, 이를 흔히 '한강의 기적'이라고 한다.

1997년 외환 위기를 맞아 잠시 어려움을 겪기도 했지만, 경제 발전은 계속되었다. 특히 자동차·조선·반도체 등에서 비약적인 발전이 이루어졌다. 수출이 많이 늘면서 현재 한국은 세계에서 10위권 안에 드는 경제 규모를 갖추게 되었다. 또한, 1953년 1인당 67달러였던 국민소득은 이제 2만 달러에 이르러 무려 300배에 달하는 경제 성장을 이룩하였다.

정치적·경제적 발전과 함께 한국의 국제적 위상도 크게 높아졌다. 20세기 전반기까지만 해도 한국은 흔히 '은둔의 나라'로 불릴 정도로 세계에 알려지지 않았다. 그러나 현재는 전 세계 각국과 외교 관계를 수립했고, 한국인이 유엔 사무총장을 맡을 정도가 되었다. 그리고 경제협력개발기구인 OECD, 세계무역기구인 WTO를 비롯하여 여러 국제기구에도 주요 회원국으로 소속되어 있다.

인구도 많이 증가했으며, 세계 무대에서 한국인들이 활발하게 활동하고 있다. 해방 당시 남북의 인구가 총 3천만 정도였지만, 현재 남한의 인구만 5천만 명을 헤아린다. 게다가 세계 각지에 거주하는 재외동포도 7백만 명에 달한다. 이들 중에는 여러 국제기구를 비롯하여 스포츠, 예술 분야에서 세계적으로 주목받는 인물도 많다. 그리고 '한류'로 표현되는 한국의 문화가 동남아시아를 비롯하여 세계로 확산되고 있다.

2) 북한

북한 역시 정권 수립 이후 많은 변화와 발전이 있었다. 김일성 일인 독재 체제를 구축하고, 아들 김정일과 손자 김정은으로 이어지는 후계 체제를 공고히 한 것이 가장 큰 변화였다. 그리고 경제적으로는 사회주의 경제 체제를 확립하였다.

수립 초기 북한 정권은 국내외에서 독립운동을 전개하던 여러 세력이 참여하였다. 김일성을 중심으로 한 '갑산파'와 국내에서 조선공산당으로 활동하던 '국내파', 그리고 중국 공산당 지역인 연안에서 활동하던 '연안파'와 소련으로 귀화하여 활동하던 '소련파'가 주축이 되어 정권을 수립한 것이다. 이후 6·25 전쟁을 계기로 연안파의 김무정, 소련파의 허가이, 국내파 박헌영 등에 대한 숙청이 이루어졌다. 그리고 1956년에는 '8월 종파 사건'을 통해 잔여 세력도 모두 숙청하였다. 이로써 김일성 일파가 권력을 장악하게 되었다.

1960년대에 들어서면서 주체사상을 기반으로 김일성 유일 지도 체제를 확립해 나갔다. 주체사상은 나라마다 정치 형태나 정강이 다르다며 북한만의 독자성을 강조한 것으로, "혁명적 건설의 주인공은 인민 대중이며, 혁명과 건설을 추동하는 힘도 인민 대중에게 있다"는 사상이다. 인민 대중이 수행할 혁명은 사회주의 혁명이고, 이를 주도해 나갈 지도자가 바로 김일성이라고 주장한 것이다. 김일성은 주체사상을 통해 유일 지도 체제를 확립하였다. 유일 지도 체제는 수령을 정점으로 수령의 사상을 지도적 지침으로 삼아 혁명과 건설을 수행하며, 수령의 사상과 명령, 지시에 따라 당·군·민이 하나같이 움직이는 체계를 말한다.

이후 김일성에 대한 개인 숭배가 강화되면서 후계 체제도 확립되었다.'김일

황해제철소에서 현지 지도하는 김일성과 김정일
(『사진과 그림으로 보는 북한 현대사』, 웅진닷컴, 183쪽)

성'이라는 이름 앞에 '어버이 수령', '위대한 지도자', '민족의 태양' 등 수많은 수식어를 붙여 부르게 한 것이다. 그리고 북한의 근・현대사를 김일성과 그 일가를 중심으로 서술하였다. 정권도 아들에게 계승시켰다. 1980년 제10차 조선노동당 대회에서 김일성은 아들 김정일을 후계자로 지명했고, 1994년 7월 김일성이 사망하자 김정일이 정권을 계승한 것이다. 정권의 계승은 손자에게까지 이어져 2011년 김정일이 사망하자 그의 아들 김정은이 권력을 세습하였다.

경제적으로는 사회주의 경제 체제가 확립되었다. 북한은 6・25전쟁이 끝나면서 경제 개발 계획을 추진하였다. 휴전 협정이 체결된 후 6개월에 걸쳐 전후 복구 사업을 마무리하였다. 그리고 1954년부터 3개년 계획, 1957년부터 5개년 경제 계획을 추진하면서 모든 농지를 협동농장화하고, 공동 생산과 경영 체제로 바꾸었다. 더불어 개인의 상공업을 없애고 사유제를 일절 인정하지 않았다.

북한은 이런 경제 개발을 통해 상당한 경제 발전을 이룩하였다. 경제 개발 계획을 추진할 당시 20%에 육박하는 높은 성장률을 보이면서, 남한보다 훨씬 우월한 경제력을 갖게 되었다. 그러나 1972년 남한에 추월당하였다. 이후 북한의 경제는 별다른 발전을 이루지 못했으며 1990년대에 들어와 계속되는 홍수와 가뭄 등 자연재해로 심각한 식량난에 시달리고 있다. 현재 인구는 2,300만 명이고, 1인당 국민소득은 1,100달러로 남한의 20분의 1 정도이다.

김정일 후계 체제 출범 이후, 북한은 새로운 변화를 꾀하기도 하였다. 소련의 해체와 사회주의권 붕괴 등 국제사회의 변화에, '우리 식 사회주의'와 '조선민족 제일주의'를 내세우며 내부적 단합을 도모하고, 다른 한편으로는 군대가 전면에서 선도한다는 '선군정치'를 추진한 것이다. 그리고 김일성 탄생 100주년이 되는 2012년에 '강성대국'을 건설한다는 목표를 내세우고, 원자폭탄과 미사일 개발에 주력하였다. 그렇지만 핵과 미사일 문제로 북한은 현재 국제사회에서 집중적인 견제를 받고 있다.

3. 남북의 통일 운동과 정책

1) 이승만 정권의 북진 통일

남북한에 각각 분단 정권이 수립되면서, 민족 통일은 한민족의 주요 과제가 되었다. 민족 통일 운동은 분단이 논의되던 해방 정국에서부터 비롯되었다. 김구를 중심으로 한 임시정부 세력이 남한만의 단독 정부 수립을 반대하고, 통일 국가 수립을 주장한 것이다. 이들은 남북한 지도자들이 만나 통일 문제를 협의하자고 제의하고, 1948년 4월 평양으로 가서 북한 인사들과 함께 남북 협상을 전개하였다. 남북 협상은 분단이 추진되는 상황에서 남북 지도자들이 한자리에 모여 통일 문제를 논의했다는 데 큰 의미가 있다.

민족 통일 문제는 남북 정권에 주요한 과제가 되었다. 남과 북에 각각 정권을 수립한 자체가 통일 정부 수립을 전제로 한 것이었다. 우선 반쪽이라도 정부를 수립해 놓고, 이를 기반으로 통일을 이루겠다는 생각을 품고 있었던 것이다. 남북이 모두 헌법에 한반도 전체를 영토로 규정한 것은 민족의 이런 염원을 반영한 것이라 할 수 있다.

이승만 정권의 통일 방안은 한마디로 '북진 통일론'이었다. 이승만은 우선

조봉암 선생 어록비(망우리 공원묘역)

남한만이라도 정부를 수립하고, 이를 기반으로 통일을 이룬다고 하면서 '북진 통일론'을 주장하였다. '북진 통일'이란 38선 이북으로 진격하여 전쟁을 통해 통일을 이룬다는 것을 의미한다. 북한의 김일성 정권도 마찬가지였다. 김일성은 정권 수립 후 '국토 완정론'을 주장하였다. '국토 완정론'이란 38선 이남 지역도 차지하여, 헌법에서 규정한 국토를 온전하게 갖춘다는 뜻을 담고 있었다.

이승만의 '북진 통일론'이나 김일성의 '국토 완정론'은 방법으로 보자면, 모두 전쟁을 통해 통일을 이룬다는 것이었다. 이승만의 '북진 통일'은 남한만의 단독 정부 수립에 대한 책임을 회피하려는 의도에서 만든 '구호'로서의 의미가 강하였다. 그러나 김일성은 자신의 주장을 실행에 옮겨, 군대를 동원하여 남한 침략을 감행하였다.

이승만 정권은 한결같이 '북진 통일'을 주장하여 6·25전쟁이 휴전된 이후에도 '북진 통일'을 유일한 통일 방안으로 내세웠다. 혹시라도 누군가 다른 통일 방안을 주장하면 용납하지 않았다. 조봉암과 그가 주도하던 진보당이 '조국의 평화적 통일'을 주장하자, 간첩죄를 적용하여 사형에 처한 것이 대표적인 사례이다.

2) 김일성의 남북연방제

1960년 북한의 김일성이 통일 방안을 제시하였다. 8월 14일 해방 15주년을 맞아 '남북연방제'를 제의한 것이다. 남과 북의 정치 체제는 그대로 둔 채 과도적 조처로서 '남북연방제'를 실시하자는 것이었다. '남북연방제'는 남과 북에 각각 정부를 그대로 두고, 국가 연합체로서 연방제를 시행한다는 것이 핵심 내용이었다.

당시 남한은 정치적으로 혼란을 겪고 있었다. 4·19혁명이 일어나 이승만의 자유당 정권이 무너지고, 민주당 정권이 들어섰다. 민주당 정권은 통일 문제에 대해 '유엔 감시하의 남북 총선거'라는 방안을 제시했지만, 통일 문제를 주도할 형편이 되지 못하였다.

통일 문제에 적극적으로 나선 것은 학생들이었다. 4·19혁명을 통해 이승만 독재정권을 무너뜨린 학생들이 통일 운동을 전개하기 시작하였다. 1961년 5월 민족통일전국학생연맹을 발족하고, "북의 형제들과 함께 영광에 빛나는 조국의 내일을 논의하기 위하여 남북학생회담의 광장으로 나오라. 역사는 이 순간 우리 편에 서 있다. 오라 남으로! 가자 북으로! 만나자 판문점에서!"라며, 남북 학생 회담, 학생과 언론인의 남북 교류 등을 주장한 것이다.

그러나 학생들이 중심이 된 통일 운동은 진전되지 못하였다. 5·16쿠데타로 군사정권이 들어서면서 통일 논의 자체를 금지했기 때문이다. 박정희 군사정권은 통일을 이루기 위해서는 먼저 공산주의와 대결할 수 있는 실력을 배양해야 한다며 '선 건설, 후 통일'을 내세웠다. 그리고 학생운동 세력과 혁신계의 통일 운동가들을 검거하였다.

통일 논의가 이루어지지 못하던 상황에서 남북의 긴장 국면이 조성되었다. 1968년 1월 21일 북한이 무장 공비를 침투시켜 청와대를 습격한 사건이 일어났고, 이틀 후인 1월 23일에는 원산 앞바다에서 미국의 푸에블로호를 나포하는 사건도 발생하였다. 그리고 그해 11월에는 북한이 무장 공비들을 삼척·울진에 침투시킴으로써 남북은 전쟁이나 다름없는 상황에 놓였다.

3) 7·4남북공동성명

1970년대에 들어서면서 긴장 국면이 완화되기 시작하였다. 박정희 대통령이 1970년 8·15 경축사를 통해 "남과 북 가운데 어느 쪽이 국민을 잘 살리는

지 선의의 경쟁을 하자고 제의하면서, 북한이 무력도발과 남한해방노선을 포기한다면 분단의 장벽을 허물기 위한 준비와 방안들을 내놓겠다."고 한 것이다. 그리고 1972년 미국 대통령 닉슨이 중국을 방문하여 중국과의 적대적 관계를 청산하기로 하였다. 이를 계기로 세계는 '긴장 완화'를 뜻하는 '데탕트detente' 분위기로 접어들었다.

이런 분위기에서 남북 간 대화가 이루어지기 시작하였다. 1971년 8월 대한적십자사가 인도주의에 입각하여 1천만 이산가족의 재회를 위한 남북 적십자 회담을 제의했고, 북한이 이를 받아들였다. 남북 적십자 회담이 열리는 과정에서 남북 간의 비밀 접촉이 이루어졌다. 남한의 정보부장 이후락이 평양을 방문하여 김일성을 만나고, 북한의 박성철이 서울로 와 박정희 대통령을 만났다. '밀사'를 통한 남북한 최고위층 간에 대화가 이루어진 것이다.

그 결과 1972년 7·4남북공동성명이 발표되었다. 핵심은 남북한 당국이 다 같이 민족 통일을 추진한다는 전제하에 통일을 위한 3대 원칙에 합의한 것이다. 3대 원칙은 자주의 원칙외세에 의존하거나 간섭받지 않고 자주적으로 통일 문제를 해결한다, 평화의 원칙무력행사에 의거하지 않고 평화적 방법으로 통일을 실현한다, 민족 대단결의 원칙사상과 이념 제도의 차이를 초월해 하나의 민족으로 민족적 대단결을 도모한다이다.

7·4남북공동성명을 위해 비밀리에 방북한 중앙정보부장 이후락(왼쪽)과 북한 부주석 박성철이 옥류관에서 건배를 하고 있는 모습(『사진과 그림으로 보는 북한 현대사』, 웅진닷컴, 233쪽)

7·4남북공동성명과 3대 원칙은 분단 이후 처음으로 남북의 지도자들이 접촉하여 통일 문제에 대해 합의를 이룬 것이었다. 이를 추진하기 위해 남북조절위원회와 그 하위 조직으로 정치, 군사, 외교, 경제, 문화의 5개 분과위원

회를 구성하여 남북한의 교류를 도모하기로 하고, 그해 11월부터 본회담을 시작하였다.

남북조절위원회는 세 차례 회담을 열었지만, 중단되고 말았다. 1973년 6월 박정희 대통령이 남북의 유엔 동시 가입을 제의하자, 북한이 한반도의 분단을 고착화하려는 발상이라며 반대한 것이다. 그리고 북한은 '고려민주연방공화국'이라는 이름의 연방제를 제안하면서 '고려'라는 단일한 국호로 유엔에 가입하고 연방제를 실시하자고 주장하였다. 그러나 유엔 가입에 대한 이견으로 이후 남북조절위원회는 개최되지 못했고, 북한은 '김대중 납치 사건'을 빌미로 남북 대화의 중단을 선언하였다.

4) 남북 정상 회담

1990년대에 들어와 국제 정세는 크게 변화하였다. 1989년 미국의 부시와 소련의 고르바초프가 몰타협정에 합의하면서 냉전 체제가 붕괴되었다. 이를 계기로 동유럽 사회주의가 몰락하고 소련이 해체된 것이다. 그리고 한국이 소련(1990), 중국(1992)과 국교 관계를 수립하였다. 게다가 남북 간 관계도 크게 변화하기 시작했고, 대화와 교류가 활기를 띠었다.

남북한은 1991년 9월 동시에 유엔에 가입하였다. 그리고 남북 대화도 재개하였다. 1990년 9월 남북한 총리 회담 개최를 시작으로 남북한을 오가며 고위급 회담이 계속되었다. 그 결과 1991년에는 '남북한 화해와 불가침 교류 협력에 관한 협의서(남북 기본 합의서)'와 한반도 비핵화에 대한 공동 선언에도 합의하였다.

남북 간 대화와 교류가 활발해지면서 남북 정상 회담도 추진되었다. 그 물꼬를 튼 것은 미국 대통령 카터였다. 카터는 1994년 6월 평양을 방문하여 김일성에게 남북 정상 회담을 제의하였다. 김영삼 대통령과 김일성이 이에 동의했고, 1994년 7월 25~27일 평양에서 남북 정상 회담 개최가 결정되었다. 그러

분단 55년 만의 역사적 만남에서 김대중 대통령과 김정일 국방위원장
(2000.6.13, 평양)

남북공동선언문 발표 후 손을 맞잡은 노무현 대통령과 김정일 국방위원장
(2007. 10. 4, 평양)

나 김일성이 7월 8일 갑자기 사망함으로써 이 회담은 실현되지 못하였다.

21세기를 맞이하면서 남북 정상 회담이 드디어 실현되었다. 2000년 6월 13일 김대중 대통령이 평양에서 김정일 국방위원장을 만났다. 분단 이후 최초로 남북 정상이 만난 것이다. 두 정상은 2박 3일 동안 회담을 개최하고, "남과 북은 나라의 통일 문제를 그 주인인 우리 민족끼리 서로 힘을 합쳐 자주적으로 해결해 나가기로 하였다." "남과 북은 나라의 통일을 위한 남측의 연합 제안과 북측의 낮은 단계의 연방 제안에 공통성이 있다고 인정하고 앞으로 이 방향에서 통일을 지향하여 나아가기로 하였다."는 내용을 담은 6 · 15남북공동성명을 발표하였다.

7년 후에 남북 정상 회담이 재차 개최되었다. 두 번째 정상 회담은 노무현 대통령이 2007년 10월 2일 평양에서 김정일과 만나면서 이루어졌다. 2박 3일 동안 이루어진 정상 회담을 통해 황해도 해주에 새로운 공단 조성과 서해안의 공동 어로수역 설정, 백두산 관광 등 경제 교류와 인적 교류를 확대하는 문제들을 집중적으로 논의하였다.

4. 남북통일의 과제와 미래

1) 통일을 위한 과제

민족 통일을 이루기 위해서는 해결해야 할 과제들이 적지 않다. 우선 통일에 방해되는 요소들을 해결해 나가야 한다. 대표적으로 서로 적대감을 해소하는 일이다. 70여 년의 세월이 지났지만, 6·25전쟁으로 인한 상흔과 적대감이 아직도 강하게 남아 있다. 이로 인해 많은 사람이 통일을 부정적으로 생각하기도 한다. 가슴속에 응어리진 상처와 적대감을 씻어 버리지 않으면 서로 융화할 수 없다. 사회적 갈등도 생긴다. 독일의 통일이 대표적인 본보기가 되지만, 독일에서는 서로 죽고 죽이는 전쟁은 없었다.

민족의 동질성을 회복하는 것도 주요한 과제이다. 분단 이후 교류가 단절된 채 오랜 세월이 흐르면서 문화 전반에 걸쳐 남북 간에 이질화한 요소가 너무 많다. 사용하는 언어도 많이 달라졌고, 역사에 대한 이해도 다르다. 특히 근·현대사 인식에는 양쪽에 커다란 차이가 있다. 또 이념과 체제를 달리하면서 의식 구조도 달라졌다. 서로 다른 점을 찾아내고, 오랜 역사를 공유한 공통의 경험을 되살려 민족의 동질성을 회복하는 일을 서둘러야 한다.

남북의 인적·물적 교류를 확대해 나가는 것도 통일의 주요한 방안이다. 남북 간의 활발한 교류는 서로 적대감을 해소하고, 하나의 민족임을 확인하는 기회가 된다. 그동안 이산가족의 상봉과 고향 방문, 국제 대회에서의 단일팀 구성, 문화 공연 등을 통해 같은 민족임을 확인하고, 서로 이해할 수 있는 계기를 마련하였다. 그리고 개성 공단을 비롯하여 다양한 방법의 물적 교류는 남북의 공동 발전을 도모함과 아울러 북한의 개방과 시장경제 체제로의 전환에 기여할 것이다.

통일에 대한 논의를 민간 차원으로 확대하는 것도 주요한 방안이다. 통일은 민족구성원의 삶에 도움이 되어야 한다. 이를 위해 통일에 대한 논의와 협의를 정부 당국이 독점하거나 주도할 것이 아니라, 민간에도 적극적으로 개방할 필요가 있다.

국제 사회의 협력을 이끌어 내는 것도 주요한 과제다. 특히 한반도를 둘러싸고 이해관계가 대립하는 미국, 중국, 일본, 러시아 등과의 협력이 필요하다. 이들 국가의 이해관계는 근대 이후 한반도에서 첨예하게 대립했고, 남북통일에 대해서도 생각이 서로 다르다. 더욱이 이들은 북한의 핵 문제를 둘러싸고 6자회담을 개최하며, 남북문제에 커다란 영향력을 행사하고 있다.

2) 통일의 미래

우리는 '세계화', '국제화', '글로벌화' 시대에 살고 있다. 우리의 활동 무대도 지구 전체로 확대되어 세계 곳곳에 우리의 발길이 미치지 않은 곳이 없을 정도이다. 그뿐 아니라 지구의 수많은 민족, 국가와 다양한 교류 관계를 맺고 있다. 그렇지만 우리가 갈 수 없는, 또 만나기 어려운 사람들이 있다. 바로 '북한'이라는 땅이고, 북한에 사는 사람들이다.

북한은 남의 땅이 아니다. 70여 년 전만 해도 그곳은 우리가 살던 땅이었고, 지금도 우리 땅이다. 대한민국 헌법에 대한민국의 영토는 '한반도와 그 부속도서로 한다'고 했으니, 북한 지역도 대한민국의 영토이다. 북한에 거주하는 사람들도 우리와 다른 사람들이 아니다. 4천 3백여 년 동안 우리와 역사를 함께 한 같은 민족이다. 그렇지만 우리는 우리의 영토라고 규정해 놓은 곳에 마음대로 가지 못한다. 그리고 수천 년 동안 역사를 유지해 오면서 함께 살았던 같은 민족을 자유롭게 만날 수도 없다.

개성 공단 위치도

개성 공단 착공식(2003. 6. 30)

같은 민족이면서도 우리처럼 분단되어 살아간 나라들이 있었다. 베트남, 독일, 예멘, 중국 등이 그런 경우이다. 중국처럼 내전으로 분단된 사례도 있지만, 같은 민족이 분단되어 살게 된 것은 대체로 강대국의 이해관계 때문이었다. 분단된 민족들은 모두 통일을 위해 노력하였다. 그리고 방법은 달랐지만, 모두 단일 국가로 통일을 이루었다. 하지만 아직도 통일을 이루지 못하고 분단된 채로 남아 있는 민족이 있다. 바로 한민족이다. 지구 상에서 분단된 채로 남아 있는 나라는 오로지 한국뿐이다.

오늘날 민족 통일에 대한 가능성과 기대가 크게 높아지고 있다. 1990년대 이래 남북 당국자 간의 각종 회담을 비롯하여 인적 · 물적 교류가 활발해지면서, 과거 어느 때보다도 통일에 대한 희망이 커지고 있다.

그러나 통일을 우려하는 목소리도 적지 않다. 통일의 방법과 사회적 갈등에 대한 우려도 있고, 통일 이후에 서독이 천문학적인 비용을 부담했다며 통일 비용을 걱정하는 목소리도 있다. 남북의 경제력 차이가 매우 크기에 한국의 몫이 될 통일 비용은 적게는 2백억 달러에서 많게는 3조 5천억 달러까지 예상된다고 한다.

물론 통일을 실현하는 데에는 상당한 부담이 따를 것이다. 그렇지만 통일이 한민족에게 가져올 유형 · 무형의 이익이 더 크다는 점을 고려할 필요가 있다. 무엇보다도 전쟁의 위험에서 벗어날 수 있다는 점을 들 수 있다. 6 · 25전쟁으로 인한 인적 · 물적 피해를 생각하면 전쟁의 위험에서 벗어난다는 것 자체가 얼마나 다행한 일인지 짐작할 수 있을 것이다.

'세계에서 마지막 분단국'이라는 오명에서 벗어나고, 민족의 자존심을 회복할 수 있다는 무형의 이익도 있다. 제2차 세계대전이 종결되면서 독일, 베트남 등 적지 않은 민족이 분단된 사례가 있었다. 그러나 이들은 모두 통일을 이루었다. 세계에서 유일하게 분단국으로 남아 있는 나라는 한국이다. 통일을 이루었느냐, 분단된 상태로 있느냐는 문제가 국제 사회에서 한민족의 위상을 가늠하는 잣대가 된다는 점을 명심할 필요가 있다.

그리고 한민족의 역사적 자부심과 민족성을 복원할 수 있다. 한민족은 5천년에 가까운 역사를 유지해온 민족이다. 세계에 수많은 민족이 있지만, 우리처럼 오랜 역사를 유지한 민족은 드물다. 통일은 이런 자부심과 오랜 세월에 걸쳐 형성된 독특한 민족성을 복원하고, 민족의 발전을 도모하는 저력이 될 것이다.

북한에 매장된 천연자원도 염두에 두어야 한다. 북한 지역에는 남한에 없는 많은 자원이 매장되어 있다. 금과 은을 비롯하여 철광석, 석탄, 그리고 세계적으로 귀한 희토류 등이 상당량 매장되어 있는 것으로 알려졌다. 최근 북한이 경제적으로 어려운 상황에 놓이면서 이런 자원이 중국으로 넘어가고 있다는 사실도 심각하게 받아들여야 한다.

대륙으로 진출할 수 있는 문이 활짝 열린다는 점도 커다란 희망이다. 한반도는 해양과 대륙을 연결하는 중요한 길목이다. 분단 때문에 대륙과의 육로 통행이 막히면서 경제 · 문화 · 사회 발전에 커다란 장애가 되고 있다. 통일은 서울에서 원산 · 청진을 거쳐 러시아의 블라디보스토크를 통해 시베리아 횡단 철도로 유럽에 이르는 길을 열어 준다. 그리고 신의주를 통해 중국 대륙과 동남아시아, 인도, 중동까지 연결된다.

통일은 지구 상에서 면적이 가장 넓은, 그리고 인구가 가장 많은 대륙과 직접 연결되는 효과가 있다는 사실에 주목할 필요가 있다. 무한한 시장이 새로 개척되는 것이나 다름없고, 한민족의 꿈을 펼쳐 나갈 무한한 기회도 마련될 것이다. 한국이 통일되면 프랑스 · 독일 · 일본을 능가할 정도로 성장하리라는 골드만삭스의 보고는 통일에 대한 기대감을 더욱 높여 준다. 통일은 우리에게 무한한 가능성과 발전의 기회를 가져올 것이다.

참고 문헌

강만길, 『고쳐 쓴 한국현대사』, 창작과비평사, 1994.
서대숙, 『현대 북한의 지도자』, 을유문화사, 2000.
서중석, 『한국현대민족운동연구』, 역사비평사, 1991.
양영조, 『한국전쟁과 동북아 국가 정책』, 선인, 2007.
역사문제연구소, 『분단 50년과 통일시대의 과제』, 역사비평사, 1995.
이완범, 『삼팔선 획정의 진실』, 지식산업사, 2001.
한국근현대사연구회, 『한국독립운동사강의』, 한울, 1998.
한시준, 『한국광복군연구』, 일조각, 1993.
브루스 커밍스, 『한국전쟁의 기원』, 김자동 옮김, 일월서각, 1986.
우에하라 카즈요시, 『동아시아 근현대사』, 한철호 외 옮김, 옛오늘, 2000.

더 읽을거리

김구 저, 『백범일지』, 이만열 옮김, 역민사, 1997.
김운태, 『미군정의 한국통치』, 박영사, 1992
서중석, 『배반당한 한국민족주의』, 성균관대 출판부, 2004.
조동걸, 『한국근현대사의 이상과 형상』, 푸른역사, 2001.
한시준 외, 『대한민국임시정부: 대한민국의 기원』, 국가보훈처 · 독립기념관, 2009.

제7장

한국사의 현안, 영토문제와 역사왜곡

1. 영토의 개념과 영토문제

지구상의 모든 지역은 국가영역과 그 밖의 지역으로 나눌 수 있으며, 국가영역은 영토, 영해, 영공으로 구성된다. 영토란 국가의 필수적 요소로서 국제법에 위반되지 않는 한 국가의 권한이 배타적으로 미치는 토지나 구역을 말한다. 이를 '영토주권' 또는 '영역주권'이라고 한다. 대한민국 헌법 제3조에 "대한민국의 영토는 한반도와 그 부속도서로 한다."라고 규정하고 있다.

그러면 흔히 영토분쟁a territorial dispute이라 불리는 영토문제a territorial problem가 발생하는 이유는 무엇일까? 영토는 육지가 침식되거나 첨부되는 등의 이유로 늘어나거나 줄어들 때 문제가 발생할 수 있다. 녹둔도는 원래 두만강 하류에 있는 독립된 섬이었지만 토사의 퇴적작용으로 인해 섬이 육지와 연결되면서 영토문제가 발생했다. 영토는 매매나 교환, 증여의 대상이 될 수 있고, 소유권이 이전되는 과정에서 견해의 차이가 발생할 수 있다. 알래스카는 1741년 러시아 황제의 의뢰를 받은 덴마크 탐험가 베링이 처음 발견하여 러시아 영토가 되었다. 그러나 1897년 재정이 궁핍해진 러시아가 720만 달러에 이를 매각하면서 미국의 영토가 되었다.

영토문제가 발생하는 가장 큰 이유는 국경이 자주 이동하기 때문이다. 역사가 진행되면서 전쟁이 발생하여 한 나라가 다른 나라의 영토를 점령하거나 국가 간의 협상으로 국경의 변동이 생긴다. 그런데 후대의 국가들은 자국에게 유리했던 상황만 기억하면서 영토문제가 발생한다. 특히 근대 이후로는 석유나 광석과 같은 주요 자원을 확보해야 할 필요성이 커졌기 때문에, 국가 간에 자원의 점유권을 둘러싼 영토문제가 증가하고 있다.

영토문제는 대부분의 국가가 가지고 있는 보편적인 문제이다. 현재 한국은 중국, 일본, 러시아와 영토문제가 있으며 이들 국가 간에도 영토문제가 있다. 중국과 일본은 댜오위다오釣魚臺, 일본에서는 센카쿠섬이라 함 영유권을 놓고 분쟁이 있고, 일본과 러시아는 북방 4개섬쿠릴 열도을 둘러싼 분쟁을 벌이고 있다. 여러 나라가 관련된 영토문제도 있다. 필리핀과 베트남 사이의 산호섬인 난사군도南沙群島 분쟁에는 중국, 타이완, 베트남, 말레이시아, 부르나이 등이 개입되어 있다. 최근에는 북극해의 해빙이 녹으면서 러시아, 캐나다, 덴마크, 노르웨이 사이에 북극해의 영유권을 둘러싼 분쟁이 가열되고 있다.

2. 한국사의 영토문제

1) 간도間島

간도사이섬는 고구려와 발해의 옛 영토로 만주 지역에서 특히 한국인이 많이 사는 지역이다. 간도는 백두산을 경계로 하여 서간도, 북간도, 동간도, 연해주, 심요 지역으로 나누기도 한다. 중국은 간도지역을 흔히 '동북 3성'이라고 부른다. 이는 동북지역에 있는 지린성吉林省과 랴오닝성遼寧省, 헤이룽장성黑龍江省을 합쳐서 말한 것이다.

간도문제의 기원은 17세기로 올라간다. 1668년에 청나라 정부는 한족漢族들이 만주 지역에 출입하는 것을 금지시키는 '봉금封禁' 정책을 실시했다. 중국에서 한족의 나라가 세워지면, 청은 원래의 거주지로 돌아가 다시 나라를 일으키기 위해서였다. 이때 조선에서도 만주 지역의 출입을 금지시켜, 만주는 사람이 거의 살지 않는 땅이 되었다. 간도는 오랫동안 조선과 청 어느 쪽에서 일방적으로 영유권을 주장할 수 없는 중간지대로 남았다.

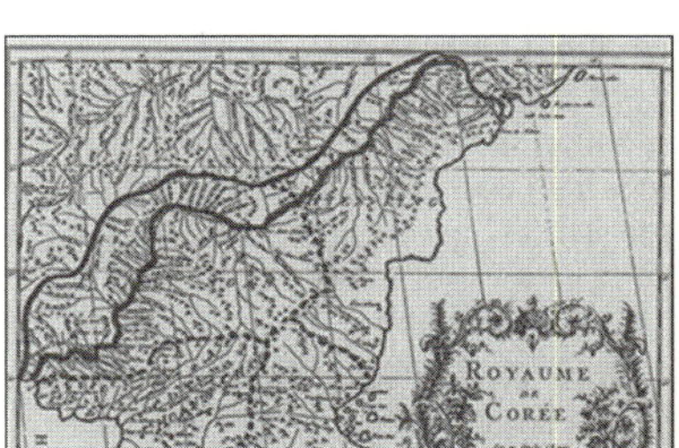

1718년 청나라 강희제 때 제작된 당빌 지도

1712년 조선과 청은 백두산 정상에 양국의 국경

을 확정짓는 백두산정계비를 세웠다. 그 내용은 다음과 같다.

> 오라총관 목극등穆克登이 황제의 뜻을 받아 변경을 조사하여 여기에 이르렀다. 살펴보니 서쪽은 압록鴨綠으로 하고, 동쪽은 토문土門으로 하며, 이 때문에 분수령分水嶺 위에 돌을 새겨서 기록한다. 강희 51년(1712) 5월 15일

백두산정계비의 기록에서 중요한 것은 "서쪽은 압록으로 하고 동쪽은 토문으로 한다."는 부분이다. 서쪽 국경인 압록강의 물줄기는 경로가 분명하지만, 동쪽 국경에 해당하는 토문강은 경로가 분명하지 않아 국경 분쟁의 실마리가 되었다. 중국에서는 토문을 두만강이라고 해석했고, 한국에서는 백두산정계비에서 가까운 곳을 흐르는 송화강의 상류를 가리킨다고 보았기 때문이다. 18세기의 고지도에는 토문강혹은 분계강과 두만강이 다른 물줄기로 표시되어 있다.

북한이 백두산정계비가 있던 자리에 세운 표석.
2005년 8월 고구려연구재단이 공개했다.

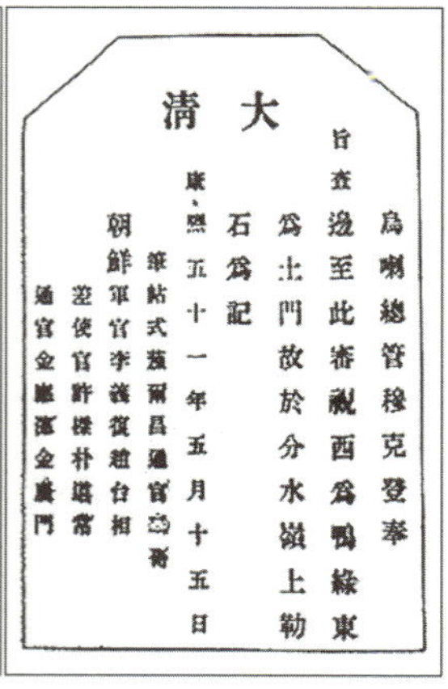

백두산정계비 비문

19세기 말 한반도에서 간도로 이주하는 사람이 많아졌다. 특히 1869년과 1870년에 함경도 지역에 큰 흉년이 들자, 압록강과 두만강을 건너 간도에서 농경지를 개간하는 조선인이 급증했다. 상황이 이렇게 되자 청은 1878년, 조선은 1881년에 봉금 조치를 해제했고, 이때부터 양국 사이에 영토문제가 발생했다. 1902년

간도에 거주하는 조선인들은 간도관리사 이범윤李範允을 주축으로 하여 청나라에 세금을 내지 않았다. 이는 간도를 조선의 영토로 보았기 때문이다.

1904년 러일전쟁이 시작되자, 청은 간도가 분쟁지역이 될 것을 우려하여 대한제국 정부에 양국의 국경을 확정하자고 제안했다. 그러나 한국 정부는 일본의 간섭으로 명확한 회답을 하지 못했다. 러일전쟁에서 승리한 일본이 간도까지 진출했고, 1909년에 청과 간도협약을 체결했다. 간도협약의 제1조에 "일 · 청 양국 정부는 도문강圖門江을 한 · 청 양국의 국경으로 하고, 강의 원류 지방은 백두산정계비를 기점으로 하여 석을수石乙水로 양국의 경계를 삼는다."고 규정했다. 이로 인해 간도의 영유권은 청이 가졌지만, 고종 황제는 반대 의사를 분명히 했다.

제2차 세계대전 결과 일본은 패전국이 되었다. 1951년 9월 일본과 연합국은 종전 조약인 샌프란시스코조약을 체결했으며, 그 조약문에는 일본이 1941년 이전에 맺은 조약은 모두 무효로 한다는 내용이 있었다. 오늘날 국제법 전문가들은 '강박에 의해 대한제국의 외교권을 박탈한 을사늑약乙巳勒約이 무효이므로, 을사늑약을 근거로 일본과 청이 체결한 간도협약은 무효'라고 주장한다.

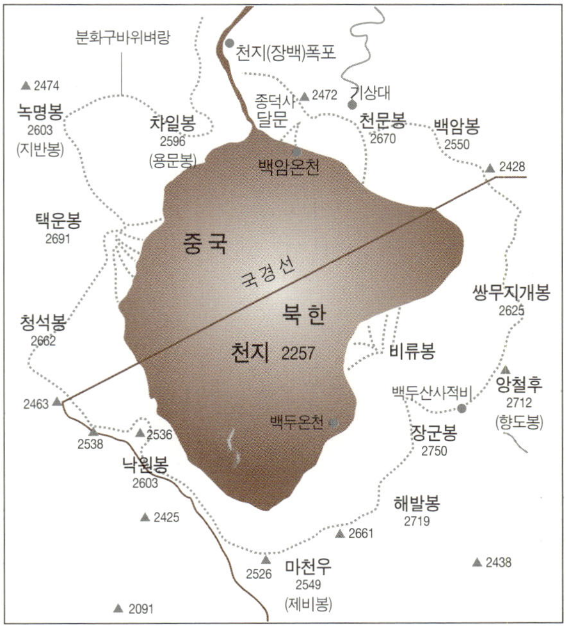

현재 백두산 천지의 국경

1948년 북한 정권이 들어선 이후 북한과 중국 사이에 백두산을 둘러싼 영토문제가 발생했다. 북한과 중국은 1962년에 조중변계조약朝中邊界條約을 체결했다. 조약문에 따르면 양국 경계는 압록강 - 백두산 천지 - 두만강이 되고, 백두산과 천지까지도 양분되어 천지의 55%는 북한, 45%는 중국에 속하게 된다. 북한은 간도를 중국의 영토로 인정했다.

이상에서 보듯 간도문제는 백두산정계비, 간도협약, 조중변계조약을 거쳐 현재에 이른다. 중국은 1909년 간도협약을 체결한 이후 간도를 실효적으로 지배해왔다. 1990년 현재 간도에는 총 200만 명에 가까운 조선족이 거주하고 있다.

2) 독도獨島

독도는 울릉도에서 동남쪽으로 87.4km 떨어진 곳에 있는 화산섬으로, 2개의 큰 섬동도, 서도과 32개 부속도서로 이루어져 있다. 울진군에서 독도까지는 216.8km이고, 일본 시마네현島根縣에서는 220km, 일본 오끼섬에서는 157.5km 떨어져 있다. 이곳에는 한류와 난류가 교차하여 풍성한 어장이 형성되고, 러시아 태평양 함대와 일본 및 북한의 해군과 공군의 이동 상황을 쉽게 파악할 수 있다는 군사적 이점이 있다.

『삼국사기』에는 신라 지증마립간 즉위 13년(512)에 이사부李斯夫 장군이 우산국于山國을 정벌한 기사가 나온다. 한국의 학자들은 이 우산국을 울릉도와 독도가 합해진 나라로 본다. 고려시대에 우산국은 고려 정부에 조공을 바쳤고, 11세기 초에 여진의 침략을 받은 우산국 사람들이 본토로 도망하면서 고려의 관할구역이 되었다.

조선 초기에는 왜구의 침략으로 섬 주민들이 피해를 입었다. 1417년 조정에서는 섬 주민을 보호하기 위해 본토로 이주시키는 정책을 실시하여, 1438년까지 모든 주민을 육지로 이주시켰다. 일본 학자는 이처럼 섬을 비우는 공도정책空島政策이 독도라는 영토를 포기한 조치였다고 주장한다. 조선 정부는 울릉도와 독도에 간헐적으로 감세관監稅官과 수토관搜討官을 파견하여 관리하는 수토정책搜討政策을 실시했다. 한국 학자들은 이를 근거로 조선 정부가 독도의 영토를 포기한 것이 아니라고 주장한다.

1454년에 편찬된 『세종실록』「지리지」를 보면 삼척도호부 울진현 부분에서 무릉도武陵島와 우산도于山島의 존재를 언급했다. 『세종실록』의 내용은 다음과 같다.

> 우산于山과 무릉武陵 두 섬은 울진현의 정동쪽 바다 속에 있다.[두 섬은 서로 거리가 멀지 아니하여, 날씨가 맑으면 바라볼 수 있다.]

한국 학자는 이 부분을 '우산도독도와 무릉도울릉도가 울진현의 동쪽에 있으며, 두 섬의 거리가 서로 멀지 않아 날씨가 맑으면 바라볼 수 있을 정도이다.'고 해석한다. 반면 일본 학자는 '우산도와 무릉도가 울진현의 동쪽에 있으며, 서로가 멀지 않아 날씨가 좋은 날에는 (울진현 쪽에서) 두 섬을 조망할 수 있다.'고 해석한다. 그러나 울진에서는 울릉도와 독도가 보이지 않는다.

1618년에 도쿠가와 막부幕府는 호키노쿠니돗토리 현의 어부에게 울릉도로 갈 수 있는 도해渡海 면허를 발급했다. 이들은 1696년까지 혼슈本州와 울릉도를 오가며 울릉도의 근해에서 고기를 잡았다. 1693년 조선인 어부 안용복이 울릉도에 갔다가 일본인 어부가 고기를 잡는 것을 보고 항의하다가 일본으로 붙잡혀 갔다. 이후 양국 정부는 이 문제를 해결하기 위한 서신을 교환했고, 1697년에 도쿠가와 막부는 자국인의 울릉도 출어를 금지시키겠다는 서신을 보냈다.

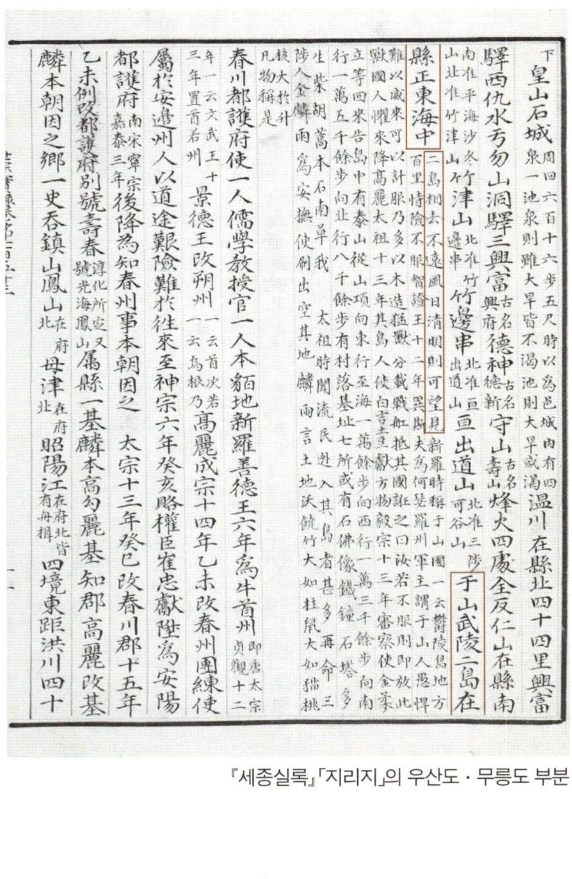
下 皇山石城 周回六百十六步五尺 時以爲邑城 內有四泉一池 泉則雖大旱皆不竭 池則大旱或竭 溫川 在縣北四十四里 興富驛 西仇水乡勿山洞驛三 興富 古名興府 德神 古名德新 守山 古名壽山 烽火四處 全反仁山 在縣南 南准平海沙冬山 北准竹津山 竹津山 北准竹邊串 竹邊串 北准亘出道山 亘出道山 北准三陟可谷山 于山武陵二島在縣正東海中 二島相去不遠 風日清明則可望見 新羅時稱于山國 一云鬱陵島 地方百里 恃險不服 智證王十二年 異斯夫爲何瑟羅州軍主 謂于山人愚悍 難以威來 可以計服 乃多以木造猛獸 分載戰船 抵其國誑之曰 汝若不服 則卽放此獸 國人懼來降 高麗太祖十三年 其島人使白吉土豆獻方物 毅宗十三年 審察使金柔立等回來告 島中有泰山 從山頂向東行至海一萬餘步 向西行一萬三千餘步 向南行一萬五千餘步 向北行八千餘步 有村落基址七所 或有石佛像鐵鍾石塔 多生柴胡藁本石南草 我太祖時 聞流民逃入其島者甚多 再命三陟人金麟雨爲安撫使 刷出空其地 麟雨言 土地沃饒 竹大如柱 鼠大如猫 桃核大於升 凡物稱是

春川都護府使一人 儒學敎授官一人 本貊地 新羅善德王六年 爲牛首州 卽唐太宗貞觀十二年 一云文武王十三年置首若州 景德王改朔州 一云首次若 一云烏根乃 高麗成宗十四年乙未 改春州團練使 屬於安邊 州人以道途艱險 難於往來 至神宗六年癸亥 賂權臣崔忠獻 陞爲安陽都護府 南宋寧宗嘉泰三年 後降爲知春州事 本朝因之 太宗十三年癸巳 改春川郡 十五年乙未 例改都護府 別號壽春 淳化所定 又號光海 鳳山 屬縣一 基麟 本高句麗基知郡 高麗改基麟 本朝因之 鄕一 史呑 鎭山 鳳山 在府北 母津 在府北 昭陽江 在府北 皆有舟楫 四境 東距洪川四十

『세종실록』「지리지」의 우산도 · 무릉도 부분

1868년 메이지유신 이후 일본인은 울릉도와 독도에 들어가 나무를 베거나 조업 활동을 시작했다. 조선 정부는 1881년에 항의서를 전달했고, 1882년 6월에 「울릉도개척령」을 발표하여 4개도의 주민을 울릉도로 이주시켰다. 대한제국 정부는 1900년 10월 25일에 「칙령 제41호」를 공포하여 울릉도를 강원도 소속의 군으로 승격시키고, 울릉군의 관할 구역에 석도石島, 독도를 포함한다는 내용을 관보官報에 공포했다. 일본 학자는 석도가 독도임을 확인할 근거가 없다고 주장한다.

러일전쟁이 한창이던 1905년 1월에 일본은 전격적으로 '다케시마竹島'를 시마네현島根縣에 편입시켰다. 그해 2월에 발표한 〈시마네현 고시 제40호〉에서 '독도는 주인이 없는 땅이므로 일본이 무주지無主地를 선점할 경우 영토획득으로 인정받을 수 있는 국제법상 요건을 충족시킨다.'고 했다. 1906년 3월 28일 울도울릉도 군수 심흥택은 독도를 일본 영토로 편입한 사실을 대한제국 정부에 보고했다. 이에 대한제국의 참정대신은 일본에 공식적으로 항의했다. 그러나 을사조약 이후 대한제국은 외교권을 박탈당한 상황에서 제대로 된 항의를 하지 못했다.

제2차 세계대전이 끝나고 1946년 1월에 작성된 〈연합국 최고사령부 각서(SCAPIN 제677호)〉에서 일본의 통치권이 적용되는 구역을 규정했다. 이에 따르면 일본의 영역은 4개 본도홋카이도, 혼슈, 규슈, 시코쿠와 대마도, 이두제도伊豆諸島이고, 일본의 통치에서 제외되는 지역은 한국의 울릉도, 독도, 제주도, 북위 30도 이남의 유구제도琉球諸島와 쿠릴열도, 치무군도齒舞群島, 수정도水晶島, 색단도色丹島 등이었다.

1948년 대한민국 정부가 수립되면서 독도의 행정구역이 경상북도 울릉군 울릉읍 도동리 산 24~76번지로 정해졌다. 1952년 1월에 이승만 대통령은 독도를 평화선 안에 포함시켜 영유권을 확립했다. 한국은 1948년 이후 독도를 실효적으로 지배하며, 2000년에는 독도의 행정구역을 경상북도 울릉군 울릉읍 독도리 산 1~37번지로 바꾸었다.

일본 정부는 1952년에 한국의 독도 영유권을 부정하는 외교 문서를 보냈고, 1954년 9월에는 '다케시마竹島' 문제를 국제사법재판소에 제소할 것을 요구했다. 일본에서 주장하는 근거는 1951년 일본과 연합국이 체결한 샌프란시스코 조약이다. 조약문의 제2조 a항을 보면 "일본은 한국의 독립을 승인하고 제주도, 거문도 및 울릉도를 포함한 한국에 대한 모든 권리, 권원, 청구권을 포기한다."고 했다. 일본 학자는 여기서 독도가 빠진 것은 독도가 여전히 일본의 영토로 남았기 때문이라고 주장한다. 현재 일본은 독도를 '다케시마'라 부르며 시마네현의 행정구역으로 편제하고, 국제사법재판소에 제소할 움직임을 보이고 있다.

〈연합국 최고사령부 각서〉에 나타나는 독도

3) 녹둔도鹿屯島

녹둔도는 두만강 하류인 함경북도 선봉군에 위치한 섬이다. 이곳에서는 남쪽으로 두만강을 건너 경흥군이 바라보이고, 북쪽으로 7km 지점에 러시아의 핫산khasan시가 있다. 녹둔도의 원래 크기는 남북으로 28km, 동서로 12km 정도였을 것으로 추정된다. 녹둔도는 원래 한국의 영토였지만 모래가 쌓여 섬이 연해주와 연결되면서 영토문제가 발생했다.

녹둔도는 조선 세종 때 김종서 장군이 4군 6진을 개척하면서 함경도 경흥부에 편입시켰다. 『세종실록』「지리지」를 보면 "경흥의 옛 지명인 공주孔州를 지나 동쪽으로 25리에 이르면 사차마도沙次亇島에 도달하고, 여기서 강물이 나뉘어 5리쯤에서 바다동해로 들어간다."고 하였다. 여기서 사차마도는 녹둔도를 가리킨다. 유명한 이순신 장군도 녹둔도 관리로 근무한 적이 있다. 1587년선조

[20] 8월에 이순신은 조산造山 만호가 되면서 녹둔도의 둔전관을 겸했다. 이 해에 여진족이 녹둔도를 공격하자, 이순신은 경흥부사 이경록과 함께 맞서 싸워 여진족을 격퇴시켰다.

녹둔도는 두만강이 자주 범람하면서 토사가 퇴적되어 연해주와 이어지게 되었다. 1709년 청나라 강희제의 지시로 작성한 중국 지도를 보면 녹둔도와 연해주가 붙어있다. 그러나 19세기에 작성된 〈대동여지도〉에서는 녹둔도가 분명히 섬으로 그려져 있다.

1860년 러시아는 청을 압박하여 북경조약을 체결하면서 녹둔도를 러시아 영토에 편입시켰다. 1883년에 고종은 서북경략사 어윤중魚允中을 현지로 파견하면서 영토를 잘 살펴 경계를 바르잡으라고 명령했다. 어윤중은 돌아와 "녹둔도는 본래 우리 땅입니다. 신이 조산造山에 가서 땅 모양새를 살펴보니 섬 동쪽에 모래가 쌓여 러시아와 연결되어 있습니다. 섬에 사는 사람은 모두 우리 백성이고 다른 나라 사람은 한사람도 없었습니다."라고 보고했다. 1886년 8월에 조선 정부는 청과 러시아에 3국 공동으로 국경을 확정하는 감계안勘界案을 만들자고 요청했지만 받아들여지지 않았다.

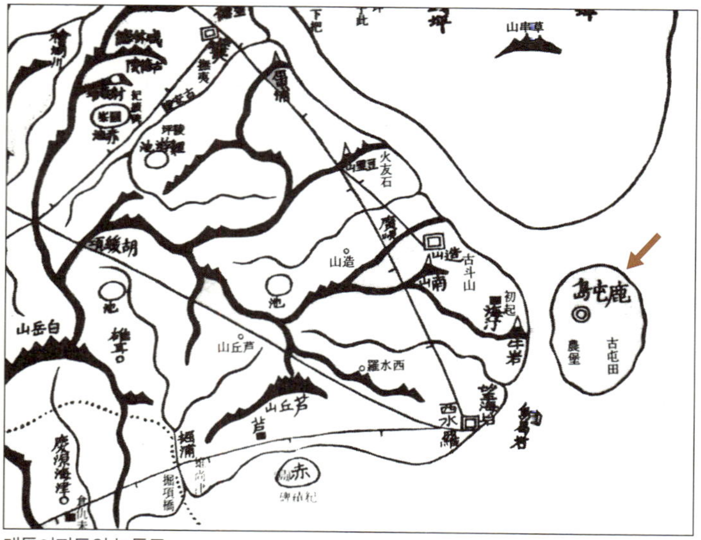

대동여지도의 녹둔도

녹둔도는 20세기 초까지 우리말 지명이 사용되었다. 그러나 1937년에 소련 정부는 연해주 일대의 고려인들을 중앙아시아로 강제 이주시킨 뒤 녹둔도의 출입을 통제했다. 1990년 북한은 소련과 국경조약을 체결하면서 두만강을 국경선으로 정해 녹둔도를 비롯한 연해주 일대의 영유권을 포기했다. 현재 러시아는 옛 녹둔도 주변의 두만강 하구를 군사지역으로 정하고 외부인의 출입을 엄격히 통제하고 있다.

4) 대마도對馬島

대마도는 대한해협의 중간에 위치한 섬으로, 일본어로는 '쓰시마'이다. 대마도는 일본 규슈에서 132km나 떨어져 있지만 한반도에서는 50km 정도만 떨어져 있어 일본 본토보다 한반도에 가까이 있다.

대마도는 오랫동안 한반도와 밀접한 관계를 맺었다. 이러한 사실은 대마도의 홍보자료에도 잘 나타난다.

> "쓰시마는 일본 중에서 한반도와 가장 가깝다는 지리적 조건으로 대륙으로부터 석기문화, 청동기문화, 벼농사, 불교, 한자 등을 일본 전역으로 전달한 입구였습니다. 또한 한반도와 오래 전부터 무역 등의 교류가 활발하였습니다. 이렇듯 활발한 교류로 인해 쓰시마에는 수많은 글들과 불상, 건조물, 한국식 산성인 가네다성金田城 터와 고분 등의 문화재가 남아 있습니다."

여기서 가네다성은 백제산성을 본떠서 만든 성을 말한다.

한국 기록에는 대마도가 경상도에 소속되었다고 한다. 『세종실록』에 "대마도는 본래 경상도 계림鷄林, 경주를 말함에 속해 있는 우리나라 땅이다. 이것은 문서에도 기록되어 있는 명백한 사실이다. 다만 땅이 좁고 바다 한 가운데 있어 왕래가 불편한 관계로 백성들이 들어가 살지 않았을 뿐이다. 그런데 자기들 나라에서 쫓겨나 오갈 데 없는 일본 사람들이 몰려 와 그들의 소굴이 되었다."고 기록했다. 『동국여지승람』에서는 "대마도가 옛날에 우리 계림에 속했는데 언제 왜인들의 소굴이 되었는지 알 수 없다."고 했다.

고려는 1368년공민왕 17에 대마도와 정식으로 교섭 관계를 맺었다. 이때 대마도주는 고려의 만호 벼슬을 받고 사신을 보내왔고, 고려에서도 사신을 파견했다. 같은 해 11월에 대마도 만호가 보낸 사신이 고려에 오자 쌀 1,000석을 하사했다는 기록이 있다. 이를 보면 고려 말에 대마도주는 고려의 지방 무관직인 만호 벼슬을 받고 쌀을 얻어가는 처지였다.

고려 말부터 조선 초기까지 왜구의 침입이 계속되었다. 1419년세종 원년에 태종은 삼군도체찰사 이종무李從茂 장군에게 전함 227척과 수군 1만 7천 명을 이끌고 대마도를 정벌하게 했다. 이들은 대마도에 상륙하여 배와 가옥을 불태우고 왜구 120여 명을 죽인 뒤 중국인 포로 131명을 구출하고 철수했다. 이 때 세종은 대마도주에게 '대마도는 본래 우리나라의 땅'이라고 했다.

18세기 〈해동지도〉의 경상도 지도. 대마도가 경상도에 포함되어 있다.

1420년세종 2 대마도주는 "대마도를 조선의 주군州郡으로 하며 그 주명州名을 지정받으려 한다. 조선에서 주군인州郡印을 하사해 달라"고 요청했다. 이에 예조판서 허조許稠는 대마도를 경상도에 예속시키고 관인官印을 주었다. 조선 전기에 대마도의 유력자로 조선의 관직을 받은 왜인倭人은 총 17명이었다. 조선 정부는 이들에게 관리 임명장인 고신告身을 주었고, 이들은 1년에 한 번씩 조선으로 와서 관직에 상당하는 예우를 받고 이득을 얻어 돌아갔다.

도쿠가와德川 막부 때 대마도

는 막부를 대신하여 조선과 일본의 교섭을 담당했다. 조선에서 파견한 통신사가 에도오늘날의 도쿄를 왕래하는 동안 대마도인들은 안내와 접대를 전담했다. 이때까지 대마도는 일본과 조선 양국에 소속된 양속兩屬 관계였다고 할 수 있다.

1871년 메이지 정부가 폐번치현廢藩置縣의 조치를 내리자, 대마도주는 대마도를 천황에게 바치고 이스하라번嚴原藩의 지사知事가 되었다. 그러나 1877년에 대마도는 나가사키현長岐縣에 편입되어 그 지위가 격하되었다. 이때 대마도주는 천황에게 올린 글에서 대마도는 오랫동안 조선에 소속되었음을 언급했다.

> "조선에 대해 번신藩臣의 예를 갖추어 수백 년간 굴욕을 받았으니 분함을 이루 말할 수 없다. … 지금의 서계書啓부터 조선이 주조해준 도장 대신 일본 조정이 만들어주는 새로운 도장을 사용하여 …"

1948년 2월 17일 한국의 입법의원 본회의에서 허간용許侃龍 의원 외 62명은 대마도를 조선 영토로 복귀시킬 것을 대일강화조약에 넣자는 결의안을 제출하였지만 실현되지 못했다. 이승만 대통령은 1948년 8월과 1949년 1월에 대마도를 반환해 줄 것을 요구했다. 이에 일본의 요시다吉田 내각은 연합군 최고사령부 맥아더 장군에게 이를 막아달라고 요청했다. 연합군 최고사령부는 이 대통령의 발언이 미국 중심의 동아시아 질서를 구축하는 데 방해가 되는 말이라며 이를 제지했다.

2005년 일본의 시마네현島根縣이 '다케시마竹島의 날'을 지정하여 독도를 일본의 영토라고 주장했다. 이에 대응하여 마산시에는 '대마도의 날'을 지정하여 대마도를 한국의 영토라고 주장했다.

5) 영토문제의 해결 방안

지금까지 간도, 독도, 녹둔도, 대마도를 중심으로 한국사의 영토문제를 살펴보았다. 간도는 한국과 중국, 독도와 대마도는 한국과 일본, 녹둔도는 한국과 러시아의 영토문제이다. 한국은 중국, 일본, 러시아와 같은 주변국들과 영토문제를 가지고 있다.

이러한 영토문제를 해결하려면 우선 장구한 시간이 걸린다는 사실을 유의해야 한다. 영토문제가 발생하면 당사국은 자국에 유리한 근거를 총동원하여 맞서게 되며, 양국 간의 협상으로 분쟁을 해결한 사례는 좀처럼 발견되지 않는다. 영토분쟁이 격화되면 전쟁이 일어날 수도 있다. 1982년에 영국과 아르헨티나가 벌인 포클랜드 전쟁이 이에 해당한다. 영국과 아르헨티나가 남대서양에 있는 포클랜드 제도Falkland Islands의 영유권을 놓고 벌이는 분쟁은 아직도 계속되고 있다.

영토문제에는 해당 지역의 유용한 자원을 확보하려는 국가적 이해관계가 개입되어 있다. 한국지질자원연구원은 독도 주변의 해역에 미래의 에너지 자원으로 '불타는 얼음'이라 불리는 메탄하이드레이트가 매장되어 있다고 보고 탐사를 진행하고 있다. 일본이 독도의 영유권에 열중하는 것은 이러한 미래 자원의 확보와 깊은 관련이 있다.

영토문제의 해결은 최종적으로 국제법적 기준에 의해 결정됨을 기억할 필요가 있다. 현재 영토문제가 있는 지역의 영유권을 확정하는 것은 제3자 중재기관이나 국제사법기관에서 판단한다. 이 때 당사국을 배제한 제3자에게 국제법적 기준에서 자국의 주장이 옳다고 판단할 수 있는 분명한 근거를 제시해야 한다.

한국사의 영토문제는 대한제국이 권한을 제대로 행사하지 못할 때 일본이 임의로 체결한 국제조약의 영향을 받고 있다. 또한 앞으로 통일된 한국에서 과거 북한 정부가 맺은 조약을 그대로 인정할 것인가 하는 문제가 발생할 수도 있다. 일부 학자들은 북한이 한반도 영토를 처분할 권한이 없는 사실상의 지방정부라고 주장한다. 그렇지만 남북한이 함께 유엔에 가입한 상황에서 남한만을 유일한 합법정부라고 하기는 어렵다.

불타는 얼음, 메탄하이드레이트

영토문제를 해결하려면 새로운 자료를 발굴하고 연구하는데 꾸준한 투자가 필요하다. 영토문제에서 가장 중요한 것은 국제법적 기준에서 어느 쪽이 더 합법적인 근거를 확보했는가 하는 문제이다. 이를 위해서는 관련 국제법을 다루는 전문가를 양성하여 우리에게 유리한 법리를 개발하고, 우리의 영토임을 입증할 수 있는 확실한 자료를 확보해야 한다.

3. 한국사에 대한 역사왜곡

한국사의 영토문제를 살펴보았지만 영토와 역사는 불가분의 관계에 있다. 영토적 연고권의 근거를 역사에서 찾기 때문이다. 한 · 중 · 일 세 나라는 기본적으로 민족주의에 입각하여 자국의 역사를 기록하고 있으며, 과도한 민족주의로 흐를 경우에는 역사왜곡도 나타나고 있다.

최근 일본은 더욱 우경화되는 길을 걷고 있으며, 중국은 그동안 이룩한 경제발전을 바탕으로 패권대국을 지향하고 있다. 일본과 중국은 과거의 역사에 매몰되어 역사에 대한 반성보다는 미화에 몰두하고 있으며, 역사적 책임을 상대국에 떠넘기려는 자세를 취하고 있다. 남북으로 분단된 한국의 역사인식도 민족주의에 경도되어 있다는 지적에서 결코 자유로울 수가 없다. 동아시아 삼국이 겉으로는 서로 대결하면서 안으로는 서로 닮아가는 현상을 가리켜 '적대적 공범관계' 또는 '내연의 적'이라고 말하는 학자도 있다.

1) 일본의 우익과 역사교과서 왜곡

일본의 우익은 과거 역사를 미화하고 민족적 우월성을 내세우는 폐쇄적 민족주의의 성향을 가지고 있다. 이들은 천황제와 이를 뒷받침하는 신도神道와 밀접한 연관을 가지며, 일본의 군사대국화를 꿈꾸면서 자위대를 정식 군대로 만들고 해외에 파병하는 것까지 지지하고 있다. 이들은 일본의 정치, 언론, 경제 등 사회 곳곳에 포진하고 있으며, 최근 일본의 수상으로 있는 아베 신조安倍晋三는 일본 우익을 대표하는 인물이다.

일본에서 우익이 득세한 배경은 1990년대에 경제 위기를 겪으면서 이에 대한 정신적 보상을 과거사에서 찾고자 한데에 있다. 이들은 2차 세계대전 이후에 태어난 전후세대戰後世代로서 과거 전쟁의 책임은 전전세대戰前世代에게 있고 자신들은 이와 무관하다고 생각한다. 또한 이들은 일본이 한반도를 지배한 것은 한국 정부와 협의를 거쳤고, 청과 러시아의 지배에서 벗어나게 한 은혜로운 조치였으며, 한국을 식민지로 지배하는 동안 경제를 발전시켜 근대화를 이룩해 주었다고 평가한다.

일본의 우익은 전후의 역사교육이 일본인의 자랑스러운 문화와 전통을 잊게 하고, 근현대사에서는 일본인이 자손 대대로 사죄해야 하는 운명을 지닌 죄인이 될 것을 요구한다고 비판했다. 이들은 이를 해결하고자 2001년 후소샤扶桑社에서 간행한『새 역사교과서』를 편찬했다.

2001년 후소샤의『새 역사교과서』표지

일본의 우익은 이 교과서에서 일본의 역사와 문화의 독자성을 자랑하고 그 우월성을 입증하려 했다. 이에 따라 일본은 독자, 우월, 문명, 진보, 우군에 해당하고, 한국이나 중국, 러시아 같은 인근 국가들은 종속, 열등, 야만, 정체, 적군에 해당한다는 이분법적 대립의 틀을 사용했다. 그 결과 교과서의 한국사 서술에서는 심각한 왜곡이 나타났다.

이 책에 따르면 일본은 고대 이래로 한반도에 세력을 뻗쳤으며, 한국은 중국의 역대왕조에 복속되었지만 일본은 중화질서의 밖에서 자유롭게 행동했다. 근대에 들어와 일본은 열강의 위협에 적극적으로 대응했지만 중국과 조선은 제대로 대응하지 못했다. 일본 정부가 한국을 병합한 것은 자국의 안전과 만주에서의 권익을 지키기 위해 불가피한 일이었고, 일본의 한국 지배는 세계에서 유례를 찾을 수 없는 선정善政이었다고 했다.

2) 중국의 강대국화와 고구려사 왜곡

중국은 1978년부터 수십 년간 개혁 개방 정책을 시행한 결과 강대국으로 성장했다. 중국의 자신감은 내부적으로 중화주의를 강화하는 방향으로 나타났고, 역사교육에서도 애국주의를 강조하고 있다. 중국은 사회주의와 애국주의를 역사교육의 원칙으로 삼고 '사회주의 조국을 열렬히 사랑하는 교육'을 지향하고 있다.

중국은 다민족국가의 형태를 통합하여 하나의 통일된 국가로 만들기 위해 '통일적다민족국가론'이란 용어를 사용한다. 여기서 '통일적 다민족'은 '중화민족'이란 개념으로 일반화되는데, 현재 중국의 영토 안에 존재하는 한족漢族과 55개 소수민족은 물론이고 과거에 중국의 강역 안에 살았던 모든 민족 집단을 포괄한다. 따라서 중화민족의 역사인 중국 역사는 현재 중국의 국경 안으로 국한되는 것이 아니라 중국 국경 안에 있는 모든 민족의 역사상 활동범위로 확대된다. 그런데 중국의 55개 소수민족 중에는 조선족도 포함되어 있으므로, 조선족의 역사가 중국사의 일부로 인식되는 것이다.

중국의 한국 고대사에 대한 인식은 대략 다음과 같다. 단군조선은 실제로 존재하지 않았고, 기자조선과 위만조선은 중국인이 세운 고조선이다. 한사군은 중국의 영토였고, 그 영토 안에 세워진 고구려와 이를 계승한 발해는 고대 중국의 지방정권이었다. 따라서 그 역사는 중국사에 귀속된다. 고구려가 멸망할 때 조선족은 한족 안으로 융합되었다.

동북공정을 주도한 중국사회과학원 중국변강사지연구중심

'동북공정東北工程'은 2002년부터 중국에서 추진한 동북 변경지역의 역사와 현상에 관한 연구 프로젝트의 이름이다. 이 프로젝트는 중국의 동북지역, 특히 고구려와 발해의 역사를 중국 역사로 만들어 한반도가 통일되었을 때 일어날 가능성이 있는 영토분쟁을 미연에 방지하려는 데 그 목적이 있다.

동북공정이 진행되면서 특히 고구려사의 왜곡이 심하게 나타났다. 이 연구에 따르면 고구려의 선조는 모두 중국의 민족이자 종족이었으며, 고구려가 중국에 조공을 바치고 책봉을 받은 것은 중국에 대한 종속의 표현이었다. 또한 고구려의 강역은 진한 시대의 군현 지역을 벗어나지 않았고, 고구려의 강역이 한반도에 있었던 것은 700년의 역사 가운데 200년에 불과했다. 고구려가 멸망했을 때 대부분의 주민은 중원으로 들어가거나 발해, 돌궐에 흡수되었고, 고려는 고구려를 계승한 것이 아니라 신라를 계승한 국가이다.

당나라 이래로 중국에서 편찬된 역사서에는 고구려사가 한국사에 속하는 것으로 기록되어 있다. 고구려사가 중국사에 속한다는 주장은 1998년에 처음으로 등장했다. 오늘날 중국의 동북공정에서는 중국에서 편찬된 과거의 역사서마저 오류라고 주장한다.

3) 역사왜곡의 해결 방안

일본과 중국이 한국사를 왜곡하는 것은 과도한 민족주의에서 나왔으므로 민족주의를 약화시키는 방향에서 몇 가지 해결 방안이 시도되었다.

첫째는 탈민족주의론이다. 국가나 민족의 경계를 허물고 세계사적 관점, 다원주의적 관점에서 역사를 서술하자는 입장이다. 이들은 일본의 우익사관이나 중국의 동북공정이 민족주의의 산물이므로, 동아시아 국가들이 각각 일국의 역사라는 관점에서 서술한 국사를 해체하고 동아시아의 역사 전체를 묶는 동아시아사를 편찬하자고 주장한다.

둘째는 제3의 역사론이다. 고구려사는 한국사도 아니고 중국사도 아닌 제3의 역사인 요동사만주사이며, 고조선, 부여, 고구려, 발해의 역사는 모두 요동사에 해당한다는 입장이다.

셋째는 역사공유론이다. 고구려사나 발해사처럼 두 나라 이상의 역사와 연관이 되면 해당 국가가 역사를 공유하자는 입장이다. 이러한 입장에서 영토를 기준으로 보면 발해사는 한국, 중국, 러시아 공동의 역사가 된다.

역사왜곡을 가져오는 편협한 민족주의를 비판하고, 보다 넓은 시각에서 역사를 서술할 것을 요청하는 것은 바람직하다. 그러나 동아시아 국가들은 오래전부터 오늘날의 민족과 유사한 동질적 집단이라는 인식이 계승되어 왔고, 근대 국가는 이러한 인식을 바탕에 두고 건설되었다. 과도한 민족주의로 인해 나타나는 역사왜곡은 막아야하지만 그렇다고 오랜 역사적 기반을 가진 민족주의를 완전히 부정하는 것도 적절하지는 않다.

현재 한국 정부는 영토분쟁과 역사왜곡에 대응하기 위해 고구려연구재단의 후신인 동북아역사재단을 설립하여 운영하고 있다. 2012년에는 동아시아 역사를 종합적인 관점에서 다루기 위해 『동아시아사』란 고등학교 교과서가 편찬되기도 했다. 일본과 중국이 한국사를 왜곡하는 것에 효과적으로 대응하려면, 남북한이 공동으로 대처하는 방식도 고려할 필요가 있다. 역사왜곡을 해결하기 위해서는 영토분쟁과 마찬가지로 새로운 자료를 발굴하고 연구하는데 꾸준한 투자가 필요하다.

참고 문헌

고구려연구재단 편,『조 · 청 국경회담 자료집』, 고구려연구재단, 2005.

김지훈 외,『중국 고등학교 역사교과서의 현황과 특징』, 동북아역사재단, 2010.

마대정 · 유적,『중국의 국경 · 영토인식』, 조세현 옮김, 고구려연구재단, 2004.

송기호,『동아시아의 역사분쟁』, 솔, 2007.

송병기,『울릉도와 독도』, 단국대학교 출판부, 1999.

유철종,『동아시아 국제관계와 영토분쟁』, 심우사, 2006.

이석우,『동아시아의 영토분쟁과 국제법』, 집문당, 2007.

이원순 · 정재정 편,『일본 역사교과서, 무엇이 문제인가』, 동방미디어, 2002.

한일관계사연구회,『독도와 대마도』, 지성의 샘, 1996.

더 읽을 거리

고봉준 외,『동아시아 영토문제와 독도』, 동북아역사재단, 2013.

독도연구소 편,『지도와 사진으로 보는 동해와 독도』, 동북아역사재단, 2014.

임지현,『새로운 세대를 위한 세계사 편지』, 휴머니스트, 2010.

제8장

한국인의 신앙과 사상

1. 원시신앙의 발생과 전개
2. 불교의 수용과 발전
3. 유학의 수용과 특징
4. 크리스트교의 전래와 전통문화
5. 한국 사상의 중층성

1. 원시신앙의 발생과 전개

원시시대 인류는 식물의 채집과 수렵, 어로를 통해 식량을 획득하였다. 아직 농경이나 목축을 통한 안정적인 식량 공급의 방법을 익히지 못했던 원시 인류의 삶은 자연적 조건에 극단적으로 의존할 수밖에 없었다. 이런 상황에서 천재지변과 같은 자연 현상은 인류에게 커다란 공포였다. 자연 재해와 급변하는 기후 외에도, 짐승의 습격, 질병, 죽음 또한 두려움의 대상이었다. 인류는 이러한 공포를 일으키는 어떤 초자연적인 힘이 있다고 믿었다. 그리고 초자연적인 힘을 이해하거나 이용할 수 있다면 훨씬 평안한 생활을 누릴 수 있다고 생각하게 되었다. 원시 인류는 신변의 안녕과 원활한 식량 조달을 위해 초자연적인 존재에게 기원을 올리면서, 이를 위한 의식과 주술을 행하게 되었다. 바로 원시신앙이 탄생한 것이다.

원시신앙의 모습은 구석기시대부터 나타나지만 신석기시대에 이르면 더욱 명확하게 드러난다. 우리 민족이 활동했던 한반도와 중국 동북지역의 신석기시대 유적지에서는 곰, 들소, 멧돼지 같은 동물모양의 토제품이나 흙으로 만든 여성상, 동심원이나 동물·물고기가 새겨진 암각화가 많이 나타나는데, 이로서 당시 사람들이 태양을 숭배하고 풍요를 기원하는 신앙과 의식을 행했음을 알 수 있다.

신석기시대 다산과 풍요를 기원할 목적으로 추정되는 울산 신암리 출토 여인상

1) 애니미즘과 토테미즘

구석기시대부터 신석기시대에 이르기까지 보편적으로 존재하였던 신앙은 애니미즘과 토테미즘이다. 애니미즘Animism은 라틴어 '아니마Anima;정령, 영

혼, 생명'에서 유래한 것으로, 원시인들은 세계를 그들에게 호의나 악의를 지닌 무수한 정령이 사는 곳으로 파악하고 있었다. 주변이 모두 신적 존재로 가득하다는 관념인데, 이러한 가치관의 편린은 현재까지 남아 있다. 오늘날 우리는 사업장, 자동차, 집 등 다양한 대상에서 고사를 지내는데, 이는 곳곳에 주관하는 신이 있다는 애니미즘적 믿음의 발로이다.

애니미즘 상태에서 보이지 않던 구체적인 모습의 신은 토테미즘Totemism에서 나타난다. 토테미즘은 특정 집단이 특정한 동식물이나 자연물과 특별한 관계가 있다고 믿어, 이를 그 집단의 상징이나 수호신으로 삼는 것이다. 단군신화에 따르면 곰은 최초의 인간인 단군의 어머니로 나타나는데, 고조선을 세운 집단이 곰 토템을 갖고 있었음을 의미한다.

2) 영혼 숭배와 천신 숭배

청동기시대부터 초기 철기시대까지 유행했던 신앙은 영혼 숭배이다. 고대인들은 사후에도 영혼이 계속 존재한다고 믿었다. 그래서 주검 옆에 생전에 쓰던 물건을 같이 묻기도 하고, 심할 경우 부인이나 노예들을 순장시키기도 했다. 사람이 죽으면 씨족 또는 가족 공동묘지에 매장하였는데, 이 또한 생전의 가족과 함께 하기를 기원하는 의도였다. 고인돌과 석관묘石棺墓 같은 이 시기의 무덤들은 대규모로 집단을 이루고 있었다. 일종의 공동묘지라 할 수 있는데, 여기서 당시인들이 영혼의 불멸을 믿고 조상숭배사상을 갖고 있음을 알 수 있다.

천신天神 숭배는 농업의 발전과 함께 나타났다. 고대인들은 식물을 재배하는 과정에서 점차 계절의 변화와 농시農時가 천체의 운행과 긴밀한 관련이 있음을 알게 되었다. 즉 농업을 통해 하늘에 주목하게 되었고, 이로부터 자연 일반에 대한 숭배보다 천신=태양신을 중시하는 경향이 나타나게 되었다. 초기에 천신은 농작물의 풍요를 관장하는 신이었지만, 점차 사람의 행복과 생명, 더 나아가 집단의 최고신으로 발전하였다. 부여의 영고迎鼓, 고구려의 동맹東盟, 예濊의 무천舞天은 천신 숭배가 국가 행사로 승격된 것이었다.

한편 정치적 지배자들은 권력의 합리와와 권위의 확보를 위해 하늘의 신과 자신들을 연결시켰다. 자신들을 '하늘의 자손=천손天孫'이라고 주장한 것이다. 고조선의 단군은 천제天帝인 환인의 손자였다. 『삼국유사』에서 부여는 천제인 해모수解慕漱가 세운 나라로 표현하고 있다. 이와 약간 다르지만 『삼국사기』에서는 고구려 시조 주몽의 아버지가 천제의 아들인 해모수라고 서술하고 있다. 고조선 · 부여 · 고구려 건국설화가 중복되는 점이 있지만 이들 모두 태양신=천제를 왕권을 뒷받침하는 최고의 신으로 숭배했던 것이다.

3) 샤머니즘

원시시대 많은 형태의 신앙이 있었지만 대표적인 종교는 샤머니즘이었다. 샤머니즘Shamanism은 '샤먼Shaman+이즘ism'의 합성어이다. 즉 샤먼을 중심으로 한 가치관을 의미한다. 샤먼은 우리 말로 무당이다. 한자로는 '무巫'인데, 이를 풀어 보면 '二'+'丨'+'人人'이다. 한문에서 '이二'는 천天과 지地, 즉 하늘과 땅을 의미한다. 즉 '무巫'라는 글자는 하늘과 땅을 '연결하는丨' 존재였다. 무당은 하늘의 뜻을 땅의 인간에게 전달하였는데, 그 과정에서 필수적인 동작이 춤이었다. 한자에서 춤추는 사람을 형상화하기 위해, '人人' 즉 사람이 둘로 보이게 표현하고 있다.

청동기시대 샤먼의 도구로 추정되는 화순 대곡리 출토 팔주령

무당이 중심이 된 신념형태라는 의미에서 샤머니즘을 무격신앙巫覡信仰 또

는 무속신앙巫俗信仰이라고 한다. '무속巫俗'이라는 표현에서도 알 수 있듯이 샤머니즘은 종교가 아닌 일종의 풍속으로 여겨지기도 했다. 그렇다면 무속신앙은 종교가 아닌가. 일단 어떤 관념이 종교로서 인정받으려면, 신神과 사제司祭와 신자信者의 세 요소가 필수적이다. 우리나라의 샤머니즘에는 많은 신이 존재한다. 그리고 특정한 무당과 신을 받드는 신자도 존재했다. 우리가 흔히 쓰는 '단골' 또는 '당골'이라는 용어는 원래 특정 무당을 따르는 신도 집단을 의미하는 말이었다. 그리고 무속신앙에는 사제라고 할 수 있는 무당도 있다. 즉 무속신앙은 종교로서의 요소를 완벽하게 갖추고 있는 것이다.

부안 할머니 솟대. 소도에 세워진 큰 나무와 비슷한 역할을 하였을 것으로 추정된다.

종교를 구성하는 요소 가운데, 핵심은 사제이다. 종교인이 있어야 신의 존재를 명확히 정의할 수 있고, 신도를 유지하고 관리할 수 있기 때문이다. 애니미즘과 토테미즘에서는 구체적으로 보이지 않던 전업 종교인이 본격적으로 등장하는 것이 샤머니즘 단계이다. 샤머니즘의 사제는 바로 무당이다. 불교가 본격적으로 수용되기 이전까지 무당의 사회적 지위가 매우 높았다. 삼한사회에는 주수主帥라는 정치적 지배자가 넘보지 못하던 천군天君*이 존재했다. 천군은 소도蘇塗에서 파종과 추수 때에 제사를 주관했다. 소도는 도둑이 도망가도 잡아갈 수가 없는 일종의 신성 지역이었다. 그곳에 큰 나무를 세우고 북과 방울을 걸어두었다는 대목에서 현재의 무당들이 사용하는 것과 비슷한 용구를 당시 이미 사용하였음도 알 수 있다.

천군 삼한(三韓)의 무당. 일찍이 육당 최남선(1890~1957)은 『불함문화론』에서, 몽골어의 탱그리(tangri, tegri, tengeri)와 천군, 단군(檀君)이 모두 '무당'을 의미한다고 주장했다.

신라에서는 무당이 종교적 지도자를 넘어 왕의 역할을 하기도 했다. 『삼국유사』 남해왕南解王조에는, "남해거서간南解居西干은 차차웅次次雄이라고도 한다. 차차웅은 무당을 일컫는 방언으로, 세상 사람들은 무당이 귀신을 섬기기에 공경하고 두려워하였다."라는 기사가 있다. 불교가 수용되기 이전 시기에 무당은 사회의 최고 지배층이었다.

2. 불교의 수용과 발전

1) 불교의 전래와 재래신앙의 수용

불교가 우리나라에 전래된 것은 4세기 후반이었다. 『삼국사기』에 따르면 소수림왕 2년(372) 전진前秦에서 승려 순도順道를 고구려에 보내어 불상과 불경을 전했고, 다시 2년 후에 승려 아도阿道를 보내오자 고구려에서는 소수림왕 5년(375) 성문사省門寺와 이불란사伊弗蘭寺를 건립하여 순도와 아도를 머물게 하였다고 한다. 백제도 비슷한 시기에 불교를 받아들였다. 침류왕 원년(384) 동진東晋에서 승려 마라난타摩羅難陀가 오자, 이듬해 절을 짓고 열 명을 출가시켜 거주케 하였다.

신라의 불교 수용은 고구려나 백제보다 늦은 6세기 초반에 이루어졌다. 눌지왕(417-458) 때 고구려로부터 승려 묵호자墨胡子가 와서 불교를 전파하려고 하였으나 그를 해치려는 사람들이 많아 실패하는 등 많은 어려움을 겪다, 법흥왕 14년(572)에 이차돈異次頓의 순교가 있은 후에야 비로소 공인되었던 것이다. 고구려나 백제와 달리 신라의 불교 수용이 1세기 가량 늦었던 것은 재래 신앙과의 마찰 때문이었다.

한강 유역을 확보하기 이전의 신라는 한반도의 동남부에 치우쳐 있어 중국과의 직접 교류가 불가능했다. 지리적 요인 때문에 외래문화의 수용이 늦었고, 자연히 재래신앙이 강할 수밖에 없었다. 때문에 고등 종교인 불교라 하더라도 신라에 뿌리내리기 위해서는 기존의 종교적 전통과의 타협이 필요했다. 불교는 우선 본지수적설本地垂迹說을 내세워 재래의 신을 불교적 관념체계에 포섭하고자 했다. 본지수적설이란 본래 부처나 보살이었지만, 중생구제를 위해 일시적 방편으로 특정 신의 모습으로 이 세상에 모습을 드러냈다는 관념이다. 불교는 본지수적설을 내세워 산악과 대천, 그리고 바다에 산재하던 많은 신들을 불교의 신으로 확보했다. 그리고 이들 천령天靈, 오악五嶽, 명산名山, 대천大川, 용신龍神 등 종래의 신을 받들기 위한 팔관회八關會를 베풀었다. 팔관회는 본래 부처님의 가르침에 따르는 팔계八戒를 지키는 금욕적 법회였다. 그러나 신라 불교는 재래의 신앙과 타협하면서, 음주가무가 동반된 불교 전래 이전의 국가적 축제를 팔관회라는 불교적 명칭하에 포섭해갔던 것이다.

신라 불교가 재래의 신앙을 수용한 정황은 이른바 전불시대前佛時代의 7처 가람설에서도 드러난다. 즉 경주의 천경림 등 7곳이 석가모니 부처 이전에 7부처가 일찍이 머물렀던 곳이었다고 주장한 것이다. 이 7곳은 재래 신앙과 관련되는 신성지역이었다. 이곳에 불교 공인 뒤에 각각 흥륜사, 분황사, 사천왕사, 황룡사 등 사찰이 세워졌는데, 이로서 신라 불교가 재래 신앙을 포섭·극복하면서 수용되었음을 알 수 있다. 이처럼 한국 불교는 수용 초기부터 토착 신앙과 융합하면서 발전하였다. 그리고 이러한 사실은 현재 칠성七星, 산신山神, 독성獨聖을 모시는 삼성각三聖閣이 사찰마다 존재하고 있는 것에서도 드러난다.

2) 호국불교의 전통

불교 전래 이전 사회에는 잡다한 여러 부족의 신화와 신앙이 있었다. 불교는 이들 재래의 신앙을 극복하고 기존의 가치관을 통합하면서, 고대 국가를

백고좌회가 열렸던 황룡사지

지탱하는 이데올로기로서의 역할을 했다. 본래 석가모니가 주창한 가르침은 개인적 깨달음에 국한되었고, 국가에 봉사하는 이념은 아니었다. 그러나 국가 이데올로기로 기능하면서, 한국 불교는 수용기부터 국가와 왕권에 완전히 유착하였다. 왕실은 불교를 통하여 왕권을 강화하려는 목적에서, 국왕을 부처와 동일시하거나 불교를 전파하는 전륜성왕으로 선전하였다.

승려 또한 성불成佛이라는 불교 본래의 목적보다 국가를 우선시하는 경향이 있었다. 삼국시대 신라의 대표적 승려였던 원광圓光*은 수나라에 보내는 걸사표乞師表를 지었고, 자장慈藏은 국가의 안녕을 기원하기 위해 황룡사 9층탑의 건립을 제안했다. 승려들은 호국법회의 성격을 가진 백고좌회百高座會나 인왕회仁王會를 빈번히 주관했다. 본래 법회는 불경의 강설이 목적이지만, 우리나라에서는 국왕의 안녕이나 풍년과 무병장수 등 현세 이익의 목적을 달성하기 위한 방편의 성격이 강하였다.

원광 542~640. 신라의 승려로 유교 이념을 가미하여 화랑도의 이념인 세속오계를 만들었다.

승려들은 국가를 위해 기도만 한 것이 아니라, 직접 전투에 참여하기도 하였다. 당 태종이 30만의 군사를 거느리고 쳐들어왔을 때, 고구려에서는 승군僧軍 3만 명을 보내어 이를 격파하였다. 고려초 여진족의 침입을 막기 위해 윤관이 구성한 별무반에는 승병 조직인 항마군이 특수군으로 소속되어 있었다. 이러한 전통은 조선시대에도 이어져서, 임진왜란과 병자호란 같은 국난 극복에 승병이 결정적인 역할을 하였다.

3) 불교의 대중화와 교리의 발전

527년 공인 이후 왕실의 육성책과 귀족 출신 승려의 적극적인 활동으로 불교는 점차 신라사회에 퍼져갔다. 불교 확산 분위기 속에 누구보다 결정적 역할을 한 승려가 자장이었다. 『삼국유사』에는 "불교가 들어온지 오랜 세월이 흘렀지만 그것을 받들고 지키는 규범이 없었는데, 자장을 대국통大國統으로 임명하여 모든 승려들을 다스리게 하자, 계를 받고 불법을 받든 이가 열 집에 아홉이나 되었으며 머리를 깎고 승려가 되기를 청하는 이가 해마다 달마다 불어났다. 이에 통도사를 세우고 계단을 쌓아 사방에서 오는 사람들을 제도하였다."고 전한다. 자장이 대국통이 된 것은 643년 경이었으니, 대략 7세기 중반에 이르러 불교가 체계를 갖추고 민중에게까지 영향력을 행사하였다.

자장이 불교를 정비하고 신라사회를 사상적으로 통일하였지만, 그의 불교는 시대적 한계를 가지고 있었다. 자장의 불교사상은 현장玄奘이 불교경전을 팔리어와 산스크리트어 원전에 의거하여 번역하기 이전의 이른바 '구역불경舊譯佛經'에 의존하고 있었다. 『삼국유사』에는 자장의 죽음을 '아상我相'에 집착하였기 때문으로 표현하고 있는데, 이는 자장의 불교 철학이 지닌 근본적 약점을 지적한 것으로 보인다.

자장은 신라는 불국토佛國土이며 신라 왕실은 석가모니의 종족이고, 진흥왕과 진평왕은 불교에서 말하는 이상적인 정복군주인 전륜성왕轉輪聖王이라고 칭송하면서, 신라를 지키기 위해 황룡사9층 목탑을 건립하였다. 즉 자장은 신라사회의 현안을 불교로서 풀려고 한 것이었다. 이에 반해 자장보다 1세대 가량 후배인 원효元曉는 호국적

분황사 모전석탑. 분황사는 원효가 머물던 사찰로, 전불시대 7가람 가운데 하나이다.

인 활동이나 국가에 대한 언급을 전혀 하지 않았다. 원효의 관심은 오로지 사상적 문제의 제시와 해결에 있었다. 원효는 당시 대승불교의 근본적인 문제를 두 개로 제시했다. 중관中觀;無 · 유식唯識;有 두 학파의 교리적 대립과 세속적 진리俗諦와 출세간의 진리眞諦에 대한 정리였다. 원효는 이러한 문제에 대한 해답을 『대승기신론大乘起信論』에서 찾았다. 이를 위해 원효는 『대승기신론』에 관해, 『별기別記』와 『소疏』 등 여러 편을 저술했다.

법장 643~712. 당나라 때의 승려로 『화엄경』에 관한 최고의 권위자이며, 현재까지도 화엄종의 제3조로 받들어진다.

원효의 『대승기신론소』는 중국의 화엄학을 완성한 법장法藏* 에게, 『십문화쟁론十門和諍論』은 범어로 번역되어 인도 불교계에 각각 영향을 주었다. 그리고 그가 지은 『금강삼매경소金剛三昧經疏』는 후에 논論으로 추존될 정도였다. 하지만 원효는 이론을 탐구하는 학승에만 머물지 않았다. 그는 일반 서민을 교화하기 위한 이념적 토대를 확립하기 위해, 『무량수경종요』, 『아미타경소』, 『유심안락경』 같은 정토신앙 관련 서적을 저술하였다. 그는 불경의 깊은 교리를 터득하지 못한 보통 사람들이 아미타불에 귀의한다는 뜻의 '나무아미타불'을 외는 것만으로도, 아미타불이 사는 서방정토=극락으로 왕생할 수 있다는 정토신앙에 관심을 기울인 것이다.

원효의 후배인 의상義湘 또한 불교의 대중화에 기여한 인물이었다. 그는 진골 출신의 귀족이었지만, 출가 이후 교단에서 계급평등을 주장하고 이를 관철시키려고 노력하였다. 의상은 교화와 제자들의 교육을 중시하였으며, 교단에 평민 출신들을 받아들였다. 원효가 정토신앙을 통한 대중 불교의 기반을 마련했다면, 의상은 승려들을 조직화한 뒤 대중 교화와 사찰 건립에 나서 불교를 대중화시켰다. 원효와 의상에 의해 일반 민중들도 비로소 불교에 보다 쉽게 다가서게 된 것이다.

3. 유학의 수용과 특징

1) 한학漢學으로서의 유학

대부분의 사람들이 한국 문화의 주요한 특징을 유교문화로, 그리고 한국을 유교문화권 국가로 분류하는 데에 이견이 없을 것이다. 이처럼 유학은 우리의 삶에 절대적인 영향을 끼쳐왔다. 그렇다면 과연 언제부터 우리가 유학에 접했던 것일까. 유학은 중국 춘추시대 말기의 공자기원전 551경~479경가 창시한 사상이다. 그런데 조선시대 유학자들은 은주교체기殷周交替期의 인물인 기자箕子가 홍범구주洪範九疇를 우리나라에 전했다는 전설을 믿어, 공자 이전에 우리가 유학을 알았다고 믿었다. 즉 우리나라를 유학의 종주국이라 생각한 것이다.

물론 이러한 B.C. 12세기 전래설은 그 근거가 약하다. 하지만 중국에 비해서도 그리 늦지 않은 시기부터 유학을 알았던 것은 명확하다. 유학이 중국 사상의 주류가 된 것은 B.C. 136년 동중서董仲舒의 건의로 한漢 무제武帝가 유학을 국가의 이데올로기로 채택한 뒤의 일이다. 그런데 얼마 후인 B.C. 108년 고조선의 멸망으로 한사군漢四郡이 설치되었기 때문에, 유학은 우리나라에 광범위하게 퍼졌을 것이다.

우리나라 사람들은 심오한 사상이 필요해서 유학을 배운 것이 아니었다. 의사 소통을 위해서는 먼저 한자와 한문을 습득해야 했다. 그리고 한문을 익히기 위해서는 중국의『통감』,『사기』,『한서』등의 역사서, 이백, 두보 등의 시와 문장, 그리고 유학의 경전에 대한 이해가 필수였다. 중국의 시와 역사, 사상을 알면 상대와 소통할 수 있으며, 공사의 기록과 문서의 작성이 가능하고, 더 나아가 정치에 참여하고 지배층이 될 수 있었다. 즉 고대 이래 우리가 중국의 선진문화를 흡수하기 위해서는 한문을 통한 한학漢學의 이해가 필수적이었는데, 이 과정에서 자연스럽게 유교적 가치관에 익숙해졌다.

2) 주자학의 수용과 이단 배척

주자학 수용 이전에는 한자를 배우고 한시와 한문을 짓는 것이 유학인 동시에 학문의 전부였다. 그러나 고려 충렬왕대에 안향이 원나라로부터 주자학=성리학을 전해 온 이후, 우리나라의 유학은 획기적으로 변하게 되었다. 주자학은 우주의 원리와 인간의 본성을 연구하는 철학적 성격의 학문이었다. 주자학 이전의 유학이 일상의 생활 윤리에 머물렀던 데 비하여, 주자학은 이기理氣, 심성心性, 성명性命, 태극太極 등 형이상학적 문제를 집중적으로 탐구하는 특징을 가지고 있다.

기존의 유학에 형이상학적 측면을 보강한 주자학은 불교를 강력히 공격했다. 조선 건국 초부터 정도전 등 유자儒者 관료들은 불교를 철저히 배척하였던 것이다. 일찍이 고려 초의 최승로나 고려 말의 이제현, 이색 등이 불교를 비판하였지만, 그것은 사원의 폐해와 승려들의 비행에 국한된 것이었다. 그러나 정도전은 여기에서 더 나아가 『불씨잡변』·『심기리편』을 저술하여 불교 신앙의 허구성·미신성 및 불교 이론 자체의 부당성을 지적하였다. 이와 같이 고려 시대의 국교인 불교를 비판하고 성리학으로서 국가의 통치 이념을 건립함에 따라, 성리학은 관학官學의 위치를 굳건히 할 수 있었다.

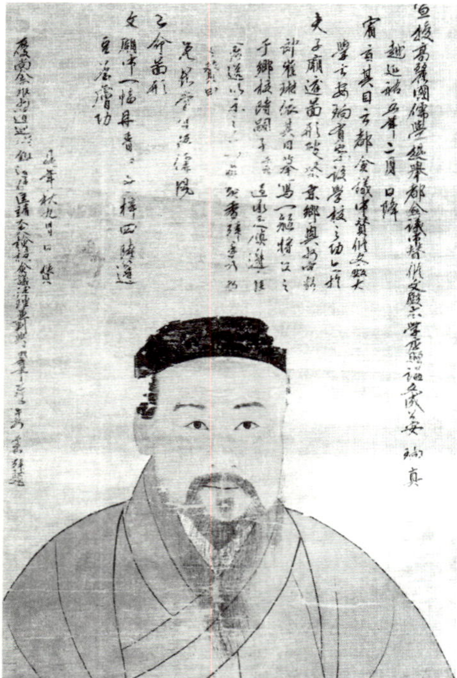
안향 초상

태동 당시부터 주자학은 여타 사상에 대해 배타적이고 공격적인 특성을 갖고 있었다. 조선도 예외는 아니었다. 조선 초기에는 토착신앙과 불교만을 비판했으나, 점차 주자 이외의 다른 유학도 공격하기 시작하였다. 이

때문에 양명학 역시 이단으로 비판했고, 심지어 주희朱熹*와 조금이라도 다른 이론을 펼치면 사문난적斯文亂賊으로 몰아 죽이기까지 했다. 17세기 이후 주자학은 점차 교조주의적으로 변해 갔다.

주희 1130~1200. 『사서집주(四書集註)』와 『주자가례(朱子家禮)』를 지었고, 주자학을 집대성하여 한국과 중국 사상계에 큰 영향을 끼친 인물이다.

3) 독자적인 성리학 이론의 발달

주자학에 대한 관심이 증대함에 따라 점차 독창적인 해석을 시도하는 학자가 나타나게 되었다. 조선 초기의 권근은 『입학도설入學圖說』과 『오경천견록五經淺見錄』 등을 저술하였다. 그의 『오경천견록』은 오경五經에 주해를 단 것으로, 중국 오징의 『주역찬언』과 진호의 『예기집설』 등의 약점을 보완하고 극복하는 것이었다. 『입학도설』은 성리학 입문서로서 성리학의 중심 사상을 뽑아 도해圖解하고 개략적으로 해설한 것이었다. 주자학의 주요한 철학적 주장 대부분을 그림으로 표현하고 해설한 것은 당시로서는 중국에서도 유례를 찾아볼 수 없을 정도로 독창적이었다.

16세기에 접어들면서 성리학의 이론적 탐구는 더욱 본격화되었다. 서경덕은 기일원론氣一元論 철학을 전개하였다. 그는 이理의 선차성을 부정하고, 이가 기氣 속에 내재하는 것으로 보았던 것이다. 또 세계의 기가 모였다 흩어지지만, 기 자체는 없어지지 않는다는 기불멸론을 주장하기도 하였다. 이기에 대한 논의는 사단칠정四端七情을 해석할 것인가라는 심성론적 연구로 이어졌고 사단·칠정에 대한 논쟁이 일어났다. 이 논쟁을 거쳐 이황은 '사단은 이가 발하여 기가 따른 것이고 칠정은 기가 발하여 이가 탄 것四端理發而氣隨之, 七情氣發而理乘之'이라는 이기호발설理氣互發說로 자신의 입장을 정리하였고, 이이李珥는 '기가 발하여 이가 탄다氣發理乘'는 이론을 제시하였다.

사단칠정에 관한 논쟁은 그 대상이 인성人性에 국한된 것이었다. 하지만 1세기 정도 논쟁을 진행하면서 인간의 본성뿐만 아니라, 사물의 본성 구명까지

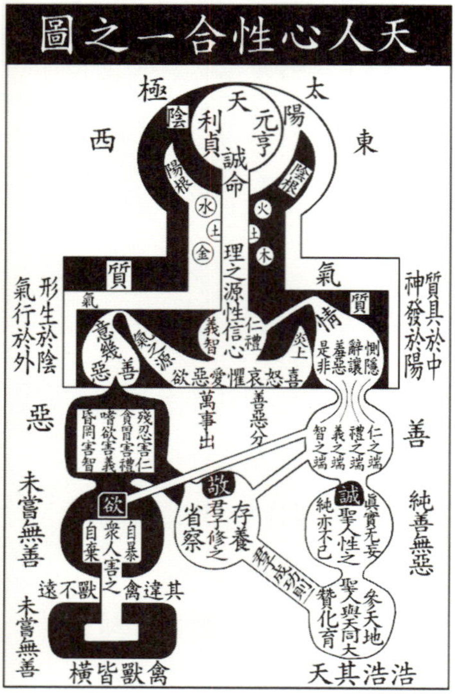

권근의 『입학도설』

논쟁의 폭이 확대되었다. 즉 사람의 성性과 동물의 성이 같은가 다른가를 놓고 논변이 진행되었는데, 이를 '인물성동이논쟁人物性同異論爭'이라고 부른다. 이 논쟁은 충청도 청풍에 살던 권상하의 문인 이간과 한원진이 시작하였다. 이간은 인성과 물성이 같다고 하고, 한원진은 다르다고 함으로써 서로 공박하였다. 이 논변이 전개될 당시 대체로 호서湖西; 충청의 학자들은 인성과 물성이 다르다는 주장에 동조하였고 낙하洛下; 한양의 학자들은 같다는 주장에 동조하였기 때문에 뒷날 '호락논쟁湖洛論爭'이라고도 불렀다.

사단칠정논쟁과 호락논쟁처럼 이기심성론에 관한 깊이 있는 토론은 중국에서도 일찍이 행하여진 바가 없었다. 이에 반해 조선에서는 주자학에 깊은 소양을 가진 많은 학자들이 대거 논쟁에 참여하였다. 그 결과 2백 여 년에 걸친 치열한 논변이 이루어졌고, 이러한 토론 문화는 한국 유학의 주요한 특징이라 할 수 있다.

4. 크리스트교의 전래와 전통문화

1) 카톨릭과 개신교의 전래

초기 크리스트교의 한 분파인 네스토리우스파가 세운 아시리아 동방교회는 당나라까지 기독교를 전파했는데 이를 경교景敎라고 한다. 신라와 당나라가 활발하게 교류하였으므로, 이미 신라나 고려시대에 우리나라에서 경교의 형태로 크리스트교를 접했을 가능성이 있다. 하지만 조선시대 이전 크리스트교의 전래를 명확히 할 자료가 없는 데다가, 설령 크리스트교가 잠시 들어왔다고 하더라도 이후까지 지속적으로 영향을 끼치지 않았기 때문에 그 역사적 의미는 크지 않다.

임진왜란 때 우리나라에 들어온 일본군에 의해 크리스트교가 일부 전해졌을 수도 있지만, 기록상 크리스트교가 처음 알려진 것은 17세기 초였다. 1601년 중국에 도착한 마테오리치1552~1610는 『천주실의天主實義』를 지었는데, 그 대략의 내용이 1614년 이수광李睟光이 지은 『지봉유설芝峯類說』에 소개되었던 것이다. 이후 1784년 첫 영세자 이승훈李承薰이 나왔다. 이승훈에게 수세受洗를 권한 것은 이벽李蘗이었다. 이벽은 권일신權日身과 권철신, 그리고 정약전丁若銓 · 정약종丁若鍾 · 정약용丁若鏞 3형제도 입교시켰다. 다시 말하면 이벽은 안수받지 않은 상태에서 신부의 역할을 한 셈이었다. 이벽을 중심으로 한 남인 계통의 지식인은 서학西學에 대한 관심에서 가톨릭을 받아들인 것이다.

개신교改新敎는 가톨릭보다 늦게 들어왔다. 우리나라에 최초로 개신교를 전파한 이는 스코틀랜드 연합장로회 소속의 존 로스John Ross*목사였다. 그는 1873년 압록강 상류에서 조선인과 접촉하면서 조선에 대한 선교를 결심하고, 1879년에 네 사람의 한국인에게 세례를 준 이래 1886년까지 300여 명에게 세례를 주어 한국 개신교회의 토대를 닦았다. 로스 목사는 조선인들의 도움을 받아 1882년에는 봉천奉天에서 『누가복음』과 『요한복음』을 한글로 번역하여 출판하였고, 이어서 1887년에는 『예수셩교젼서』라는 이름으로 『신약전서』를 출간하였다. 한글 성서가 출판되면서 만주와 한반도 북부 지역에 본격적으로 개신교가 전파되었다.

존 로스 1842~1915. 스코틀랜드 출신의 선교사. 한글 성경 외에도, 『한국어 교본(Corean Primer)』, 『한국어 문법 및 단어집(Korean Speech with Grammar and Vocabulary)』, 그리고 『한국사(A History of Corea)』를 저술하였다. 서양인으로서는 최초로 한국 역사를 정리하였으며, 성경 번역 과정에서 한글 띄어쓰기를 처음으로 시도하기도 하였다.

서울 지역에 대한 개신교 전파는 미국계 선교사에 의해 이루어졌다. 조선에 최초로 입국한 선교사는 1884년에 파견된 알렌Horace N. Allen이었다. 그는 갑신

정변 때 중상을 입은 민영익閔泳翊을 치료한 뒤, 왕실로부터 신뢰를 얻어 개신교 선교의 발판을 마련했다. 이어 1885년에는 아펜젤러Henry G. Appenzeller, 언더우드Horace G. Underwood, 그리고 스크랜턴Mary F. Scranton이 들어왔다. 이들은 공격적인 선교를 자제하면서, 교육, 의료, 고아원 사업 등을 통해 개신교에 대한 긍정적인 인식을 넓혀 나갔다. 이후 19세기 말부터 20세기 초에 걸쳐 미국과 캐나다, 그리고 영국의 여러 교단에 속한 선교사들이 들어왔다. 이들 영미계의 선교사들은 효율적인 선교와 불필요한 경쟁을 피하기 위해 전도지역 분할정책을 써서 그들의 종교적 영역을 확보하였다.

2) 크리스트교와 전통문화의 충돌

크리스트교는 배타적 주자학이 지배하고 있던 조선에 수용되는 과정에서 많은 희생을 겪었다. 그 원인은 효孝의 나라 조선에서 조상의 제사를 금지하려는 가톨릭의 시도 때문이었다. 1790년 윤유일尹有一을 통해 전해진 북경北京 주교主教 구베아Alexander de Gouvea의 '제사 금지령'에 따라, 전라도 진산의 윤지충과 권상연은 조상의 제사를 폐하고 신주를 불태웠다. 그리고 다음해 윤지충은 어머니 사망 때 위패를 만들지 않았고 제사도 지내지 않았다. 이러한 '폐제분주廢祭焚主'는 조선의 유교적 전통을 정면으로 부인하는 것이었다. 이로부터 천주교에 대한 비판적인 여론이 들끓어 천주교도에 대한 박해가 시작되었다.

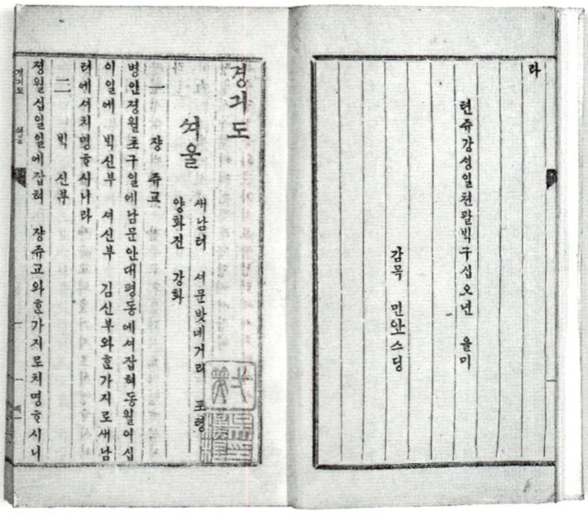

병인박해 당시 순교한 877명의 정보를 담고 있는 뮈텔 주교 발행의 치명일기(致命日記, 『한국기독교역사박물관도록』, 2005, 17쪽)

가톨릭보다 늦게 들어온 개신교도 조선의 풍습과 충돌했다. 근면과 절제 같은 청교도적인 생활양식에 익숙한 선교사들은 제사뿐만 아니라, 음주 ·

안성 구포동 성당

전주 전동 성당

흡연과 같은 풍습은 물론이고 전통 예절에 대해서도 문제를 제기했다. 혼례에 있어 조혼早婚을, 상례에 있어서 3년상을, 그리고 비용이 많이 든다는 이유로 장례 풍습까지 비판했다.

3) 한국 크리스트교의 자주적 성격

한국의 카톨릭은 선교사의 입국을 계기로 교세가 확장된 여타 지역과는 다른 방식으로 발전하였다. 선교사가 들어오기 전에 교리서가 유입되어 '서학西學'으로 연구된 바탕 위에서 가톨릭 신앙이 자라났다. 신부神父의 입국 이전에 신앙 공동체가 형성되었고, 전통적 가치관과 충돌하며 순교자를 배출하였다.

이 점은 개신교의 경우에도 예외가 아니었다. 1883년 일본에서 세례를 받고 기독교도가 된 이수정李樹廷은 이후 『현토한한신약성서懸吐漢韓新約聖書』와 『사도행전使徒行傳』를 번역해 1884년 간행했다. 그는 미국 선교 잡지에 한국 전도의 긴박성을 강조하는 글을 게재하였고, 1885년 장로교에서 언더우드 목사를 파견할 때 한국말을 가르쳤으며, 언더우드 목사에게 자신이 한글로 번역한 『마가복음』을 가지고 가게 했다. 앞서 천주교의 경우와 마찬가지로 개신교 또한 선교사가 입국하기 이전에 자발적으로 기독교로 개종하는 경우가 많았다. 또

김대건 신부묘

자체적으로 교리를 공부했을 뿐만 아니라, 더 나아가 선교를 일부 주도하기까지 했다. 이러한 사례는 세계적으로도 거의 유례를 찾아볼 수 없는 현상이었다. 크리스트교는 이 같이 한국인의 자주적·자발적 참여를 통해 교세를 확장할 수 있었다.

5. 한국 사상의 중층성

한국사는 사상이나 종교의 측면에서 몇 차례 큰 변화를 겪었다. 첫 번째 변화는 4세기~6세기에 걸쳐 불교가 들어오면서 시작되었다. 종래 샤머니즘·토테미즘·애니미즘 등의 원시 신앙이 퇴조하고, 사회의 모든 이념과 체제가 불교에 의해 재편된 것이다. 두 번째 변화는 14세기 후반 주자학이 도입되면서 일어났다. 주자학의 도입으로 이전까지의 불교적 문화가 퇴조하고, 정치와 사회의 모든 측면을 유교 이념이 지배하는 시대가 도래한 것이다. 세 번째 변화는 19세기 후반기 근대화를 추진하면서 나타났다. 서구 크리스트교 문명이 주도하는 사회가 된 것이다. 이와 같은 몇 차례에 걸친 문화사적인 변화는, 한국인의 심성Mind에 그대로 각인되었다

한국인은 원시신앙이 주도하던 시기에 현세의 이익을 추구하고 자신과 가족의 행복만을 기원하는 경향을 갖고 있었다. 그러나 불교가 도입된 4세기 이후, 특히 불교가 민중에 뿌리내린 7세기 이후에는 '악업을 짓지 말고, 좋은 일을 받들어 행하라는諸惡莫作 諸善奉行' 가치관이 일반화되어 갔다. 또 뿌린 대로 거둔다는 인과응보因果應報의 사고방식도 퍼져나갔다. 사람은 착한 일을 하며, 자신의 행위에 책임을 져야 한다는 것이었다. 절대적인 선과 악에 대한 관념이 없던 원시사회에 비해서는 상당한 진전이 이루어진 것이다.

14~15세기 이후 유교가 우리의 생활 전반을 지배하게 되면서, 오늘날 우리의 행동을 규율하는 또 다른 많은 특성이 생겨났다. 제사의 중시, 경로사상, 가족 위주의 사고방식, 서열 위주의 가치관이 깊이 자리 잡게 된 것이다. 19세기 후반 특히 갑오경장1894으로 근대화를 추진하면서 서구사상이 주류를 점하게 되었다. 서구문화도 우리에게 큰 영향을 끼쳤다. 개인주의, 물신주의, 합리주의, 민주주의적인 요소가 그것이다. 이처럼 고대로부터 여러 요소들이 결합되어 현재의 한국인의 사상과 가치관을 형성하였다. 이것을 한국사상의 중층성이라고 한다.

참고 문헌

고익진,「원효사상의 화쟁적 성격」,『한국의 사상』, 열음사, 1984.

김성준,『한국기독교사』, 기독교문화사, 1993.

민경배,『(신개정판) 한국기독교사』, 대한기독교출판사, 1993.

사회과학원 역사연구소,『조선전사 1-원시편』, 과학백과사전출판사, 1979.

유동식,「한국의 토착신앙과 민중의 불교수용형태」,『연세논총』 12, 1975.

윤사순,「한국 성리학의 특징과 위치」,『한국사시민강좌』 4, 1989.

이기백, 한국사신론(신수판), 일조각, 1990.

최병헌,「불교사상과 신앙」,『한국사특강』, 서울대학교 출판부, 1990.

최준식,『한국의 종교이야기』, 한울, 1995.

한우근,「학문의 발전과 편찬사업」,『한국사』 11, 탐구당, 1984.

더 읽을 거리

남동신,『원효』, 새누리, 1999.

이봉춘,『조선시대 불교사 연구』, 민족사, 2015.

한국사상사학회,『한국사상사입문』, 서문문화사, 2006.

제9장

한국 문화와 한류

1. 전통문화의 개념과 가치
2. 문화유산의 유형과 특성
3. 한국 문화유산의 시대별 특징
4. 세계문화유산의 종류와 가치
5. 한류의 전개와 효과
6. 한류의 지속적 발전을 위한 전략

1. 전통문화의 개념과 가치

최근 정보 통신 기술의 발달과 함께 문화와 문화 산업에 대한 관심이 높아지고 있어 오늘날을 '문화산업시대'라 부르기도 한다. 지금까지는 한 나라의 국력과 위상이 주로 경제력에 의하여 결정되었다면, 미래 사회는 국경 없는 무한 경쟁의 시대로 국가의 역량이 문화에 집중될 것으로 예상된다. 이처럼 미래는 문화를 통하여 인간의 올바른 가치를 추구하는 나라가 세계의 중심 국가로 부상할 것이다.

아리랑(문화재청)

오늘날 우리 대중문화가 세계적으로 선풍적인 인기를 끌면서 우리 전통문화에 대한 관심도 높아지고 있다. 전통문화는 선조들의 삶과 정신을 담고 있는 것으로 민족의 정체성을 확립시켜 주는 것이기도 하다. 또한 우리 선조들의 역사와 삶의 흔적, 생활양식 등을 가장 잘 보여주는 것이다. 전통문화에 대한 관심과 사랑은 그 나라의 국민의식과 문화적인 수준을 가늠하고 평가하는 척도이며 하나의 기준이 되고 있다.

전통문화는 관광자원으로서 한 국가의 이미지나 특징을 상징적으로 보여주는 브랜드로 자리 잡았다. 모든 국민들이 전통문화에 대하여 각별한 관심을 갖고, 그것에 대한 올바른 이해와 중요성을 알 때, 전통문화는 생동하는 새로운 문화 창출의 원동력이 될 수 있을 것이다.

우리의 전통문화를 보존하고 그 중요성을 인식하는 것은 우리 민족의 역사와 문화를 이해하는 것에서부터 시작된다. 지나간 역사는 이제 볼 수 없는 과거가 되어 버렸고, 한번 흘러가 버린 시간은 돌이킬 수 없지만, 우리는 역사에서 지혜를 배우고, 삶을 익히고, 미래를 예견한다. 그러나 역사에서 형성된 선조들의 삶과 사유에 선뜻 다가가기에는 쉽지 않다. 그래서 우리는 연면히 계승되고 있는 전통문화와 이를 고스란히 간직하고 있는 문화유산에 관심을 기울여야 한다.

문화는 일반적으로 한 사회의 성원들이 집단체험을 통하여 형성한 생활양식, 행동원리, 사고방식 및 그 결과로 나타난 산물로서 기술과 인공물을 포함하는 총체를 말한다. 영국의 인류학자 에드워드 타일러Edward Tylor, 1832-1917년는 문화를 지식, 신앙, 예술, 도덕, 법률, 관습, 사회 성원으로서 인간이 획득한 기타의 능력과 습관들을 포함하는 복합적 총체라고 정의하였다. 문화는 시대적 상황이나 지역적 특성이 반영된 사람들의 삶의 방식이자 생활양식이기 때문에 다양한 모습을 보

판소리(문화재청)

강릉단오제(문화재청)

남사당놀이(문화재청)

인다. 그래서 문화는 외적, 물질적, 가시적인 특성을 가지고 있는 문명과 달리 내적, 정신적, 비가시적인 특성을 보인다.

전통은 한 민족의 문화사에 있어서 아득한 옛날부터 오늘에 이르기까지 형성된 문화적 바탕 또는 그 맥락이라 할 수 있다. 한마디로 역사 속에서 지속된 생활양식이라고 할 수 있으며, 개인이 아니라 전체 집단이 공감했던 문화라고 할 수 있다.

우리 전통문화의 범위는 시간을 기준으로 할 때는 과거이며, 공간을 기준으로 할 때는 대한민국이다. 다시 말해 전통문화는 과거에 이 땅에 살았던 우리 조상들이 형성한 것이며, 한 개인의 독자적인 행동이나 사고 유형이 아니라 당시 사회를 이루고 있었던 구성원들이 공유한 사고와 행동 양식이다. 그래서 전통문화는 지방마다, 계층마다, 신분마다 다를 수 있다. 양반의 전통문화가 있고, 평민의 전통문화가 있다. 농촌은 농촌 나름의 전통문화가 있고, 도시는 도시의 특성이 담긴 전통문화가 형성되어 있다. 오늘날 빈부의 격차에 따라 사는 지역과 생활이 달라 서로 다른 문화가 형성되는 것과 별반 다르지 않다. 외래문화도 우리 땅에 들어와 오랫동안 함께 하고 정착되어 토착화 되었다면, 전통문화라 할 수 있다. 이처럼 전통문화는 특정 시대나 개인, 지역이나 중요성, 문화재 지정 여부 등을 떠나 우리 조상들이 남겨 놓은 모든 정신적, 물질적 유산을 말한다.

이러한 전통문화는 고정 불변의 것이 아니라 항상 변화한다. 그래서 시대와 지역에 따라 달라진다. 전통문화는 순수하게 자생적인 것도 있지만 대부분은 외부의 다른 문화들과 끊임없이 접촉하고 교류하는 과정에서 변화하고 재창조된다. 전통문화는 외래문화를 수용하여 토착화시키기도 하고, 다른 문화를 창출하여 새로운 전통문화가 형성되기도 한다. 전통문화는 고정불변의 것이 아니고, 가변적인 것으로 서서히 변화 발전하는 특징을 가지고 있다. 전통문화는 기본적인 원리나 본질은 유지한 채 시간이 흐르고 지역이 달라지면 달리 나타날 수 있고, 변형될 수도 있다.

종묘제례악(문화재청)

영산재(문화재청)

전통문화는 민족의 정체성을 확립하는 기반이 된다. 오늘날처럼 급변하는 사회에서 제대로 대응하지 못하면 개인뿐만 아니라 민족의 정체성도 상실될 수 있다. 또한 전통문화와 현대문화가 적절히 조화되지 못할 때 한 사회는 갈등과 부조화가 생겨 정체성의 위기로 이어질 수 있다. 따라서 전통문화는 단순히 과거에 형성된 문화가 아니라 현재와 과거를 이어주는 가교 역할을 해주며, 미래의 새로운 문화 창출의 원동력이 된다. 전통문화에 바탕을 두고 외래문화와 현대문화가 적절하게 조화를 이룰 때 진정한 신문화가 창출될 수 있을 것이다.

전통문화를 통한 문화산업의 범위는 실로 광범위하다. 문화산업은 관광과 연결되어 있는데, 문화를 상품화하여 일반인들에게 문화에 대한 이해를 높이고 충족시켜주며, 그것으로부터 이익을 창출하고자 하는 것이라 할 수 있다. 문화와 관련된 볼거리를 제공하고, 그러한 것을 통하여 과거와 현재의 문화를 이해하고, 미래의 문화를 예측할 통찰력을 제공해 주는 것도 문화산업의 일환이라 할 수 있다. 그래서 전통문화는 보존되어야 하고 미래에 계승되어야 한다. 그리고 전통문화에 대한 확실한 이해와 새로운 문화 창조의 기반을 튼튼히 다지기 위해서는 문화유산에 대한 이해와 보존이 필수적이다. 문화유산은 전통문화를 담고 있는 유형의 자료이자 매개체이기 때문이다. 문화유산은 관광자원이자 교육 자료이며, 많은 내용을 담고 있기 때문에 조사 연구되어야 할 대상이기도 하다. 그러나 지금까지 우리의 문화유산은 자연 재해와 전쟁, 인위적인 파괴 등으로 훼손되어 왔다. 앞으로는 문화유산의 보존과 관리에 만전을 기해야 할 것이다.

2. 문화유산의 유형과 특성

문화유산은 미래의 문화 발전을 위하여 다음 세대에게 계승시킬 만한 가치를 지닌 과거의 문화적 소산이다. 거기에는 각종 문화재, 과학, 기술, 관습, 규범 등을 비롯하여 문화 양식 등이 모두 포함된다. 문화유산과 문화재가 비슷한 개념과 범주이기는 하지만 문화재보다는 문화유산이 더 포괄적이고 광범위한 의미를 내포하고 있다고 할 수 있다. 또한 문화재는 재화로서 보는 측면이 강하지만 문화유산은 가치로서 보는 측면이 강하다고 할 수 있다. 여기서 문화재는 '문화文化'와 '재財'가 결합된 용어로 '문화'는 실체를 부여할 수 없는 가치로 민족 구성원들의 생활양식 총체이며, '재'는 문화에 의하여 형성된 실체(조형적)라고 볼 수 있다. 문화재는 문화적 가치가 있는 인류 문화 활동의 소산을 총칭한다. 따라서 우리 문화재는 우리 민족의 문화 활동을 통하여 형성된 가치 있는 소산을 말한다.

문화재는 인위적이거나 자연적으로 형성된 국가적, 민족적, 세계적 유산으로서 역사적, 예술적, 학술적, 경관적 가치가 큰 것을 말한다. 문화재는 여러 가지 유형으로 분류되는데, ① 유형문화재는 건조물, 전적典籍, 서적書跡, 고문서, 회화, 조각, 공예품 등 유형의 문화적 소산과 역사적, 학술적 가치가 있는 고고자료. ② 무형문화재는 연극, 음악, 무용, 놀이, 의식, 공예기술 등 무형의 문화적 소산. ③ 기념물은 절터, 옛무덤, 조개무덤, 성터, 궁터, 가마터, 유물포함층 등의 사적지와 특별히 기념이 될 만한 시설물 등 ④ 민속문화재는 의식주, 생업, 신앙, 연중행사 등에 관한 풍속이나 관습과 이에 사용되는 의복, 기구, 가옥 등으로서 국민 생활의 변화를 이해하는 데 필요한 것을 말한다.

그리고 문화재는 지정 여부에 따라 지정문화재와 비지정문화재로 구분되는데, 이중에서 지정문화재는 지정권자에 따라 국가지정문화재, 시도지정문화재, 문화재자료로 세분된다. 또한 등록문화재가 있다. 국가지정문화재는 문화재보호법에 의하여 문화재위원회의 심의를 거쳐 지정된 중요문화재로서 국보, 보물, 중요무형문화재, 사적, 명승, 천연기념물, 중요민속문화재 등 7가지 유형으로 구분된다. 시도지정문화재는 국가지정문화재로 지정되지 않은 문화재 중에서 보존가치가 있다고 인정되는 것을 지방자치단체가 지정한 문화재로서 유형문화재, 무형문화재, 기념물, 민속자료 등 4가지 유형으로 구분된다. 문화재자료는 시도지정문화재로 지정되지 아니한 문화재 중 향토문화 보존상 필요하다고 인정하여 시도 조례에 의하여 지정된 문화재를 말한다. 그리고 등록문화재는 지정문화재가 아닌 근 · 현대시기에 형성된 건조물 또는 기념이 될 만한 시설물 형태의 문화재 중에서 보존 가치가 큰 것을 말한다. 이외에도 비지정문화재는 문화재보호법 또는 시 · 도의 조례에 의하여 지정되지 아니한 문화재 중 보존할 만한 가치가 있는 문화재를 말한다. 지정되지는 않았지만 우리나라 역사와 문화를 담고 있기 때문에 잘 보존해야 한다.

문화재의 중요성을 결정짓는 기준은 그 문화재가 지니고 있는 희귀성, 역사성, 학술성, 예술성 등이다. 희귀성은 같은 유형의 문화재가 있느냐 없느냐의 측면으로 희소성이 높을수록 문화재의 가치는 크다. 역사성은 문화재가 어떤 역사적인 내용이나 의미를 담고 있으며 무얼 상징하고 있느냐 하는 측면으로 역사 발전 과정에서 중요한 역할을 했거나 당대의 문화적 요소를 많이 담고 있을 경우 그 가치가 높게 인정된다. 학술성은 문화재가 갖고 있는 학술적인 가치로 과거 문화를 이해하고 복원할 수 있는 중요한 정보의 양을 얼마나 포함하고 있느냐가 중요하다. 예술성은 문화재의 예술적인 측면(장인의 심미안)으로 아름답고, 조화와 균형 등 미적 가치가 클수록 예술성은 높게 인정받는다.

그렇다면 전통문화를 담고 있는 문화재의 가치를 높게 평가하는 이유는 무엇일까? 첫째로 문화재는 민족정신의 표상이라 할 수 있다. 단순히 오래전에 만들어졌다거나 학술적, 예술적으로 뛰어나기 때문이 아니라 선조들의 생활상과 가치관, 세계관을 엿볼 수 있기에 문화재는 가치가 높다. 둘째로 문화재는 과거와 현재를 잇는 가교 역할을 한다. 문화재는 당시의 시대 배경과 사상 등을 담고 있기에 과거 선조들의 삶과 현재 우리들의 삶을 이어 주고, 서로 대화하게 한다. 마지막으로 문화재는 특정 지역이나 한 국가의 재산이 아니라 인류 공영의 재산이라 할 수 있다. 문화재는 특정인의 소유가 아니라 모두가 공유하고 향유해야 하는 것이며, 모두가 관리와 보존에 노력을 기울여 후손에게 물려줘야 할 공영의 자산이다.

3. 한국 문화유산의 시대별 특징

한국의 문화유산은 긴 역사만큼이나 다양하다. 기록이 없었던 선사시대에도 일상생활이나 신앙과 관련된 도구들이 만들어졌으며, 상징적인 의미가 담긴 조형물도 제작되었다. 구석기시대는 무리 생활을 하는 원시인들이 주로 동굴에 살며 주요 도구로 뗀석기를 사용하던 평등사회로 추정되고 있다. 이들 구석기인은 돌로 된 도구를 사용했으며, 사냥으로 식량을 구하였다. 이러한 문화유산들은 한반도에 구석기 전기부터 사람들이 거주했음을 확인시켜 주고 있다.

신석기시대는 간석기를 사용하면서 조금 더 발전된 여러 도구를 개발하였다. 특히 불을 사용하면서 토기가 등장하여 특정한 용기에 음식을 담아 먹거나 음식을 담아 두는 등 저장이 가능해졌기에 식생활에도 많은 변화가 생겼

구석기시대 주먹도끼

신석기시대 서울 암사동 출토 토기

다. 또한 음식을 익혀 먹을 수 있게 되어 인간의 수명도 연장되었다. 이 시기에는 특정 지역을 중심으로 씨족 중심의 혈연사회가 형성되어 점차 부족 사회로 발전하였다. 그리고 자연에 대한 인간의 이해와 의식도 바뀌면서 하늘과 태양을 숭배하는 신앙도 생겼으며, 토테니즘과 샤머니즘이 형성되어 장차 종교가 생성될 수 있는 바탕이 마련되었다.

청동기시대에는 여전히 석기가 주요 도구로 활용되었지만 기술이 발전하면서 금속 용기가 만들어졌다. 금속의 발견과 활용은 인류의 역사를 새로운 차원의 버전으로 이끈 문명의 원조격이라 할 수 있다. 신석기시대 불의 발견과 함께 청동기시대 구리 등 다양한 금속의 발견과 활용은 인류에게 물, 흙, 돌, 나무 이외의 또 다른 물질이 있다는 것을 깨닫게 하였다. 이처럼 청동기시대 금속의 발견은 인류 역사에서 획기적인 전환을 가져다 준 혁명과 같았다. 그리고 이 시기에는 농경이 발전하면서 수확량이 증가하여 안정적인 생활이 이루어졌다. 또한 저장 문화가 발전했고, 농경 중심의 사회가 되면서 연중행사가 실시되었다. 한편 청동기시대 장례문화를 엿볼 수 있는 고인돌이 전면적으로 등장했다. 무덤을 만들고 그 안에 부장품을 넣었다는 것은 당시 사람들에게 사후관死後觀과 영혼불멸사상이 형성되어 있었음을 말해준다. 그리고 고인돌이 일정한 지역을 중심으로 분포되어 있다는 사실은 그 지역을 중심으로 단위 정치체인 부족 연맹체 사회가 형성되었으며, 집단으로 거주하면서 정착생활이 이루어졌음을 보여준다.

청동보다 강한 금속인 철의 발견과 활용은 인류 역사를 다양하게 바꾸어 놓았다. 철기는 인류의 생활수준을 한 단계 도약하게 한 물질로서 오늘날도 '철

청동기시대 강화 부근리 고인돌

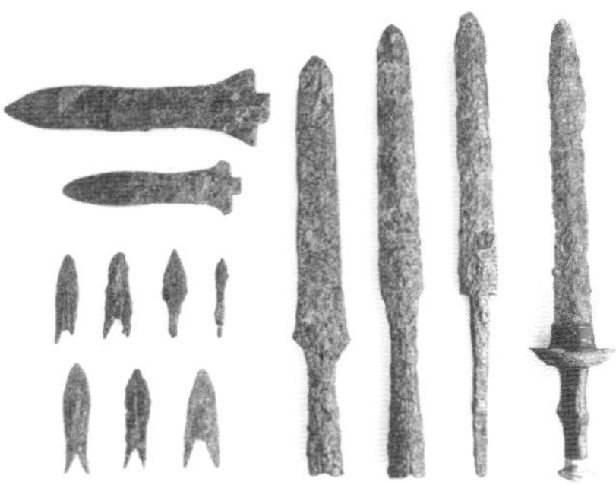
철기시대 철제 무기들(국립중앙박물관)

기시대'라고 부를 정도로 철은 인류 역사에서 중심적인 역할을 하고 있으며, 지금도 우리가 일상에서 철과 관련된 물건을 많이 사용하고 있다. 그런데 여기서 주목해야 할 사실은 철기의 등장과 함께 정복전쟁이 일어났다는 점이다. 철기시대가 시작되면서 군장사회가 통합되어 지배자와 권력층이 등장하고, 계층과 계급이 형성되기에 이른다. 그리고 민간신앙이나 무속이 종교 신앙으로 자리 잡기에 이르렀다. 철기의 유용성은 그 자체의 사용에 그치지 않고, 다른 재료와 함께 사용되어 인간에게 필요한 도구와 사물을 제작할 수 있도록 했으며, 생활수준도 편리하게 개선시켜 주었다. 예를 들어 철기의 사용은 더 큰 집을 짓는 것을 가능하게 했으며, 각종 철제 농기구의 등장은 농경문화를 발달시켰고, 생산량을 증가시키는 원동력이 되었다. 이처럼 철의 발견은 청동기시대와 비교할 때 더욱 안정되고 부유한 생활을 누리게 하였다. 나아가 본격적인 철기의 사용은 이전과는 다른 한 차원 높은 단계의 발전을 가능하게 하였다.

철기문화를 기반으로 형성된 삼국시대는 문자가 있어 역사서에 기록되었기 때문에 역사시대라고 한다. 삼국시대는 불교와 유학 등이 중국에서 전래되어 한층 발전된 신앙과 문화를 향유하였다. 특히 외래종교인 불교가 왕실이나 중앙정부를 통해 유포되면서 토속적인 원시 신앙이나 민간신앙은 서서히 쇠퇴하였다. 삼국은 불교를 통하여 국가 체제를 완비하고 성장 발전하였으며, 불교문화와 함께 선진 문물이 유입되어 건축, 공예, 미술 등 문화가 전반적으로 융성하였다. 그리고 유학의 수용으로 한자가 보급되어 문자 문화가 발전하여 고구려 경당과 같은 정식 교육 기관이 설립되었다. 또한 의복에 관한 규정이 도입되었고, 이승과 저승이 이어진다는 계세사상繼世思想이 반영된 장례 문화도 발전하였다. 지금까지 남아있는 궁궐터와 사원터, 산성 등은 삼국시대 문화의 양상을 조금이나마 엿볼 수 있는 문화재들이다. 특히 고구려 고분벽화는 고구려 사람들뿐만 아니라 백제와 신라 사람들의 생활상도 보여주고 있어 학술적으로 귀중한 자료라 할 수 있다.

삼국시대의 문화를 계승한 통일신라의 문화는 불교문화를 중심으로 발전했는데, 삼국시대보다 더욱 융성해진 불교미술품들이 조성된다. 특히 내구성이 강한 석조 미술품들이 조성되어 지금까지 전해지고 있다. 불국사의 석가탑과 다보탑, 석굴암은 통일신라시대 불교문화를 대표하는 작품이다. 이외에도 이 시기에는 세련되고 사실적인 특징을 보이는 많은 불교 미술 작품들이 조성되어 신앙과 예불의 대상이 되었다. 또한 고구려 문화를 계승한 온돌문화가 널리 사용되었고, 고분 문화가 융성하여 특정 지역에 대형의 고분들이 조성되었다. 불교가 성행하면서 불교적인 사후관에 의한 장례 절차가 거행되었으며, 극락왕생을 염원한 다양한 불교미술품들이 조성되었다. 이제는 죽은 이후 살아생전의 업보에 의하여 좋은 세계로 갈 수도 있고, 나쁜 세계로 갈 수도 있다는 관념이 폭넓게 형성되었다. 이러한 관념은 왕실에서부터 백성들에 이르기까지 모든 사람들

고구려 고분벽화(『북한의 문화재와 문화유적 Ⅰ』)

경주 시내 신라 고분들

백제대향로(국립부여박물관)

가야토기(국립김해박물관)

의 가치관과 삶의 방식을 바꾸어 놓았다.

고려시대에는 불교가 국시國是로 채택되면서 불교문화가 더욱 발전하였다. 고려는 한국 역사상 유일하게 불교를 국교화했던 나라로서 태조 왕건은 건국하자마자 많은 사찰을 세우는 등 불사佛事를 적극적으로 지원하였다. 고려는 수도였던 개경 일대에 500여 개소가 넘는 사찰이 있었다고 전해질 만큼 불교가 중요한 위치를 차지했던 나라였다. 왕실과 권력층들은 자신의 원찰願刹을 건립하여 복을 빌기도 했으며 사찰과 승려들을 비호하기도 하였다. 또한 불교와 관련된 많은 제도들이 정부 조직 안에서 체계화되어 명실공히 불교 국가로서의 위상을 드러냈다. 이처럼 고려시대는 불교가 크게 융성했지만 정치 이념으로는 유학을 채용하였다. 유학과 관련된 대표적인 제도였던 과거제도가 광종대에 시행되고, 국자감이 설치되었다. 미술에서는 왕실이나 귀족 중심의 세련되고 고급스러운 문화가 유행했는데, 지금까지 전해지고 있는 청자와 금속공예품들이 그러한 사례이다. 고려 후기에는 원나라의 영향으로 밀교密敎 문화가 유행하기도 했고, 성리학이 수용되면서 실천적 측면을 강조하는 주자가례朱子家禮가 채용되기도 하였다. 그러나 문화는 여전히 불교를 중심으로 발전하면서 『삼국유사三國遺事』, 『제왕운기帝王韻紀』, 『동명왕편東明王篇』 등의 역사서 편찬이 이루어지면서 역사학이 발전했고, 팔만대장경판의 조성 등을 통한 인쇄술도 발달하게 되었다.

조선시대에는 고려와 달리 사상과 문화의 중심에 유학이 자리를 잡았다. 특히 조선 전기는 불교계가 크게 위축되고 성리학적 유교사관이 전면에 등장하여, 정치 사회 문화의 중심적인 사상이 되었다. 이에 따라 불교 및 민속 신앙

해인사 팔만대장경(문화재청)

구리 건원릉(태조 이성계)

등을 배격하고, 주자가례를 바탕으로 가족 제도를 유지하여 상하관계를 엄격히 구분하고, 충효忠孝와 예법禮法을 강조하는 문화가 형성되었다. 사회 주도층인 양반 사대부 사이에서 음악과 문학이 발달했고, 서예와 회화가 중심이 된 예술이 발달하였다. 『동문선東文』과 『금오신화金鰲新話』의 저술이 이루어지고, 한시漢詩는 사대부들의 필수 덕목이 되었다. 또한 안평대군이나 왕희지체 등을 구사한 한석봉과 같은 명필이 등장하는 등 서예 분야도 발달하였다. 조선 후기는 전기와 달리 불교와 승려들에 대한 예우가 높아지면서 불교와 유교가 공존하는 양상을 보였다. 임진왜란 이후 소실된 많은 사찰들이 전국적으로 중창 또는 중건되면서 목조건축과 불상이 조성되는 등 불교문화가 크게 융성하였다. 또한 유교 문화의 핵심은 인의예지仁義禮智와 충효인데, 이에 따라 관혼상제가 중요한 덕목으로 자리 잡는다. 궁궐, 왕릉, 종묘, 서원과 향교 등은 유교 문화의 대표적인 기념물이자 문화유산이다.

이와 같이 시대의 흐름에 따라 문화의 저변을 형성했던 중심적인 사상이나 종교가 있었는데, 삼국시대부터 고려시대까지는 불교가, 조선전기는 유학사상이, 조선후기는 유학사상과 불교가 중심을 이루었다. 그밖에도 비록 주류를 형성하지는 못했지만, 무속이나 민간신앙도 꾸준하게 명맥을 유지하였다. 이에 따라 삼국시대부터 고려시대까지는 불교문화가 주류를 이루었고, 조선전기는 유교문화가 중심을 차지하고 있었다. 그리고 조선 후기에는 불교와 유교문화가 함께 공존하는 양상을 보였다. 이와 같이 외래문화인 불교와 유교는 우리나라에 들어와 토착화되어 우리 전통문화의 주축을 이루었다.

4. 세계문화유산의 종류와 가치

우리 땅에 남아있는 문화유산은 대부분 우리 조상들이 이 땅에 살아오면서 남긴 삶의 흔적이자 역사의 발자취이다. 그것은 우리에게 과거의 역사를 전해주고, 우리를 존재하게 하는 원동력이기도 하다. 문화유산은 가치 있고, 예술성이 뛰어나고, 훌륭한 것도 중요하지만, 평범하고 사소한 것으로 선조들의 손 때가 묻은 삶의 도구도 소홀히 할 수 없다. 또한 외국에서 넘어온 것이나 외국인에 의하여 제작된 우리 땅에 남아있는 모든 것이 우리 역사를 전하는 것이기 때문에 우리의 문화유산이다. 서울의 상징인 광화문과 경복궁, 자랑스러운 경주 불국사와 석굴암, 화려함의 극치를 보여주는 신라 금관, 청동기 사람들의 무덤 고인돌 등 모두 소중한 우리의 문화유산이다. 또한 깨진 도자기와 기와 조각, 누군가 쓰다가 남겨놓은 돌 조각도 신라 금관 못지않게 우리 조상들의 삶이 고스란히 담겨 있는 물건이다. 신분이 높았던 왕이나 귀족들이 사용한 품격있는 문화유산만이 소중하고 중요한 것은 아니다. 누가 만들었건 고급이건 저급이건 과거 우리 역사 속에서 만들어진 조상들의 삶과 생활을 보여주는 물건들은 모두 문화유산이다.

한국을 대표하는 문화유산 중에는 유네스코UNESCO가 지정한 세계문화유산이 있다. 유네스코는 교육, 과학, 문화 등 지적 활동분야에서 국제협력을 촉진함으로써 세계평화와 인류 발전을 증진시키기 위해 만들어진 유엔 전문 기구

창덕궁 인정전

경주 불국사

이다. 1945년 11월 16일 열린 유네스코 창설 준비위원회에서 37개국 대표들이 영국 런던에 모여 「유네스코헌장」을 채택하면서 유네스코 등재 유산은 크게 세계유산, 인류 무형유산, 세계 기록유산으로 구분된다.

세계유산World Heritage은 인류의 보편적이고 뛰어난 가치를 지닌 부동산 유산으로 문화유산, 자연유산, 문화와 자연의 가치를 함께 담고 있는 복합유산이 있다. 세계유산은 유산이 갖고 있는 진정성과 완전성을 비롯하여 보편적 가치의 내재 여부 등이 중요한 등재기준이다. 진정성은 유산의 양식과 디자인, 소재와 내용, 용도와 기능, 전통 · 기법 · 관리 체계, 위치와 환경, 언어와 여타 형태의 무형유산, 정신과 감성, 기타 내외부 요인 등 다양한 속성들이 진실되고 신뢰성있게 표현되어야 함을 의미한다. 완전성은 유산이 보편적 가치의 표현에 필요한 요소 일체를 어느 정도 포함하고 있는지, 본연의 중요성을 나타내는 특징 및 과정을 완벽하게 구현할 만큼의 충분한 규모인지, 개발 또는 방치로 인한 부작용으로 문제가 있는지 없는지 등을 파악하는 것 등을 의미한다.

인류무형유산Intangible Cultural Heritage of Humanity은 무형문화유산 보호 협약에 의거하여 문화적 다양성과 창의성이 유지될 수 있도록 대표목록 또는 긴급목록에 각국의 무형유산을 등재하는 제도이다. 인류무형유산은 공동체 · 집단 · 개인들이 그들의 문화유산의 일부분으로 인식하는 실행 · 표출 · 표현 · 지식 · 기술뿐만 아니라 이와 관련된 전달 도구 · 사물 · 유물 · 문화 공간 모두를 의미한다. 등재 기준으로는 ① 전달매체로서의 언어를 포함한 구전 전통 및 표현, 공연 예술, 사회적 실행 · 의식 · 축제, 자연과 우주에 대한 지식 및 관습, 전통적 공예 기술 등으로, ② 무형유산의 중요성에 대한 인식 제고에 기여함으로써 전 세계 문화 다양성을 보여 주고 인류 창의성을 증명하는데 기여할 것, ③ 해당 유산을 보호하고 증진할 수 있는 보호 조치가 구체화되어 있을 것, ④ 공동체, 단체, 개인의 자유로운 동의에 기반하여 광범위한 참여가 있을 것, ⑤ 해당 유산이 등재 신청 당사국이 자국의 영토 내에 있는 무형유산을 위해 만든 분류 목록에 포함되어 있을 것 등이다.

세계기록유산Memory of the World은 유네스코가 고문서 등 전 세계의 귀중한 기록물을 보존하고 활용하기 위하여 세계적 가치가 있는 기록유산을 선정하는 사업으로 유산의 종류로는 서적(책)이나 문서, 편지 등 여러 종류의 동산 유산이 포함된다. 등재기준은 신빙성, 유일성과 영향력, 세계적 가치 등이 중요한 척도가 된다. 신빙성은 유물이 진픔이며, 그 실체와 근원지가 정확한 자료라는 의미이다. 유일성과 영향력은 유일하며 대체 불가능해야 하고, 이 유물의 손실 또는 훼손이 인류 유산에 막대한 손실을 초래해야 하며 일정 기간 동안, 세계의 특정 문화권에서 역사적 의미를 가진 자료라는 의미이다. 세계적 가치는 ① 변화의 시기를 반영하는 시간성Time, ② 역사 발전에 기여한 장소나 지역 관련 정보Place, ③ 역사에 기여한 개인의 업적People, ④ 세계사의 주요 주제Subject/Theme, ⑤ 형태나 스타일에 있어 표본Form and Style으로 독특하고 희귀한 자료이어야 한다.

이와 같이 세계문화유산은 엄격한 기준에 의하여 등재되고 있으며, 소유하고 있는 국가에서 철저하게 보호 보존하게 되어 있다. 어떤 사람들은 현실에 아무런 도움을 가져다주지 않는 문화유산을 국민의 혈세를 들여가면서까지 보호해야 되는지에 대해서 의문을 갖는 사람들도 있다. 그러나 한 나라에 문화유산이 없다면 그것은 일정한 영토 안에 살고 있는 국민으로서의 정체성을

유네스코 등재 유산

세계유산	문화유산	석굴암 · 불국사(1995년), 해인사 장경판전(1995년), 종묘(1995년), 창덕궁(1997년), 화성(1997년), 경주역사유적지구(2000년), 고창 · 화순 · 강화 고인돌 유적(2000년), 조선 왕릉(2009년), 한국의 역사마을:하회와 양동(2010년), 남한산성(2014년), 백제역사유적지구(2015년)
	자연유산	제주화산섬과 용암동굴(2007년)
	복합유산	
인류무형유산	종묘제례 및 종묘제례악 (2001년), 판소리(2003년), 강릉단오제(2005년), 강강술래(2009년), 남사당놀이(2009년), 영산재(2009년), 제주칠머리당 영등굿(2009년), 처용무(2009년), 가곡(2010년), 대목장(2010년), 매사냥(2010년), 줄타기(2011년), 택견(2011년), 한산모시짜기(2011년), 아리랑(2012년), 김장문화(2013년), 농악(2014년), 줄다리기(2015년)	
세계기록유산	훈민정음(1997년), 조선왕조실록(1997년), 직지심체요절(2001년), 승정원일기(2001년), 조선왕조의궤(2007년), 해인사 대장경판과 제경판(2007년), 동의보감(2009년), 일성록(2011년), 5.18 민주화운동 기록물(2011년), 난중일기(2013년), 새마을운동기록물(2013년), 한국의 유교책판(2015년), KBS특별생방송 '이산가족을 찾습니다' 기록물(2015년)	

잃을 수도 있다.

문화유산은 민족의 공동체적 정체성을 확인시켜 주고 공감대를 불러일으키는 정신적 가치를 지니고 있는 문화적 자산이므로 반드시 보호 관리하여 후손들에게 그대로 물려줘야 한다. 문화유산에는 조상들의 혼과 힘이 스며 있으며, 그 시대의 문화적 역량이 담겨 있다. 현대를 살아가는 우리는 과거로 돌아갈 수 없기 때문에 문화유산을 통하여 과거를 알고, 조상들의 지혜를 배우고, 그들의 삶을 간접적으로나마 체험할 수 있다. 선조들이 있었기에 오늘날의 우리가 있듯이, 문화유산은 오늘을 살아가는 현대인들에게 마음의 고향과 같은 것이다.

또한 문화유산은 우리에게 역사와 문화를 말해 주며, 오늘날 우리를 존재하게 한 원동력이며, 우리로 하여금 새로운 전통을 창조할 수 있게 하는 바탕이다. 더욱이 선조들의 삶과 사고방식에 접근하기 위해서는 문화유산에 대한 이

종묘 전경(문화재청)

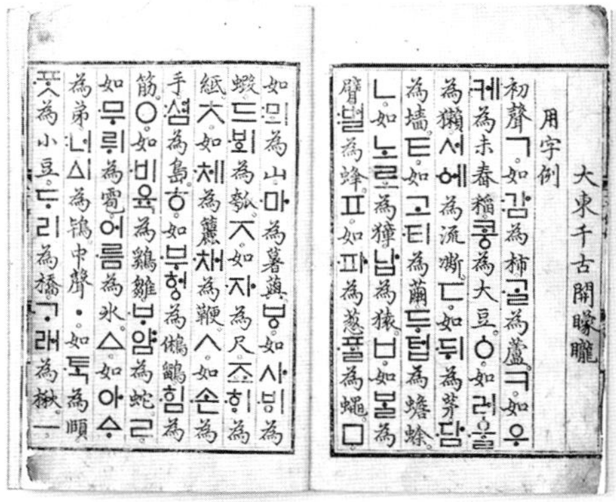

大東千古開矇矓
用字例
初聲ㄱ。如감爲柿。골爲蘆。ㅋ。如우
케爲未舂稻。콩爲大豆。ㆁ。如러울
爲獺。서에爲流凘。ㄷ。如뒤爲茅。담
爲墻。ㅌ。如고티爲繭。두텁爲蟾蜍。
ㄴ。如노로爲獐。납爲猿。ㅂ。如볼爲
臂。벌爲蜂。ㅍ。如파爲葱。풀爲蠅。ㅁ。
如뫼爲山。마爲薯藇。ㅸ。如사ᄫᅵ爲
蝦。드ᄫᅴ爲瓠。ㅈ。如자爲尺。죠ᄒᆡ爲
紙。ㅊ。如체爲籭。채爲鞭。ㅅ。如손爲
手。셤爲島。ㅎ。如부헝爲鵂鶹。힘爲
筋。ㅇ。如비육爲鷄雛。ᄇᆞ얌爲蛇。ㄹ。
如무뤼爲雹。어름爲氷。ㅿ。如아ᅀᆞ
爲弟。너ᅀᅵ爲鴇。中聲ㆍ。如톡爲頤。
ᄑᆞᆺ爲小豆。ᄃᆞ리爲橋。ᄀᆞ래爲楸。ㅡ

『훈민정음』(문화재청)

해가 필수적이다. 왜냐하면 문화유산은 우리 선조들의 삶이 배어 있는 결정체이기 때문이다. 박물관과 미술관, 유적과 유물이 있는 현장에 찾아가 조금만 가까이 다가가려는 마음만 있으면 이런 사실을 저절로 알게 된다. 또한 전통문화를 보존하고, 알리고, 가꾸는 것만이 아니라 재창조한다는 인식도 있어야 한다. 전통문화의 재창조는 현대와 미래의 사회에 맞도록 의미를 재해석하고, 이를 바탕으로 현대와 미래 사회의 문화 내용을 세련화, 정교화, 전문화하는 작업이라고 할 수 있다.

문화유산은 돈으로 환산할 수 없는 가치를 가지고 있으며, 그 소중함은 아무리 강조해도 지나치지 않다. 따라서 문화유산은 우리 모두의 것으로 잘 보존하여 후손들에게 원형 그대로 전승해주어야 하는 것이다. 우리에게 남겨진 수많은 문화유산을 잘 보호하고 보존하여 후손들에게 그대로 계승하고, 후손들에게 자랑할 만한 문화유산을 새롭게 창출해서 전해주어야 한다.

5. 한류의 전개와 효과

한류韓流, Korean Wave는 '한국 대중문화의 유행'이라는 의미로, 1990년대 말부터 중국과 일본을 비롯한 동남아시아 등지에서 일기 시작한 한국 대중문화에 대한 선풍적인 인기 현상을 가리키는 신조어이다. 한류는 1990년대 중반 중국 언론 매체가 처음 사용하기 시작한 것으로 알려져 있다. 이후 한국 드라마가 중국을 비롯한 동아시아 여러 나라에서 방영되자 한국 배우나 대중문화에 대한 인기가 높아져 선풍적인 붐을 일으켰다. 이러한 현상을 중국 언론 매체들은 젊은 층이 한국 대중문화에 심취하는 모습을 우려하면서 '한류'라고 표현했다. 그리고 아시아를 중심으로 한국의 드라마, 영화, 가요 등 대중문화가 크게 인기를 끌면서 하나의 경향이 되자 '한류'라는 용어가 정착되었으며, 우리나라에 역수입되어 사용되고 있다. '한류'에 대응하여 일본 대중문화의 유행은 '일류日流', 중국 대중문화의 유행은 '화류華流'라고 표현하기도 한다.

일본에서는 88서울올림픽과 2002년 한일월드컵 공동 개최로 일시적으로 한국 대중문화에 대한 관심이 높아졌다. 그리고 2003년 4월부터 〈겨울연가〉가 일본 TV에서 방영되면서 드라마와 주연배우에 대한 인기가 견인차 역할을 하여 한국 대중문화가 선풍적인 인기를 끌게 된다. 이후 한류라는 용어가 보급되어 일반화된 용어로 정착되었다. 〈겨울연가〉는 순수하고 애틋한 사랑, 개인보다는 복잡하게 얽혀있는 가족관계, 과거에 대한 향수 등 일본 사람들의 감성에 호소하는 여러 가지 요인에 의하여 일본 사회에서 선풍적인 붐을 일으켰다. 그래서 일본 사람들은 한국 사회를 동경하게 되었다. 이외에도 다양한 한국 드라마와 영화, 대중가요, 연예인들이 사랑을 받으면서 한국문화가 하나의 경향으로 자리 잡았다.

이와 같이 한국의 대중문화가 인기를 끌게 된 것은 몇 가지로 요약되는데, 먼저 외국인들의 마음을 사로잡을 수 있는 짜임새 있는 내용 구성과 수준 높

「겨울연가」(KBS)

「대장금」(MBC)

은 오락성을 들 수 있다. 지역이나 민족성은 다르지만 한국에서 제작된 드라마 등 대중문화가 다른 나라 사람들에게도 공통적으로 인간의 심금을 울리는 매력적인 요소를 지니고 있다는 점이다. 이것은 한국 대중문화가 재미, 멋 등을 모두 갖추고 있으며, 다양한 볼거리가 있는 구성을 가지고 있다는 것이다. 또한 외국인들이지만 한국의 대중문화가 사실적이고 심정적으로 공감할 수 있고, 이해할 수 있는 내용과 구성으로 이루어졌다는 점도 중요하게 작용했다. 한편 한국이 어려운 환경 속에서도 급속한 경제발전을 이룩했으며, 안정적인 민주주의 사회를 건설하여 정치 경제 사회 문화 발전의 표본이 되고 있는 점도 여러 요인 중 하나로 작용했다고 한다.

중국과 일본을 중심으로 시작된 한국 대중문화의 선풍적인 인기는 동아시아를 넘어 세계적인 현상이 되었다. 그리고 한국의 드라마와 배우, 노래와 가수 등에 대한 인기가 우리 문화와 상품에 대한 관심과 인기로 이어지고 있다. 그래서 대한민국의 위상을 높였을 뿐만 아니라 경제적으로 많은 파급 효과를 가져다주고 있다. 많은 외국인들이 한국 연예인들의 패션, 화장, 기호 등을 따라하면서 문화적 취향까지 변화시키고 있다. 그리고 미국을 비롯한 서구 중심의 대중문화 주도에서 벗어나 전세계의 대중문화를 선도할 수 있는 문화적 자부심을 갖게 되었다는 점도 높게 평가된다. 그동안 대중문화의 수입국에 머물렀던 한국이 한류를 통하여 대중문화 수출국의 반열에 올랐다는 것은 우리의 문화적 역량이 상당한 수준에 도달했음을 인정받은 것이다. 또한 한류는 한국인의 문화적 긍지와 정체성을 고양시키는 기회가 되고 있다. 세계인들이 한국의 대중문화에 열광하고, 전통문화에 대한 관심이 높은 것을 보면 놀라기도 하지만 한국인에게는 자부심을 고취하는 좋은 계기가 되고 있다. 나아가 한국 문화의 우수성을 알리고 입증하는 계기가 되고 있다. 게다가 한국 대중문화뿐만 아니라 전통문화에 대한 관심으로 이어져 최근에는 한국의 전통문화를 알고 체험해 보기 위하여 많은 외국인들이 방문하고 있다. 이러한 것은 모두 한류의 현상과 효과라고 할 수 있다.

그러나 한류 현상에 반발하는 움직임도 동시에 나타나고 있다. 한류는 한시적인 유행에 불과하며, 그 현상은 일부 열광적인 팬에 한정되어 있다고 주장하면서 '반한류' 정서가 형성되어, 관련 기관이나 관계자들에게 불만이 노출되고 있다. 이러한 반한류 경향은 특히 일본에서 강한데, 최근 일본 사회가 보수주의 경향을 보이면서 상당한 힘을 얻고 있다. 위안부 문제 등 일제강점기에 대한 한일 역사 인식과 독도 영토 문제 등으로 한일 관계가 예측하기 힘들어지면서 일본에서 반한류 현상은 증가하고 있다. 또한 한류를 통한 경제력 확대를 '미디어 믹스 상품화' 또는 '욕망의 마케팅' 전략이라고 비판하고 있다. 그래서 한류의 경제적 측면을 경계하려는 움직임도 높아지고 있다. 우리는 이러한 현상에 현명하게 대비해야 한다.

6. 한류의 지속적 발전을 위한 전략

한류는 한국인의 문화적 자부심과 정체성을 고양시키는 기회이자, 경제적으로 엄청난 파급 효과를 가져다주는 국가적 어젠다Agenda로 부상하였다. 한류

싸이「강남 스타일」유럽 공연

의 경제적 효용성에 관심을 갖는 것은 당연한 일이지만, 한류를 지나치게 경제적인 측면에서만 접근하려는 경향도 있다. 한류의 지속적인 유행과 성장을 이어 가려면 탄탄한 컨텐츠를 갖추어야 한다. 그래야만 한류를 통한 문화상품의 가치가 높아지며, 한류가 지속되고 확대될 것이다. 다양한 콘텐츠 개발이 이루어지지 못한다면 한류는 한계에 봉착하게 될 것이다. 이러한 측면에서 한류를 상품화하려는 시도도 중요하지만 먼저 우리 문화에 대한 깊이 있는 이해와 인식이 선행되어야 할 것이다.

더욱이 문화보다 상품성을 앞세우는 발상은 한류를 저급한 상업주의로 전락시킬 수 있으며, 한류에 편승한 노골적인 상업주의로 인식될 수 있어 경계해야 한다. 따라서 한류의 지속적인 발전과 경제적인 효과를 동시에 누리려면 우리 전통문화에 대한 깊이 있는 이해를 바탕으로 한류를 수출할 상대국의 전통과 현대 문화에 대한 이해가 바탕이 되어야 한다. 한류가 지속 가능한 형태로 자리 잡으려면 우리 고유의 문화가 한류의 주요 배경이 되어야 한다. 외래문화를 흉내 내고 따르는 것이 아니라 우리의 역사와 고유문화를 배워 한국인으로서 가장 한국적인 문화를 창출할 때 그리고 그것이 인류 공통의 정서와 상통할 때 새로운 한류는 세계인의 사랑을 받으며 지속될 것이다.

현재 우리가 서양 옷을 입고 있지만 내면은 우리의 정신과 문화로 채워야 한다. 그렇다고 지나치고 과장되게 우리 전통문화만을 내세운다면 다른 문화권 사람들의 관심을 유도하거나 인정받기는 어려울 것이다. 외국인들에게 전통적인 우리의 것은 소개하되 거기에는 현대적이고 감각적인 측면들이 내재되어야 한다. 즉, 현대인의 정서에 맞게 재창조된 것이어야 한다.

그리고 국가 차원에서 대중문화 콘텐츠 개발을 위한 질 높은 문화콘텐츠 개발과 생산을 위한 인프라를 구축해야 한다. 나아가 한류를 동아시아 문화의 새로운 패러다임으로 발전시켜 서양 문화와는 구분되는 동양 문화의 특성을 담아 보여주는 계기가 되도록 한다면, 한류는 많은 사람들로부터 지속적인 사랑을 받게 될 것이다. 특히 우리와 다르다는 이유로 남을 배척하는 고루한 민족주의를 버리고 호혜적 원칙에 따른 활발한 문화교류가 이루어져야 한다. 한류가 드라마, 영화, 노래 등 대중문화를 중심으로 형성되었기 때문에 일시적인 현상으로 끝날 수도 있다. 따라서 한류의 지속적 발전을 위해서는 친근하면서 감동적이고, 지역과 인종을 초월하여 공감할 수 있는 다문화적인 접근이 요구된다. 한류의 중심이자 선봉 역할을 하고 있는 대중문화는 현실과 삶에 대한 깊이 있는 성찰을 통한 진실성에 기초하여 진정성있게 제작되어야 할 것이다. 그리고 지속 가능하고 실효성 있는 한류 전략을 수립하기 위해서는 다양한 접근과 정책이 있어야 할 것이다. 예를 들어 각 나라의 다양한 문화와 사회적 특수성에 대한 연구와 이해가 선행되어야 하고, 초문화적 관점에서 다각적이고 총체적인 접근도 필요하다. 한류가 일시적 현상으로 그치지 않고 지속적인 생명력을 유지하려면 논리와 기법이 있어야 한다. 그리고 무엇보다도 가장 민족적인 것이 가장 세계적이며, 가장 한국적인 것을 가장 세계적인 것으로 만들어야 한다는 진리를 잊지 말아야 한다.

참고 문헌

김수이 편저,『한류와 21세기 문화비전』, 청동거울, 2006.

박성수 외,『한류와 한사상』, 도서풀판 모시는 사람들, 2009.

방정배,『한류와 문화커뮤니케이션』, 커뮤니케이션북스, 2007.

신윤환 외,『동아시아의 한류』, 전예원, 2005.

아시아문화연구소,『한국의 전통문화』, 한림대학교 출판부, 1988.

임재해 외,『고대에도 한류가 있었다』, 지식산업사, 2007.

장준식,『테마별로 읽는 한국의 문화유산』, 학연문화사, 2003.

조한혜정 외,『한류와 아시아의 대중문화』, 연세대학교 출판부, 2003.

최혜실,『한류 문화와 동북아 공동체』, 집문당, 2010.

한국민족문화연구소,『한국의 문화유산』, 부산대학교 출판부, 1998.

한용근,『우리역사 우리문화』, 서경문화사, 2000.

홍일식,『한국전통문화시론』, 서울대학교 출판부, 1976.

더 읽을 거리

강철근,『한류전문가 강철근의 한류이야기』, 이채, 2006.

유홍준,『나의 문화유산 답사기』 1-8, 창비, 2015.

자크 모노,『우연과 필연』, 김진욱 옮김, 범우사, 1996.

캔 윌버,『모든 것의 역사』, 조효남 옮김, 김영사, 2015.

케이스 젠킨스,『누구를 위한 역사인가』, 최용찬 옮김, 혜안, 1999.

제10장

한국과 중국, 변화된 만남

1. 일본 제국주의의 침략과 한중 관계
2. 난징국민정부 시기의 한중 관계
3. 분단 한국과 중국과의 관계 변화

1. 일본 제국주의의 침략과 한중 관계

1) 중화 질서의 해체

화이華夷 사상을 바탕으로 한 동아시아의 전통적 중화中華 질서는 상업, 선교, 함포를 앞세운 서구 열강의 진출로 크게 동요하였다. 메이지유신 이후 근대 국가로 급속히 탈바꿈하던 일본은 아시아를 넘어 서구 열강과 함께 제국주의의 길을 걸었다. 일본은 1872년 류큐琉球를 복속시킨 뒤 곧바로 타이완을 침공하고, 조선에 불평등 조약을 강요하였다. 청일전쟁과 러일전쟁을 계기로 중국 중심의 책봉·조공 체제는 무너지고, 일본과 서구 열강이 동아시아의 패권을 다투었다. 이런 상황에서 대한제국은 1910년 일본의 식민지로 전락했고, 중국은 신해혁명을 통해 아시아 최초의 공화국인 중화민국을 수립하였다. 이후 한국과 중국 두 나라는 일본 제국주의에 맞서 식민지 혹은 반식민지 상태를 벗어나려는 노력을 공유하며 봉건 전제 시대의 정치적 외교적 종속 관계를 끝내고 새로운 변화를 맞이하였다.

간도 벌판에 모인 한국인들

일제강점기 무단통치는 한국에서 전개된 독립운동을 철저히 진압했고, 국내에서의 활동 무대를 상실한 많은 한인이 중국으로 건너갔다. 광활한 중국 대륙은 지리적으로 가깝고, 문화적으로 유사하며, 수많은 한인이 정착하고 있어 독립운동에 필요한 인력과 경제 지원을 기대할 수 있었다. 때마침 성공한 중국의 공화혁명은 한인들에게 큰 자극을 주었으며, 그들의 기대와 지지

신규식(申圭植, 1879~1922)

는 중국 혁명 지도자와 교류하거나 직접 혁명 진영에 참여하는 것으로 구체화하였다.

1912년 초에 신규식과 조성환 등의 한인 망명자들은 난징 임시정부의 주요 인사를 면담해 혁명 지지 의사를 밝히며 수백 위안의 군비를 기부하였다. 이듬해 전개된 위안스카이袁世凱 토벌 전쟁에도 일부 한인이 직접 군사 행동에 참여하거나 군비 지원에 나섰다. 또한, 한인 망명자들은 쑨원孫文 · 황싱黃興 등의 혁명파 인사와의 교류에 적극적이었고, 이를 체계화하기 위해 재중 한인들의 연락 기구인 동제사와 한중 연대 조직인 신아동제사를 조직하였다.

이 시기 한인들의 교류 대상에는 중국 혁명파뿐 아니라 입헌파나 심지어 공화제를 무너뜨린 위안스카이 측 인사까지 포함되어 있다. 이것은 조국 독립의 성취를 위해 중국 내의 어떤 세력이든 연대 활동의 대상으로 삼았던 한인 망명자들의 고뇌 어린 상황을 잘 보여 준다. 그렇지만 당시의 중국 혁명파 조직인 동맹회 · 국민당 · 중화혁명당 등은 한국 독립 문제를 본격적으로 도와줄 수 있는 처지가 아니었다. 그들은 전통적인 중화의식에 바탕을 두고 일본의 한국 강제병합을 오랜 속방의 상실 정도로 이해하거나, 자국 안보와 관련하여 순망치한脣亡齒寒의 시각으로 인식하였다. 따라서 그들은 식민지 한국의 처지를 동정하고 독립운동 인사의 해외 활동을 배려하는 개인적이고 소극적인 행위에 그쳤을 뿐이다.

1914년 제1차 세계대전이 발발하자, 서구 열강들은 동아시아를 돌볼 여지가 없게 되었다. 이 시기에 중국 침략을 노골화한 일본은 먼저 독일의 조차지였던 산둥에 대한 군사 침략을 감행하였다. 중국 지식인들은 일제 식민지로 전락한 한국의 비참한 현실을 두고 "오늘의 조선은 다가올 중국의 미래이며 과거의 조선은 현재 중국의 축소판"이라고 말하였다. 이처럼 중국의 위기 상황은 식민지 한국에 대한 그들의 인식을 새롭게 전환하였다. 이후 1919년의 3 · 1운동을 계기로 한국과 중국이 반드시 협력해야 한다는 인식이 급속히 확

중국의 5·4운동

대되었다.

한국의 3·1운동은 중국인들에게 강렬한 반향을 불러일으켰다. 특히 중국 언론계는 3·1운동에 대해 상세히 보도했는데 한국 독립운동에 대한 성원과 지지를 보내는 동시에 중국인의 각성을 촉구하였다. 당시 베이징대학 교수였던 천두슈陳獨秀는 「조선 독립운동의 감상」이라는 글에서 3·1운동이 "세계혁명사의 신기원을 개척하였다." 라고 극찬하고 중국 청년 학생들에게 조선인을 본받으라고 호소하였다. 중국 지식인들은 일제에 맞서는 것을 아시아의 당면 과제로 보고 한국인의 독립 투쟁에 깊은 연대감을 표시하였다. 특히 반제·반봉건을 내건 5·4운동의 각종 성명서와 선언서에 항상 한국 문제를 거론했고, 중국인들의 민족 존망에 관한 위기의식을 나타냈다. 한국 민족의 비참한 식민지 상황이 일제 침략 정책의 본질을 이해하는 데 참고할 만한 기준으로 제시되었으며, 3·1운동은 민족의 비운을 극복하기 위한 하나의 방법으로 인식하게 되었다. 이렇듯이 한국의 3·1운동은 중국의 5·4운동에 큰 영향을 미쳤고, 중국인의 한국 인식에도 변화를 일으켜 반제 투쟁 차원에서 상호 연대감을 형성하게 하였다. 이러한 관계 발전을 추진한 주요 세력은 중국의 혁명 세력과 항일독립운동에 적극적으로 참여한 한인 애국지사들이었다.

2) 대한민국 임시정부 수립과 한중 연대

제1차 세계대전을 종결짓는 평화조약이 중국의 요구 조건을 전혀 고려하지 않은 채, 서방 제국의 이해관계에 따라 베르사유에서 일방적으로 체결되었다.

서방 각국은 아시아에서 소련의 영향력 확대를 저지하기 위해 동맹국이 필요했으므로 일본의 요구를 대폭 수용하였다. 그 결과 산둥 지역에 대한 독일 권익이 일본에 넘겨졌고, 중국은 외교 실패와 함께 국제적으로 매우 불리한 상황에 놓이게 되었다. 내부적으로도 군벌이 할거하여 정치 상황은 매우 혼란스러웠다. 이처럼 허약한 베이징 정부의 친일 정책으로 정부 차원의 한국 독립운동에 대한 지지와 원조는 기대하기 어려웠다.

한중 간 본격적인 연대 활동은 1919년 3 · 1운동과 5 · 4운동을 경험하면서 이루어지게 된다. 5 · 4운동을 통해 민중의 자주 · 민주 의식을 확인한 공화주의자들이 기존의 조직 기반을 확충해서 국민당을 재조직했고 광둥성을 중심으로 국민혁명운동을 준비하였다. 한국 독립운동 역시 3 · 1운동 이후 해외에서 빠르게 조직화되었다. 그 가운데 가장 대표적인 것은 상하이의 대한민국 임시정부(이하 임시정부로 약칭)로, 세 곳의 임시정부가 협상을 통해 3 · 1 정신을 계승한 서울 임시정부의 법통을 존중하고, 정부의 소재지를 상하이에 두기로 하였다. 임시정부는 수립과 동시에 파리강화회의에서의 독립 승인을 최대 과제로 삼고 모든 외교 역량을 총동원하였다. 파리에 머물고 있던 김규식이 전권대사의 자격으로 독립청원서를 제출하여 한국인의 독립 의지를

중국 상하이 신톈디(新天地) 지역에 보존되어 있는 대한민국 임시정부 건물

김규식이 파리강화회의에 제출한 한국 독립에 관한 13개 조 진정서(1919. 4)

쑨원(孫文, 1866~1925)

천명하고 일제의 대륙 침략 야욕을 폭로하려 하였다. 그러나 일제는 한국에 대한 강제병합이 전쟁 이전의 문제라며 방해했고, 강화회의 참가국들은 토론조차 거부하였다. 비록 김규식의 청원외교는 성공을 거두지 못했지만, 중국 혁명가들의 이해와 지지를 얻게 되어 한중 연대의 분위기 조성에 기여하였다.

1921년 중화민국 호법정부가 광저우에서 수립되어 비상대총통으로 쑨원을 선출하자, 임시정부는 여운형·박은식 등을 보내 축하하였다. 아울러 임시정부는 호법정부로부터 외교적 승인을 받고, 워싱턴회의 참여를 목표로 신규식을 전권사절로 광저우에 파견하였다. 그해 10월 초 신규식은 쑨원을 만나 「호혜조약 5개항」을 제출했는데, 주요 내용은 호법정부와 임시정부 간의 상호승인과 한인 학생의 중국 군관학교 입학 허용, 차관 제공, 독립군 양성의 근거지 제공 등 독립운동을 위한 실질적 지원이었다. 쑨원은 한인 학생들의 군관학교 입학 허용에 대해 긍정적이었지만, 차관 제공과 조차지대 설정은 호법정부의 어려운 경제 사정을 이유로 받아들이지 않았다. 또한 광저우 비상국회에서는 '임시정부 승인안' 대신 '한국 독립 승인안'만을 상정, 통과시켰다. 그 영향으로 호법정부의 지지를 얻어서 워싱턴회의에 참가하려던 임시정부의 노력은 수포로 돌아갔고, 임시정부에 대한 중국 정부의 합법적 승인 절차도 이루어지지 못하였다.

그럼에도 쑨원을 비롯한 중국 혁명 지도자들의 한국 독립에 관한 관심은 3·1 운동 이후 급격히 고조되었다. 이는 한중 양국의 우의를 증진하고 공동의 적인 일제에 대한 연대 투쟁과 상호원조를 위한 대중조직 결성으로 진전되었다. 충칭, 창사, 한커우, 난징 등지에 중한호조사가 조직되어 한국 독립운동을 성원하였다. 구이저우군관학교는 쑨원의 지시에 따라 한인 학생들을 특별 입학시켰고 황푸군관학교도 다수의 한인 학생을 교육시켰다. 또한 1924년 쑨원이 설립한 국립 광둥대학에 한국 청년들이 특별 모집되어 독립운동의 인재로 길러졌다. 한중 연대는 언론출판계에서도 활발했는데 한인들의 독립 투쟁에 대한 이해와 연대를 위해 중국어로 쓰인 출판물이 간행되었다.

중국의 신해혁명 및 광둥 호법정부 시기에 진행된 한인 지사들과 중국 혁명파 인사들과의 교류는 제국주의 열강의 침략에 맞서서 독립을 도모해야 한다는 공동 목표를 가진 동병상련의 입장에서 출발한 것이었다. 그러나 양자의 교류에 나타난 현실은 기대했던 목표와 일정한 거리를 가지고 있었다. 우선 중국 혁명운동 자체가 한국 독립운동 세력의 기대를 충족시켜줄 만큼 순조롭지 못해 쑨원과 혁명파가 한국 독립운동을 도와줄 여력을 충분히 갖지 못하였다. 또한, 쑨원과 중국 혁명파 인사들의 한국에 대한 이해나 인식 자체도 한인들이 기대했던 호혜평등과 너무나 거리가 멀었다. 그런 점에서 한인 지사들의 중국에 대한 지나친 기대는 중국 의존적인 혹은 사대적인 태도로 비칠 소지를 안고 있었다.

그렇지만 중국 내 한국 독립운동은 각지에서 대중조직과 언론 활동을 통해 중국인의 항일 구국의식을 고취했고 양국의 연대의식을 확대시켜 나갔다. 중국인은 일제 침략에서 비롯된 민족 위기를 계기로 한국에 대한 인식 변화를 일으켰는데, 과거의 예속 관계로부터 항일 투쟁의 방법과 책략을 공유하는 대상으로서 우호연대의 필요성을 인식하게 되었다. 그 결과 중국 내 한국 독립운동은 각계로부터 많은 지지와 협조를 받았으며 일본의 중국 침략으로 본격화된 항일 전쟁에서 크게 기여하였다.

2. 난징국민정부 시기의 한중 관계

1) 만보산사건과 한인 독립운동

쑨원이 사망한 후 용공 문제로 국민정부는 우한과 난징으로 분열되었다. 1928년 6월 장제스蔣介石가 주도한 난징 국민정부가 전국 통일을 완성하고, 훈정을 거쳐 헌정에 이르는 쑨원의 건국 방략을 실행에 옮겼다. 그러나 당내의 반장제스 세력과 중국 공산당의 도전에 직면했고, 대외적으로 일본이 1931년 9·18 만주사변滿州事變을 일으켜 대륙 침략을 본격화하였다. 1931년 7월에 발생한 만보산萬寶山 사건은 만주 거류 한인과 중국 농민 사이에 농수로 축조를 둘러싸고 대립이 발생해서 무력 충돌로 번진 것이다. 문제는 여기서 그치지 않고 사건 내막이 한국에 잘못 알려져 전국적인 화교 배척 사태로 확산되었다. 중국에서는 만주 이민의 당사자이며 배화 폭동의 가해자인 한인에 대해 나쁜 여론이 형성되었다. 주로 식민지의 현실을 이해하면서도 일본에 이용당한 한인들의 단순함과 무지로 말미암은 폭력 사태를 비이성적 야만 행위라고 비난하는 내용들이었다. 그뿐 아니라 양국 간 경제적 갈등으로 "게으르고 나태하며 무능하다"라는 중국의 한국인관이나, "돈밖에 모르는 야비한 수전노"라는 한국의 중국인관이 공공연히 나타났다.

만보산 사건의 발단이 된 수로

만보산사건 직후 발생한 만주 사변은 일본의 침략 야욕을 노골적으로 드러냈다. 이에 대해 국민정부는 "국내를 먼저 안정시킨 후 외세를 몰아내자!"라는 정책으로, 우선 공산 세력의 섬멸에 전념하였다. 중국인들의 항일 여론이 확산되는 가운데 김구가 이끈 한인애국단 소속의 윤봉길이 상하이의 홍커우 공원에서 개최된 일왕 생일기념식에 폭탄을 투척하여 일본군 지휘관을 비롯한 여러 명의 사상자를 냈다. 이 보다 앞서 일본 도쿄에서는 한인애국단원 이봉창이 일왕의 암살을 시도하여 비록 실패했지만 내각이 총사퇴하기에 이르렀다. 한국 청년들의 두 의거는 전 세계를 경악시켰고, 만보산 사건 이후 껄끄럽던 한중 양국의 불편한 감정을 말끔히 씻어 버렸다. 특히 장제스는 "중국의 백만 군대도 하지 못하는 일을 한국인이 해냈으니 어찌 장하지 않은가!"라고 하면서 윤봉길 의거를 높이 평가하였다.

김구(金九, 1876~1949)

윤봉길(尹奉吉, 1908~1932)

이봉창 · 윤봉길의 의열 투쟁에 대한 중국 정부의 호의적인 반응은 한국독립운동을 새롭게 인식시키는 계기가 되었다. 무엇보다 두 의거를 배후에서 지원한 김구의 위상이 높아졌고 임시정부에 대한 신뢰와 지원도 확고해졌다. 그동안 군벌 정권과 마찬가지로 대일 관계의 악화를 우려하여 한국 독립운동에 소극적이던 국민정부가 기존 태도를 바꾼 것이다. 1933년 초에 장제스와 김구가 만나 항일합작을 상의하고 중국에 의한 재정 지원 및 군 간부 양성 교육이 이루어졌다. 이렇게 양성된 한인 장교들은 중국군이나 국민정부의 정보기관에서 일본과 관련한 정보 수집에 종사했고, 훗날 조선의용대와 한국광복군의 주축이 되었다.

丈夫出家生不還(장부출가생불환)
"사내 대장부는 집을 나가 뜻을 이루기 전에는 살아서 돌아오지 않는다."라는 뜻으로 윤봉길 의사가 독립 투쟁을 위해 만주로 떠나기 전에 남긴 유서.

이 시기에 만주를 중심으로 전개된 한국 독립운동은 공산주의 운동과 관련이 깊다. 1921년 중국 공산당이 조직된 후, 새로운 항일 투쟁 방법으로 기대를 걸었던 많

李奉昌(1900~1932)

은 한인 독립지사가 공산당에 가입하였다. 1925년에는 조선 공산당이 창당하고, 이듬해 만주 총국을 세워 이 지역 한인들의 항일 운동을 조직화하였다. 제1차 국공합작이 실패로 끝나면서 중국 공산당은 독자 활동을 개시했고, 한인 독립지사들도 동참하였다. 그런데 코민테른이 '한 나라에 하나의 당'이라는 원칙을 세우고 중국 내 조선 공산당원은 중국 공산당에 가입하도록 조치하였다. 그 결과 조선 공산당 만주 총국은 해체되어 중국 공산당 간주성 위원회로 흡수되었다.

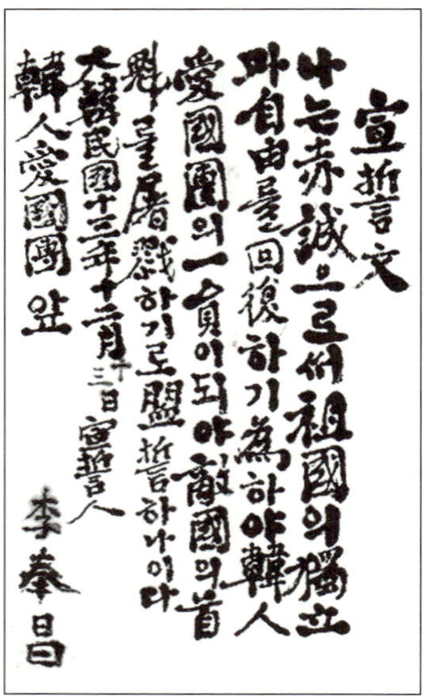

宣誓文

나는赤誠으로써祖國의獨立과自由를回復하기爲하야韓人愛國團의一員이되야敵國의首魁를屠戮하기로盟誓하나이다

大韓民國十三年十二月十三日

宣誓人 李奉昌

韓人愛國團 앞

이봉창 의사의 한인애국단 입단 선언문 "나는 적성(赤誠)으로 조국의 독립과 자유를 회복하기 위하야 한인애국단의 일원이 되야 적국의 수괴를 도륙하기로 맹서하나이다. 한국 13년 12월 13일 선서인 이봉창 한인애국단 앞"이라고 적혀 있다. 일본 국왕을 폭탄으로 암살하려고 한 거사 직전에 맹세한 자필서이다.

중국 공산당은 "조선 혁명은 중국의 주변 지대 혁명이므로, 중국 혁명이 승리하면 조선 혁명도 당연히 승리한다."라면서 한인들에게 수직적 충성 관계를 요구하였다. 이에 따라 만주의 한인들은 후아룽에서 첫 소비에트 정권을 수립했고, 옌볜의 5 · 30폭동을 주도하여 철로 · 교량 · 경찰서 등을 파괴하고 지주와 토호를 살해하였다. 그리고 이런 활동에 참여했던 한인들은 대부분 사형과 장기 투옥으로 희생당했고, 그때까지 한국의 독립운동을 지지했던 중국 부르주아지나 지방 세력에게 불신과 반감의 대상이 되었다.

일본군의 만주 점령 이후 한국 독립운동은 크게 위축되었다. 하지만 민족주의 계열의 한국 독립군은 조직을 재정비하고 동북항일의용군과 협력하여 일본 관동군에 대항하였다. 뢰이진에서 열린 중화소비에트공화국 제1차 전국 대표 대회에서는 한인의 반일 독립 투쟁에 지지 의사를 표시하였다. 1936년에는 만주의 항일 무장 조직이 동북항일연군으로 통합되어 중국의 항일 부대와 통일 전선을 구축하였다. 이들은 만주의 주요 교통 및 통신 시설과 병참 창고 등을 파괴해서 관동군을 견제했을 뿐 아니라 압록강을 건너 국내 군사 목표를 공격하기도 하였다. 이에 일제는 1931년 1개 사단 병력에 불과하던 관동군의 주력을 8개 사단으로 증강하고 동북항일연군을 소탕하는 데 온 힘을 기울였다. 또한, 관동군 사령부와 만주국은 3년간의 치안 숙정 계획을 세워 대규모의 군사·경제 공세를 펴며 항일연군과 한중 민중의 연계를 차단하려 하였다. 이 때문에 1938년부터 항일연군의 활동이 크게 위축되었고 병력 손실도 컸으며, 1945년 소련군이 만주로 진군할 때까지 항일 무장 투쟁은 사실상 중단되었다.

2) 중일전쟁과 한인 무장 독립 투쟁

1937년 7월 7일 일본군의 루커우챠오 침공을 계기로 중국 국민정부는 뤼산 회의에서 대일 항전을 결정하였다. 이후 제2차 국공합작이 빠르게 진행되어 8월 공산당의 홍군이 국민정부의 팔로군으로 편입되었다. 1938년 10월 충칭으로 천도한 장제스는 철저한 항전 의지를 공표했고, 이를 계기로 국민정부와 한국 독립운동 세력 사이에 공개적이며 공식적인 협력이 이루어졌다. 당시 중국에서는 대일전의 승리가 곧 한국·타이완 등의 독립을 보장한다는 '동아시아 연대론'이 집중적으로 제기되었다.

임시정부의 이동 경로

중일전쟁이 발발하자 임시정부는 곧 전시 체제로 전환하였다. 소재지도 난징을 떠나 우한, 창사, 광저우, 류조우, 꾸이양, 치장 등을 거쳐 1940년 충칭에 자리 잡았다. 이 긴 여정에 임시정부는 중국 국민당 중앙과 지방 조직으로부터 많은 도움을 받았다. 임시정부는 중일전쟁 직후부터 군대를 보유하려고 했지만, 여러 제약을 받다가 1940년에 이르러서야 장제스가 김구의 광복군 성립 계획을 수용함으로써 가능해졌다.

한국독립당 주요 인사들(1940. 5. 16)

한국광복군 결성 후 한중 기념사진 촬영(1940. 9)

조선의용대

김구의 한국국민당과 조소앙의 한국독립당, 이청천의 조선혁명당이 한국독립당으로 통합되어 임시정부의 중심세력이 되었고, 국민정부의 심사를 거쳐 같은 해 9월 한국광복군이 창설되었다. 임시정부가 중국에서 군사 활동을 할 수 있는 직속 군대를 확보하게 되었다는 것은 한국 독립운동 사상 획기적인 사건이라 할 만하다. 그러나 광복군이 실제로 항일 전선에 나아가기까지는 아직 넘어야 할 어려움이 많았다.

우선 조선의용대가 활동 중이었기에 국민정부로부터 정당한 지위 보장이나 지원을 얻기 어려웠다. 이 문제는 1941년 말 국민정부 군사위원회가 일방적으로 통고한 「한국광복군 9개항 행동준승」으로 일단락되었지만, 광복군의 편제와 인적 구성에서 중국의 제약을 받아야 하였다. 그 결과 광복군의 활동은 임시정부와 분리되어 "한국의 광복군이 아니라 중국의 광복군"이라는 비난을 받았고, 광복군의 사기에도 나쁜 영향을 미쳐 조직 확충이 어려웠다.

1941년 12월 일본의 진주만 공격으로 미국이 참전하면서 한국 독립운동의 내부 갈등은 해결의 실마리를 찾았다. 조선민족혁명당이 시국의 긴박성을 인식하고 임시정부 중심의 단결을 천명한 후, 조선의용대를 광복군 제1지대로 편입시켜 무장 독립 세력의 통합을 이루었던 것이다. 이를 토대로 김구는 한중상호군사협정을 장제스에게 제의했고, 1945년 3월 한중 양국 정부가 한국광복군 원조 방안을 제정하여 광복군 내의 중국군을 모두 철수시킴에 따라 완전한 임시정부의 국군으로 거듭나게 되었다. 그 후 임시정부는 미국과의 연합작전을 진행했고 대독 선전포고를 통해 연합국의 일원으로서 적극적으로 전쟁에 참가하는 행동을 보였다.

이밖에 중국 정부는 임시정부의 차관 승인과 관련된 한국 독립운동 원조 및 지도 방안을 마련하였다. 민간 차원에서는 1942년 10월 중한문화협회가 조직되어 400여 명의 한중 지도자가 총망라되었는데, 이들의 주요 목표는 임시정부를 지원하여 전후 독립 국가의 주체로 만드는 데 있었다.

한편 중국 공산당은 1937년 제2차 국공합작 이후 임시정부에 대한 지지를 공개적으로 표시하였다. 이들은 「구국십대강령」을 발표하고 조선 · 타이완 및 일본의 노동자 · 농민이 반침략 통일전선을 구축하여 일제에 저항할 것을 촉구하였다. 또한 공산당 기관지인 『신화일보』와 『해방일보』는 임시정부 활동을 보도하면서 조선의용대의 항일 무장 투쟁을 집중적으로 부각했고, 한국 관련 기사를 통해 동아시아 피압박 민족의 연대를 강조하였다. 실제로 중국 공산당은 옌안에서 화북조선청년연합회 · 일본재화반전동맹 등이 참여한 동방각민족반파쇼대표대회를 소집하고 장제스 · 마오쩌둥 · 김구 등

충칭 대한민국 임시정부 청사

을 명예 주석단에 포함하여 연대를 구체화하였다. 임시정부는 소재지를 충칭으로 옮기고 나서 공산당과의 교류가 더욱 빈번해졌고 3 · 1운동, 8 · 29국치일 등 한국 관련 기념행사에 공산당 지도자들이 대거 참석하여 연대감을 표시하였다.

7 · 7사변 이후 일본이 강제로 동원한 한인들이 화북 점령 지역으로 대거 이주하여 1940년까지 20여만 명에 이르렀다. 한중 양국 지도자들은 이들을 항일 역량으로 전환하는 일을 공동 과제로 삼았다. 공산당 언론들은 소비에트와 적 후방에서 항일 활동을 전개하는 한인들을 경제적 군사적으로 돕는 항일 연합전선의 구축을 촉구하였다. 1941년 공산당의 지도로 조선의용대와 조선청년전위동맹 · 조선민족혁명당 · 조선민족해방동맹 등이 화북조선청년연합회와 조선의용대 화북지대를 결성하였다. 두 조직은 1942년에 다시 조선독립동맹과 조선의용군으로 확대 개편되어 화북 지역 한인들의 독립운동 역량을 결집하였다. 이들은 공산당의 해방구 건설에도 참여하여 적진에서 선전과 정보 수집 활동에 종사하였다. 당시 임시정부의 군대와 정부 조직, 한인들이 스스로 체계를 갖추어 독자적으로 활동했다면, 옌안과 항일 근거지의 한인들은 중국 사회에 융화되어 중국인들과 함께 생산 및 정치 · 군사 활동을 전개하였다.

3) 카이로회담과 한국 독립

蔣介石(1887~1975)

1941년 12월 일본의 진주만 기습 공격으로 미국이 태평양전쟁에 뛰어들면서 한중 관계는 새로운 국면을 맞이하였다. 최후의 승리를 낙관한 중국 국민정부는 전후 세계 질서의 재편 과정에서 자국의 역할과 위상 강화를 모색하였다. 장제스와 국민당의 일차 목표는 일본에 빼앗긴 타이완, 만주, 랴오둥의 옛 영토 회복이었고, 더 나아가 전후 동아시아의 맹주로서 과거와 같은 우월한 지위를 회복하는 데 있었다. 따라서 중국은 전후 처리에 깊은 관심을 보이며 한국 독립운동에 대한 지원 및 협력을 확대하는 등 이전과는 다른 양상을 보였다.

이 시기에 임시정부는 한중 연대를 바탕으로 참전외교를 펼쳤다. 연합국이 교전 단체로 인정한다는 것은 곧 임시정부를 승인한다는 것을 의미했고, 이것은 독립운동의 무력 기반인 광복군이 획기적으로 성장할 방법이기도 하였다. 1941년 11월 중국의 국민참정회에서 '적당한 시기'에 임시정부를 정식 승인하자는 결의안이 제출되었다. 또한, 국민당 중앙집행위원회는 한국 독립운동의 원조 및 지원 방안에서 "적당한 시기에 다른 나라보다 먼저 한국 임시정부를 승인"하기로 결의하였다. 이처럼 중국 지도자들은 임시정부 승인을 기정사실로 받아들였고 임시정부 중심의 전후 한국 독립을 구상하였다. 한편, 유럽 및 미국에서는 한국을 국제적으로 공동 관리해야 한다는 주장이 제기되었다. 이에 대해 한인들은 크게 반발했으며 임시정부 외교부장 조소앙이 반대 입장과 이유를 공식적으로 표명하였다.

1943년 11월 이집트 카이로에서 미국의 프랭클린 루스벨트, 영국의 처칠, 중국의 장제스가 참여하여 열린 삼국 수뇌 회담은 전후 한국의 진로에 중대한 영향을 미쳤다. 이 회담에서 장제스는 한국 독립의 필요성을 처음 제기했는데 영·미 수뇌는 한국의 즉각 독립에 부정적이었다. 결국 카이로회담에서는 "적당한 시기에 조선을 해방하고 독립시킬 것"이라는 내용으로 한국 문제를 정리하였다. 이것은 전후 한국의 독립이 국제적으로 처음 보장되었다는 점에서 중요한 의미가 있다.

이집트 카이로회담(1943.11)

카이로선언으로 한국 독립의 약속을 받고 나서 임시정부는 중국 정부와 서구 열강에 조속한 승인과 독립운동의 지원을 요구하였다. 그러나

임시정부의 환국 기념사진(1945.11.23.)

중국 정부의 임시정부 승인은 종전 때까지 끝내 실현되지 못하였다. 그 원인으로 먼저 한국 독립운동 세력의 내분에 따른 정당성과 대표성 상실을 들 수 있다. 또한 전후 처리 과정에서 미국, 영국, 소련과 비교할 때 중국의 국제적 지위와 국력이 부족했다는 점도 들 수 있다. 아울러 중국은 전후 동아시아의 세력 재편 과정에서 한국의 위상 및 국제 관계에 대한 뚜렷한 정책이 없었으므로 적극적으로 대처할 수 없었다.

중국 지도부는 역사적 인종적 안보적으로 늘 한국과 특수 관계에 있다고 믿었다. 이 때문에 중국 정부는 한국의 전후 처리에 단순히 참여하는 정도가 아니라 그 이상의 것을 원하였다. 그들의 구상은 미·소의 영향력을 배제한 친중 성향의 통일 정부, 곧 김구와 임시정부의 정통성을 계승한 정부를 수립하는 데 있었기에 미·소의 남북한 분할 지배에 반대하면서 자국의 영향력을 확보할 수 있는 4개국 공동신탁관리를 추진했다. 중국의 이런 대응은 한국의 완전한 통일 국가 건설을 지지하고, 신속하면서 확실한 독립 절차를 중시한 것처럼 보인다. 하지만 그 이면에는 어떤 형태로든 한국 문제에 중국의 영향력을 강조하여 현상 유지 혹은 자기 보존을 꾀하려는 이중성이 내포되어 있다.

결국 '반공'이라는 새로운 공동 목표를 통해 이승만과 미국, 그리고 중국 정부의 연대가 이루어졌고, 남한 단독정부의 수립으로 귀결되었다. 중국 정부는 대한민국 정부 수립에 즈음하여 "아시아의 맏이인 우리 중화민국이 분발하여 강대해지고, 창의를 앞세워 아시아 독립 민주주의 신생 국가들이 연합하여 아시아의 평화와 번영을 보호한다면 동아시아의 빛나는 미래가 반드시 실현될 것"이라고 밝히고 있다. 이러한 중국의 한국 인식은 한반도를 자국의 안위에 필요한 순망치한의 관계로 보는 전통적 안보 의식과 과거의 지배권을 회복하려는 우월 의식 및 앞으로 동아시아에서 경쟁 관계가 될 소련의 팽창을 막아보려는 현실적 요구가 복합적으로 반영된 것이라 하겠다.

3. 분단 한국과 중국과의 관계 변화

1) 6·25전쟁과 냉전체제

1945년 8월 15일 일본의 무조건 항복으로 한국은 해방되었다. 그러나 전시체제의 급작스러운 붕괴로 미군사령부 일반명령 제1호에 의해 한반도는 북위 38도 선을 경계로 남과 북으로 분할되어 미군, 소련군이 각각 점령하였다. 이것은 일본군의 항복 접수를 위해 미국이 제안한 것으로, 사실상 한반도를 국제적 냉전의 희생물로 만든 조처였다. 1948년 8월 15일 남한에는 미국의 영향력 아래에 있는 대한민국이, 같은 해 9월 9일 북한에서는 소련의 영향력 아래에 놓인 조선민주주의인민공화국이 각각 수립하여 상호 대치하게 되었다.

전후 한국이 남북으로 분단되었을 때, 중국도 두 개의 정권으로 분열되고 있었다. 4년간의 국민당과 공산당 내전에서 미국이 지원하던 국민정부가 패배하여 타이완으로 퇴각하고 공산당이 승리하여 1949년 10월 1일 중화인민공화국을 수립하였다. 이후 대한민국은 중화민국과 서로 승인·협조하였고, 중화인민공화국과는 적대시하였다. 그 해 마오쩌둥毛澤東은 소련을 방문하여 스탈린과 30년간 유효한 우호동맹조약을 체결했는데, 당시 중국은 소련의 경제·군사 및 외교적 지원이 절실한 상황이었다. 국공내전에서

마오쩌둥(1893~1976)

항미원조운동(1951)

승리를 거두긴 했지만, 아직 미국의 지원을 받는 국민정부와의 대결이 끝나지 않았기 때문이다.

남북한은 모두 자신의 정권이 한반도의 유일한 합법 정부라고 주장하며 마침내 전쟁으로 치달았다. 1950년 6월 25일 발발하여 1953년 7월 27일 휴전된 6·25전쟁은 동족상잔의 참극을 빚어 민족 분단을 더욱 심화했으며, 연합군과 중국군의 파병 지원으로 국제전의 성격을 띠었다. 처음 3개월 동안 전력이 압도적으로 우세했던 북한이 부산 부근까지 점령했으나, 유엔군의 파병과 미국 맥아더 장군의 인천상륙작전이 성공함으로써 전황은 역전되었다. 이후 유엔군은 38선을 돌파하여 압록강까지 진격했고 한반도의 통일이 거의 확정되는 듯하였다. 이처럼 북한 정권이 궤멸 상태에 직면했을 때, 중국은 의용군 파병이라는 명목으로 6·25전쟁에 개입하여 전황을 교착 상태에 빠지게 하였다. 그 이후 중국은 북한 정세에 주도적인 입장을 취하면서 전쟁과 전후 처리에 관여하였다.

6·25전쟁의 발발로 트루먼 미국 대통령이 해군·공군에 대해 타이완 방위를 명령하자, 중국 공산당 정부는 대규모의 반미 운동을 전개하였다. 같은 해 10월 인민해방군을 6·25전쟁에 투입한 이후 공산당 정부는 원래의 반미 운동을 항미원조抗美援朝 운동으로 확대하여 전국에 걸쳐 1억 8천만 명을 동원하였다. 공산당 정부는 이 운동을 통해 중국인의 민족의식을 고취하고 새로 탄생한 공산당 정권을 강화하여, 이후 모든 국가사업을 추진하는 정치적 동력으로 삼았다.

중국은 6·25전쟁에 참전하면서 북한과 혈맹 관계를 형성하였다. 그들의 개입 목적은 국가안보 측면에서 한반도에 공산정권을 두어 지도권을 확보함과 동시에 동남아 일대의 공산주의 활동에도 영향을 주어 아시아 지역을 비롯한 세계무대에서 영향력을 행사하기 위한 전략이었다. 또한 북한 지역에 공산주의를 영속시켜 중국과 이념을 같이하는 지정학적인 완충지대를 확보함으로써 자국을 보호하려 하였다. 이는 전통적인 중화의식과 맥락을 같이하는 것으로도 파악할 수 있다. 중국군은 1958년 10월까지 주둔하면서 북한의 방위와 전후 복구를 적극 지원하여 양국 간의 신뢰와 우호협력 관계를 강화했고, 이에 따라 북한에 대한 중국의 영향력은 더욱 증대되었다.

중국 공산당은 정권 수립 초기에 미 · 소 양극체제의 극한 대립 속에서 소련 일변도의 대외정책을 표방하며 미국을 제1의 적대국으로 선포하였다. 이러한 안보 개념은 중국의 한반도 정책에도 그대로 반영되었다. 즉 중국은 미국과 상호방위조약을 맺고 있는 한국을 미 제국주의의 전초기지로 간주했고, 북한은 미국 세력으로부터 사회주의를 보호하기 위한 전략적 완충기지로 인식하였다. 이에 따라 중국은 북한에 의용군을 파병했고, 1961년에는 상호방위조약을 체결하는 등 '사회주의 형제국', '혈맹 관계', '순치 관계'를 유지해온 반면, 한국과의 관계 발전 가능성을 처음부터 배제하였다. 한국과 중국 공산당 정부는 서로 국가적 실체를 인정하지 않고, 정식 국호 대신에 '남조선'과 '중공'이라는 별칭으로 호칭하면서, 국가 차원뿐만 아니라 민간 차원에서조차 일체의 교통과 왕래를 끊은 상태로 30여 년을 지냈다.

2) 한중 관계의 새로운 변화

1976년 9월 마오쩌둥의 사망으로 문화대혁명을 종식시킨 중국은 1978년 12월 실용주의자인 덩샤오핑鄧小平 체제가 확립되었다. 이후 중국의 국가정책 목표는 경제 개혁과 농업 · 공업 · 과학기술 · 국방의 4대 현대화를 통한 새로운 경제개발의 추진이었다. 이에 따라 중국의 대외 정책은 적극적인 대서방 접근 정책으로 가시화되었고, 미국 · 일본을 비롯하여 한국과 타이완에 대해서도 비정치적 분야에서의 경제 협력을 강화하였다.

덩샤오핑(1904~1997)

개혁개방 이후 중국은 평화적인 국제 환경을 가장 중요시하여, 한반도의 긴장 완화와 평화 정착을 통한 남북한 관계의 현상 유지를 희망하게 되었다. 아울러 중국은 경제 발전의 성공 사례로 한국을 재평가하게 되었으며, 한국의 발전 모델에 관심을 갖고 중국의 경제 협력 동반자로서 한국의 가치를 인정하였다. 중국 공산당 총서기 후야오방胡耀邦이 1980년 그리스의 공산당신문과 가진 인터뷰에서 "중국의 개방 정책은 한국의 경제 발전 경험에 기초를 두었으며, 그 경험은 중국의 경제 발전에 크게 기여한다."라고 밝힌 바 있다. 중국은 현대화 정책의 관점에서 한국과의 관계를 개선하고 남북대화를 촉진시켜 한반도의 긴장 완화를 이룩하는 것을 긴요한 정책 목표로 삼았다.

한중 간 교역이 급속히 팽창함에 따라 정치 관계의 개선이 불가피해졌다. 그동안 중국은 북한과의 특수 관계와 '1국가 2체제'라는 통일 전략 때문에 한국과의 정치 관계 개선에 소극적 태도를 견지하였다. 1991년 10월에 남북한이 유엔에 동시 가입해 한중 관계 정상화의 전제 조건인 남한의 실체 인정 문제가 해결되었다. 또한 냉전 체제의 해체 이후 한중 양국은 군사 · 안보 위주의 외교를 지양하고 점차 경제 교류와 상호의존을 통한 공동 번영을 추구하는 외교를 지향하였다. 이 시기 한국은 아시아에서 타이완과 외교 관계를 유지한 유일한 국가였으나, 중국의 군사적 외교적 위상이나 한반도 상황에 대한 발언권, 경제적 상대로서의 비중 때문에 '하나의 중국'을 받아들였다. 마침내 1992년 8월 24일 한중 양국은 공식 외교 관계를 수립하고, 공동 이익의 실현을 위한 서로 중요한 관계가 되었다.

수교 직후, 한국의 대중국 수출품은 공산품이 주류를 이룬 데 반해 중국의 대한국 수출품은 1차 산품이 주종을 이루었다. 또한 한국은 중국의 풍부한 자원과 값싼 노동력의 최대 수혜자였다. 이처럼 한중 양국은 경제 발전 전략 및 생산 요소의 차이에서 초래되는 국제 분업의 가능성, 정치적 외교적 요소와 동북아 지역 경제 발전을 위한 상호협력의 필요성 등으로 협력을 강화하였다. 그 결과 2004년 이후 중국은 한국의 최대 교역 대상국으로 부상했고 한국은 미국, 일본, 홍콩에 이은 중국의 네 번째 교역국이 되었다.

활발한 경제 교류는 필연적으로 폭넓은 인적 교류를 동반하였다. 1978년 중국 동포 즉 조선족의 한국 방문이 허용된 이래로 양국 방문자 수는 해가 거듭할수록 늘어나, 수교 당시 연간 13만 명 수준이었던 것이 2011년에 660만 명을 넘어섰다. 최근 '유커'라는 신조어가 등장했는데 본래 관광객을 일컫는 말이지만 한국 여행업계에서는 '중국인 관광객'을 의미하는 용어로 자리 잡고 있다. 특히 중국의 노동절 연휴인 5월 1일부터 3일까지, 중추절과 국경절이 이어지는 9월 30일부터 10월 7일 사이에는 유커의 한국 입국이 크게 늘어난다. 이들은 국내 입국할 경우 다량의 물건 구입은 물론이고 고급제품을 싹쓸이해 1등 고객으로 선호되고 있다.

한중 간 인적 교류와 더불어 학술, 문화, 예술 방면에서도 상호 긴밀한 교류가 진행되고 있다. 1980년대부터 중국에서는 '한국열'이 크게 일어나, 한국에 관한 각종 도서와 정기간행물들이 출판되고 한국학 연구 기관들도 설립되었다. 한국에서도 중국 붐이 일어나 고등학교에서는 중국어가 제 2 외국어로 채택되고 대학에서는 중국 관련학과가 설치되었다. 중국유학 붐도 일어나 1993년에 중국으로 유학한 학생이 500명이었으나, 현재는 중국내에 있는 5만 2천 명의 외국인 유학생 중 2만 2천 명이 한국인들이고 이와 별개로 단기 연수 등으로 중국을 가는 학생이 15만 명을 넘는 규모이다.

1988년부터는 한국의 경제 발전을 소개하는 도서들이 중국의 각 출판사에서 봇물 터지듯 쏟아져 나왔다. 이런 책들은 한국 경제의 현황을 소개하고 한국 경제 발전의 요인을 진단하면서 정부 주도하의 시장경제 체제 모형을 연구하는 등, 한국의 경제 발전에 대한 중국인들의 높은 관심을 잘 보여 준다. 특히 중국의 대중문화 영역에서 한국의 드라마, 영화, K팝 등을 위시한 '한류'는 이제 중국 젊은이들에게 중요한 대중문화의 하나로 자리 잡았다. 중국을 비롯한 세계적인 한류 열풍은 역사적으로 중국으로부터 일방적으로 문화를 전수받기만 했던 한국 문화를 역으로 중국에 전파했다는 점에서 큰 의미가 있다.

현재 중국은 막강한 경제 성장력을 배경으로 그동안 미국・일본 중심의 동아시아 지역 질서에 새로운 변화를 모색하고 있다. 중국의 영향력이 커질수록 동아시아의 세력 변화는 피할 수 없다. 그 가운데 가장 중요한 뇌관은 영토 문제이다. 이미 일본과의 댜오위다오센카쿠 영유권 분쟁이나 한국과의 이어도 관할권 주장은 동북아시아의 주요 현안이 되었다. 또한 2000년대 초반 중국의 동북공정으로부터 비화되기 시작한 역사 왜곡 문제는 한중 간 언제 터질지 모르는 갈등의 불씨라 할 수 있다.

정치적 외교적 측면에서 한국은 중국과의 수교를 계기로 주변 4강과의 관계를 정상화하여 평화통일을 위한 최소한의 국제적 여건을 조성하였다. 이후 한중 양국은 상호 대립 관계를 청산하고 교류와 협력 관계를 지속적으로 발전시켜 왔다. 근래 중국이 G2로 부상하면서 한국과 중국의 전략적 이해관계가 더욱 커지고 있다. 중국은 미국과 더불어 한반도 통일이나 우리나라의 미래를 위해 전략적으로 가장 중요한 국가로 부상하였다. 중국 역시 미국・일본과의 관계에서 한국의 지리적 조건이나 외교 군사적 역할을 무시할 수 없다.

한편 한중 수교 이후 북한은 상대적으로 고립감을 느끼고 주민들의 동요를 방지하는 등 체제 단속에 부심하고 있다. 북한 사회는 전체주의 바탕 위에 세습 체제가 뿌리내림으로써 권력층의 기득권 보호와 함께 새로운 정치 세력의 발생 및 변동을 억제하고 있다. 국제사회에서의 고립을 자초하면서까지 개혁과 개방을 거부하고 있는 것은 체제의 붕괴 위기를 맞게 될 것을 두려워하기 때문이다. 그동안 북한에서 변화의 조짐이 전혀 없는 것은 아니지만 현 단계에서 제기되고 있는 비핵화 문제가 미국 및 일본과의 관계 개선에 전제 조건으로 되어 있다. 그러므로 이 문제가 원만히 해결되어야만 한반도에서 긴장이 해소되는 한편, 새로운 국면을 맞이할 수 있을 것이다. 따라서 북한 정권과 특수 관계인 중국은 북한의 개방 정책에 자극을 주어 미국・일본과의 관계 개선을 촉진시킴으로써 동북아 지역에 잔존하는 냉전 체제의 종식에 기여하고 나아가 남북 관계의 실질적 진전에도 역할을 모색할 것으로 보인다.

분단 이후 한중 관계는 3년의 전쟁과 30여 년의 냉전기를 거쳐 1992년 수교 당시의 우호협력 관계, 1998년의 협력동반자 관계, 2003년의 전면적 협력동반자 관계, 2008년의 전략적 협력동반자 관계로 빠르게 격상하였다. 현재 한중 양국은 한반도의 긴장 완화와 평화 유지를 통해, 정치 · 외교 · 안보 측면에서 공동 이익을 추구하고 있다. 중국은 자국의 지속적인 경제 발전을 위해서라도 한반도의 평화와 안정 유지를 필수적인 조건으로 삼고 있다. 따라서 양국의 협력 관계 여부는 향후 아태 지역, 특히 동북아의 평화와 안정에 커다란 변수로 작용할 것이다. 이 때문에 양국의 협력에 의한 안전 문제는 지속적으로 추구되어야 할 과제로 남아 있다. 또한 2015년 12월 20일 발효된 한중 자유무역협정FTA으로 양국 관계는 단순한 교역을 넘어 동북아시아의 동반자로 새로운 협력의 시대를 열어가고 있다.

참고 문헌

김한규,『한중관계사』II, 아르케, 1999.

김희곤,『중국 관내 한국독립운동단체연구』, 지식산업사, 1995.

박명희 · 이재령 외,『근현대 전환기 중화의식의 지속과 변용』, 단국대출판부, 2008.

배경한,『쑨원과 한국: 중화주의와 사대주의의 교차』, 한울아카데미, 2007.

양소전,『중국에 있어서의 한국독립운동사』, 한국정신문화연구원, 1996.

이재령,「20세기 중반 한중관계의 이해: 한국독립에 관한 중화의식의 이중성」,『중국근현대사연구』29, 한국중국근현대사학회, 2006.

추헌수,「대한민국임시정부와 중국과의 관계」,『한국사론』10, 국사편찬위원회, 1981.

한국근현대사학회,『한국독립운동사강의』 한울, 2007.

한영춘 · 박명희 외,『한 · 중시대의 개막과 한국의 미래』, 자유평론사, 1993.

호춘혜,『중국안의 한국독립운동』, 신승하 옮김, 단국대학교출판부, 1987.

더 읽을 거리

김창석 · 추명엽 외,『한중일 학계의 한중관계사 연구와 쟁점』, 동북아역사재단, 2009.

석원화 · 김준엽,『신규식 · 민필호와 한중관계』, 나남, 2003.

이재령,「남경국민정부시기 한국언론의 중국인식-『동아일보』(1929~1935)를 중심으로」,『중국학논총』 제15집, 2003.

이재령,「중국역사교과서로 본 현대한국」,『중국학보』 제64집, 2011.

이재령,「항전시기(1937~1945) 국공양당의 한국관-『중앙일보』·『신화일보』를 중심으로」,『중국학보』 제56집, 2007.

한국독립유공자협회,『중국동북지역 한국독립운동사』, 집문당, 1997.

한국민족운동사연구회,『한국독립운동과 중국-1930년대를 중심으로』, 국학자료원, 1998.

제11장

가깝고도 먼 한국과 일본

1. 가까운 이웃 일본, 교류의 시작
2. 고려와 왜구의 침탈
3. 조선과 일본의 국교 재개와 문화 교류
4. 개항과 일본의 조선 침략
5. 냉전과 21세기 한일관계

1. 가까운 이웃 일본, 교류의 시작

일본은 유라시아 대륙판의 동쪽 끝의 바다에서 조산 활동을 통해 만들어진 섬이었다. 이후 일본열도는 여러 차례의 빙하기와 간빙기를 거치면서 1만 년 전에 현재와 같은 네 개 섬의 모습으로 되었다.

일본의 원시시대는 선토기先土器시대와 약 1만 년 전후부터 시작된 조몬시대繩文時代를 말한다. 일본열도에서는 기원전 3세기경부터 한반도에서 벼농사와 철제 농기구, 동탁, 동검, 동모 등 금속기가 전해져 야요이彌生시대가 시작되었다. 근대에 들어와 인류학의 연구성과는 야요이인의 인골이 본래 일본열도에 살았던 조몬인의 그것과 차이가 크다는 사실을 밝혀냈다. 또 최근에 실시된 DNA 분석연구는 현재의 일본민족이 원래 일본열도에 살고 있던 조몬인과 한반도 이주민, 동남아시아인 등의 혼혈에 의해 형성되었다는 사실을 과학적으로 입증해 냈다.

조몬 토기

야요이 토기

중국 역사서인 '위지 왜인전'에 따르면, 2세기 후반부터 3세기 중엽에 일본열도에서 100여 개의 소국이 30여 개로 통합되었다. 그 중에 야마타이국은 연맹 왕국의 맹주로서 정치적 안정을 꾀하기 위해 중국의 위魏나라에 사신을 파견하였다. 이후 일본열도에서는 호족에 의한 정치적 연합체의 형태로 야마토大和정권이 성립하였다. 같은 시기에 한반도에서는 백제, 신라, 고구려, 가야 등이 정치제도를 정비하여 국가단계로 발전해 가고 있었다.

한편 일본의 야마토정권과 그 호족들은 백제·가야와 밀접한 관계를 맺고 선진 문물과 기술자를 받아들여 발전해 갔다. 4세기 말~5세기 초 한반도에서는 고구려, 백제, 신라, 가야의 세력 균형이 무너지기 시작하였다. 고구려 광개토대왕의 공격을 받아 어려움을 겪던 백제는 야마토정권 내의 백제계 호족・가야 등과 연합하여 고구려・신라와 치열한 싸움을 전개해 나갔다. 이때에 야마토정권에서는 백제와의 교류를 지속해야 했으므로 백제의 요구를 받아들여 왜병을 파견하기도 하였다. 이런 백제・가야・왜 사이의 정치적・군사적 협력 관계는 고구려 집안에 세워진 광개토대왕 비문을 통해 추론할 수가 있다.

광개토대왕비(용산 전쟁기념관, 모사품)
광개토대왕의 아들 장수왕이 세웠으며(414), 이 비석에 새겨진 신묘년(391) 기사가 한일학계에 논란이 되고 있다.

현재 고대 한일관계사의 쟁점이 되고 있는 학설로 임나일본부설任那日本府說이 있다. 이 학설에서는 약 반세기 전 일본학자가 『일본서기』에서 신공황후의 신라 침공 기사와 광개토대왕비문*의 내용을 연결지어, 야마토정권이 369년부터 562년까지 한반도 남부 지역을 지배했다고 주장하고 있다. 이후 일본학자들이 이소노카미石上 신궁에서 발견된 칠지도*의 명문 내용을 추가하여 임나일본부설을 더욱 강화시켰다. 임나일본부설은 식민사관의 대표적인 학설로서 일본인에게 역사적 우월감을 조장하고 한국역사에 대한 왜곡된 인식을 심화시키고 있다.

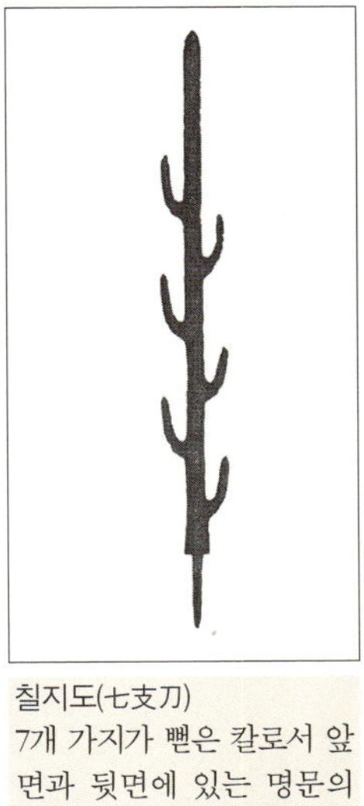

칠지도(七支刀)
7개 가지가 뻗은 칼로서 앞면과 뒷면에 있는 명문의 해석을 둘러싸고 한일학자들의 논란이 있다.

그런데 현재까지 한반도의 가야 지역에서는 일본학자들이 주장하는 대로 임나일본부설의 존재를 뒷받침해 주는 어떠한 고고학 유물도 발견되지 않았다. 따라서 한국학계에서는 야마토정권이 한반도 남부를 지배했다고 믿지 않으며, 오히려 임나일본부는 백제 혹은 가야에서 설치했던 기관이라는 학설을 지지하고 있다. 즉, 백제와 가야가 일본에서 지배자의 위치에 있던 한반도 출신 이주민과 지속적이고 안정적인 관계를 유지하면서 외교, 군사, 문화 교류, 교역 등의 주도권을 유지하기 위해 설치한 기관으로 보는 것이다. 그럼에도, 일본의 보수 우익 단체에서 출간

한 일본의 역사교과서에서는 "야마토 조정은 남부의 임나가야라는 지역에 거점을 마련했다고 생각한다."라고 기술하고 있다. 이러한 일본의 왜곡된 역사 서술은 한일 양국의 우호 관계에 커다란 걸림돌이 되고 있다.

한편 6세기경 규슈에서는 지방 호족 이와이가 신라와 손을 잡고 세력을 모아 반란을 일으켰다. 이 난을 진압하는 데 어려움을 겪었던 야마토정권은 신라를 견제하면서 백제와 친밀한 관계를 맺고 중국 대륙의 선진 문화를 수용해 갔다. 7세기 중엽 신라가 삼국통일을 추진하는 과정에서 당과 연합하여 백제를 멸망시켰다(660). 곧바로 야마토정권은 백제부흥운동을 지원하기 위해 수만 명의 군사를 파견하였지만 백강전투(663)에서 나당연합군에게 패하여 더 이상 백제와의 교류관계를 유지할 수가 없게 되었다. 이후 한반도에서 삼국이 통일되고 동아시아의 정세가 안정되자, 야마토정권은 통일신라에 견신라사를 파견하고, 옛 고구려 땅에서 건국한 발해에 견고려사를 파견하여 국교를 맺고 활발히 교역해 나갔다.

그러나 8세기 초 천황중심의 율령국가*를 완성한 일본은 통일신라를 일본의 '번국' 혹은 '조공국'으로 표현하며 고압적인 외교 자세를 보이기 시작했다. 이에 통일신라가 일본에 사신 파견을 거부하고 국교를 단절하였다(779). 이어 일본은 발해와도 국교를 단절하고 당으로 보내던 견당사마저 폐지하여(894) 동아시아 세계와의 교류관계를 완전히 단절하였다. 이후 일본은 천황중심의 율령체제가 무기력해 지고 각 지방에서 무사武士들이 등장하면서 점차 무가武家사회로 발전해 갔다.

몬무천황(683~707)
다이호 율령(701)을 공포하여 율령국가를 완성하였다.

2. 고려와 왜구의 침탈

10세기 초 건국한 고려는 일본과 공식적인 국교를 열지 않았다. 다만 일본 상인들이 규슈와 고려의 금주김해를 왕래하며 양국의 교역을 이끌어 갔다. 한편 일본에서는 무사단을 형성한 무사들이 자신의 세력을 이끌고 천황과 귀족의 권력싸움에 참여하면서 중앙 정치무대를 중심으로 주도권을 장악해 나가기 시작하였다.

12세기 후반 일본에서 미나모토노 요리토모*가 전국 무사들의 지지를 받아 가마쿠라막부鎌倉幕府를 세우고 쇼군의 자리에 올랐다. 그 후 쇼군 요리토모가 말에서 떨어져 병사하고, 쇼군의 자리에 오른 두 아들마저도 외척인 호죠씨에 의해 차례로 살해당하였다. 마침내 호죠씨가 미나모토씨 쇼군을 대신해서 막부의 실권을 장악하였다. 그러나 본래 쇼군과 주종관계를 맺은 전국의 무사들은 미나모토씨 가문의 몰락과 호죠씨의 권력 찬탈에 동요하기 시작하였다.

미나모토노 요리토모 (1147~1199)
가마쿠라에 막부를 세우고(1185) 최초로 막부의 쇼군이 되었다. 이후 일본사에서 막부에 의한 쇼군 통치가 7백여 년 동안 지속되었다.

이 혼란한 시기에 고토바 상황*은 천황 정치를 배제하고 막부가 전국을 통치하는 것에 불만을 품고 막부를 타도하기 위해 자신을 지지하는 무사들에게 동원 명령을 내려 조큐의 난을 일으켰다(1221).

그러나 이 난은 상황 측의 패배로 끝났고 상황의 명령에 따라 막부 토벌에 가담했던 무사들은 토지를 몰수당한 채 몰락해 갔다. 이때 일본 내에서는 토지를 몰수당한 무사들과 해적세력들이 '악당惡黨'으로 돌변하여 주변 지역을 약탈하는 일이 흔히 발생하였다. 이들 중의 일부 세력은 바다 건너 고려를 침입하였는데, 이것이 '가마쿠라기 왜구'*가 등장하는 시대적 배경이다.

고토바 상황(1180~1239)
아들을 천황의 자리에 앉히고 스스로 상황이 되어 천황을 대신하여 약 20여 년간 직접 국정을 주관하는 인세이(院政)를 실시하였다.

가마쿠라기 왜구
1223년부터 1323년까지 약 1세기에 걸쳐 고려에 출몰했던 왜구를 일본사의 시대 구분법에 따라 '가마쿠라기 왜구'라고 한다.

왜구와 관련된 기록은 『고려사』뿐만 아니라 일본의 기록인 『명월기』, 『오처경』, 『백련초』, 『청방문서』 등에도 전하고 있다. 『고려사』와 일본의 역사기록에 나타난 가마쿠라기 왜구의 주체는 규슈 북부의 도서 연안과 대마도·이키 섬을 근거지로 약탈을 일삼았던 악당, 해적, 주민 등의 세력이었다.

한편 13세기 중반 고려를 복속시킨 몽골원의 쿠빌라이는 고려를 통해 여러 차례 사신을 파견하여 일본의 복속을 요구하였다. 그러나 일본의 막부는 답신을 보내지 않고 무사들을 동원하여 규슈 방어에만 몰두하였고, 두 차례(1274, 1281)에 걸친 여·몽연합군의 규슈 침공을 폭풍의 도움으로 막아 내는 데 성공하였다. 이 과정에서 스스로 경비를 부담하며 장기간 규슈 방어에 참여했던 무사들은 전투가 끝난 다음 막부의 소극적인 보상에 강한 불만을 품게 되었다. 이 기회를 이용해서 친정을 꿈꾸던 고다이고 천황*이 자신을 추종하는 무사세력을 동원하여 가마쿠라 막부를 멸망시켰다(1333).

고다이고 천황
가마쿠라 막부를 무너뜨리고 꿈꾸던 천황 친정(親政)을 실시하였으나 교토의 무로마치 막부와 대립하며 남쪽의 요시노(吉野)로 내려가 남조 세력을 이끌었다.

그러나 고다이고 천황이 무사들에게 차별 대우하였으므로, 이에 불만을 품은 아시카가 다카우지가 교토에서 새로운 천황을 옹립하고 무로마치 막부를 세웠다(북조). 고다이고 천황은 남쪽의 요시노에 피신하여(남조) 교토의 천황과 대립하면서, 약 60여 년간

몽고습래회사 - 몽골군, 고려군, 일본 무사의 전투 장면

남북조 내란이 계속되었다. 그 와중에 막부에서는 쇼군과 그 동생 사이에 내홍이 발생하였는데 이것이 간노죠란觀應擾亂, 1350이다. 중앙의 정치권력 다툼에서 시작된 간노죠란의 여파로 규슈지역의 무사들은 서로 뒤엉켜 싸우는 극도의 혼란에 빠졌다.

한편 『고려사』의 기록에 따르면, 1350년부터 왜구의 침입 횟수가 급격히 증가하고 있다. 갑작스런 왜구의 급증은 규슈지방의 무사들과 악당, 해적, 주민 등이 간노죠란의 혼란을 이용해서 고려에 대거 침탈하면서 시작되었다. 이것이 '무로마치기 왜구'*의 실체이며 왜구 급증의 원인이다. 이 시기에 왜구가 급증하는 상황을 『고려사』에서는 '경인년(1350) 이후 왜구'라고 표현하고 있다.

무로마치기 왜구
고려 말(1350)부터 조선 초에 걸쳐 고려와 조선, 그리고 명나라에 출몰했던 왜구를 일본사의 시대구분법에 따라 '무로마치기 왜구'라고 한다.

그런데 1370년대 접어들면서 '무로마치기 왜구'가 이전과 비교가 되지 않을 정도로 더욱 창궐하였다. 이것은 막부에서 파견한 이마가와 료순이 규슈를 자기 권력의 관할지역으로 만들려는 정치적 야망을 펼치는 과정에서 규슈를 대혼란으로 몰아넣었기 때문에 나타난 현상이었다.

왜구 모습 - 이칭일본전(異稱日本傳) 수록

한편 왜구 창궐에 고심하던 고려는 안길상, 나흥유, 정몽주 등을 사신으로 일본에 파견하여 왜구* 근절을 요구하였다. 그에 대한 회답으로 일본의 막부에서 승려를 보내와 왜구 근절을 약속하였다. 그러나 막부는 남북조가 대립하는 극심한 정치혼란 속에서 왜구를 통제할 수 있는 여력이 없었으므로, 이후에도 왜구의 침탈은 계속되었다. 일본의 왜구 근절 약속에만 기대할 수 없었던 고려는 직접 화약 무기를 개발하고 군사력을 강화하여 적극적으로 왜구토벌에 나섰다.

그 결과 최영의 홍산대첩(1376), 화포를 이용한 나세와 최무선의 진포대첩(1380), 이성계가 활약한 황산대첩(1380) 등 왜구 3대첩에서 큰 승리를 거둘 수 있었다. 더욱 적극적인 왜구 근절책으로 박위를 시켜 왜구의 소굴인 대마도를 정벌하기도 하였다(1389). 박위의 대마도정벌은 이제까지 실시된 적이 없는 선제적 공격으로서 가히 성공적이었지만, 근본적으로 고려와 조선에 대한 왜구의 침탈을 사라지게 만들지는 못하였다.

3. 조선과 일본의 국교 재개와 문화 교류

태조 이성계(1335~1408)

아시카가 요시미쓰(1358~1408, 무로마치 막부의 3대 쇼군)

고려 말 왜구 토벌에 큰 공을 세운 이성계*는 조선을 건국한 다음 국내 정치 안정에 주력하였다(1392). 같은 해 일본에서는 무로마치 막부의 쇼군 아시카가 요시미쓰*가 남북조 내란을 종식시켰다. 그러나 일본 내의 정치적 안정에도 불구하고 '무로마치기 왜구'의 조선 침탈은 계속되었다. 이에 조선의 태조는 김사형 등으로 하여금 대마도와 이키섬을 정벌하도록 명령했다(1396). 조선은 왜구 근거지를 군사력으로 응징하는 강경책과 투항해 오는 일본인에게는 부산포와 내이포에서 거주를 허락하는 유화책을 병행해 나갔다.

한편 중국의 명과 책봉 · 조공 관계를 맺은 요시미쓰가 '일본국왕'이라고 표기한 국서를 조선에 보내왔다(1404). 지금까지 일본은 주로 외교를 담당하는 승려의 명의로 국서를 보내왔는데, 처음으로 막부의 최고 권력자인 쇼군이 직접 국서를 보낸 것이다. 이로써 정식으로 조선의 국왕은 이웃한 일본의 쇼군과 평화적인 교린 관계를 맺게 되었다.

그런데 '무로마치기 왜구'가 조선의 비인현에 침입하여 약탈하는 사건이 발생하였다. 조선의 태종은 왜구를 군사적으로 응징하기 위해 이종무에게 대마도정벌을 명령하였다(1419). 조선의 대마도 정벌은 무로마치기 왜구의 침탈을 근절시키기 위한 군사적 징벌이었다. 아울러 일본인이 거주하던 조선 안의 포구를 모두 폐쇄하고 왜인의 출입도 금지시켰다.

그러나 조선은 대마도정벌 직후 경제적 어려움을 호소하는 대마도주의 간청을 받아들여 삼포부산포, 제포, 염포를 개항하고 일본인의 거주를 다시 허락하였다. 또 삼포에 거주하는 일본인에게 의복과 식량을 지급하면서 생활 안정과 정착을 지원해 주었다. 이것은 조선에게 막대한 재정적 부담을 주는 정책이었지만 왜구의 도발을 사전에 방지하려는 회유책의 일환으로 추진된 정책이었다.

한편 삼포에서 일본인에게 경제적으로 지원하며 회유책을 전개했던 조선은 삼포의 운영 비용에 큰 부담을 느끼기 시작하였다. 또 통교를 목적으로 도항하는 일본인들의 무질서한 왕래가 계속됨에 따라, 조선의 재정 부담은 해가 갈수록 더욱 가중되었다. 조선은 계해약조(1443)를 체결하여 경제지원과 삼포의 일본인 거주자 수를 제한하였다. 또 삼포왜란(1510) 이후 임신약조(1512), 정해약조(1547) 등을 체결하여 일본의 세견선 수, 승선 인원수, 체류 기간, 접대 방식 등의 통교 규정을 성문화시켰다.

한편 조선은 쇼군이 보낸 국왕사 이외의 모든 통교자에 대한 관리를 대마도주에게 일임하였다. 예를 들어 대마도주에게 '문인文引'이라 부르는 도항증명서의 발행 권한을 부여하였고 교역창구를 대마도로 일원화시켰다. 아울러 조선 국왕을 알현하는 상경제도의 의무화와 접대규정 등 세부적인 규정을 정비해 나갔다.

16세기 후반(임진왜란)까지 무로마치 막부의 쇼군은 조선과의 국교 안정과 교역증진을 위해 국왕사를 조선에 파견하였다. 조선은 막부의 쇼군을 '일본국왕'으로 호칭하며 대등한 위치의 적례교린敵禮交隣 관계를 맺고 보빙사, 회례사, 통신사 등을 파견하여 문화교류에 힘썼다. 또 조선은 일본의 지방호족에게 조선을 상국으로 받드는 조공형식의 기미교린羈縻交隣을 유지하며 이원적 통교정책을 병행해 나갔다. 조선 초기 일본 외교의 최대 현안이 왜구 근절이었으므로, 조선의 조정은 막부뿐만 아니라 대마도주와 규슈 지역의 여러 호족 등과 다원적인 외교를 추진했던 것이다.

조선과 일본의 우호적인 교린 관계는 도요토미 히데요시가 일으킨 임진왜란(1592)으로 단절되었다. 이후 조선은 도쿠가와 이에야스가 세운 에도막부와 기유약조(1609)를 체결하여 임진왜란으로 단절되었던 국교를 재개하였다. 이 시기에 조선에서 에도막부에 파견한 사신은 회답겸쇄환사, 통신사 등이었다. 조선의 회답겸쇄환사는 에도 막부의 쇼군이 보낸 국서에 회답하고 동시에 임진왜란 당시 잡혀간 조선인의 송환을 목적으로 파견한 사신이었다. 일본인에게 많은 관심을 끈 통신사는 약 300~500여 명으로 구성되었으며 신의를 지킨다는 의미의 문화사절단이었다.

통신사와 조선통신사
조선은 일본에 '통신사'를 파견하였다. 일본에서는 조선에서 온 통신사라는 의미로 '조선통신사'라고 불렀다. 조선에서 파견한 사절단의 공식 명칭이 '통신사'이다.

그런데 조선과 일본에서 통신사*를 바라보는 시각은 서로 달랐다. 조선에서는 병자호란(1636) 이후 스스로 중화문화의 정통 계승자로 자처하는 소중화小中華의식으로 무장하고 있었다. 이에 따라 통신사는 조선의 문화적 우월감과 일본 이적관夷狄觀을 토대로 문화 후진국을 교화하고 관계를 안정시킬 목적으로 파견한 사신이었다. 그러므로 통신사는 조선의 학자들과 의사, 화원 등 뛰어난 지식인으로 구성되었으며, 결과적으로는 일본 문화에 큰 영향을 주었다.

반면에 일본에서는 중국 중심의 동아시아 국제질서에서 이탈해서 일본 중심의 화이질서華夷秩序를 바탕으로 통신사를 조공사절로 인식하였다. 즉, 일본은 쇼군의 정치권력을 안정시키고 조선에 대한 쇼군의 우월적 권위를 지방 영주와 일본 백성에게 과시하는 데 조선에서 온 통신사를 이용하였다.

통신사 행렬도(오사카역사박물관) - 통신사의 파견은 한성(조선)에서 에도(일본)까지 육로와 해로로 6개월에서 1년이 걸리는 긴 여정이었다.

이처럼 조선과 일본의 외교 관계는 동아시아의 정세 변화를 반영하고 있었을 뿐만 아니라 이후 한일 양국의 상호 역사인식에도 커다란 영향을 미쳤다.

4. 개항과 일본의 조선 침략

19세기 초, 종래 통신사를 통해 이루어지던 조선과 일본의 국교가 단절되었다. 나가사키를 서양과의 교류 창구로 열어두고 쇄국정책을 실시하고 있던 에도 막부는 아편전쟁(1840-42)에서 청이 패했다는 소식에 큰 충격을 받았다. 이후 페리가 군함을 이끌고 와서 무력으로 개항을 요구하자, 미국과 화친조약을 체결하였으며(1854), 마침내 미국을 포함한 5개국과 수호통상조약(1858)을 맺고 문호를 개방했다. 이 조약들은 막부가 관세자주권을 포기하고 외국인의 치외법권을 인정하는 등 불평등한 내용을 담고 있었다.

막부의 굴욕적인 외교와 국부의 유출로 인해 경제적 어려움에 직면한 무사들은 무능한 막부에 반기를 들었으며, 조슈번과 사츠마번을 중심으로 막부타도운동이 일어났다. 에도막부를 무너뜨린 무사들은 천황을 정점으로 하는 새로운 정부를 수립했다(메이지유신, 1868). 메이지 정부는 판적봉환, 폐번치현 등 강력한 중앙집권 정책을 통해 부국강병을 추진하였다.

한편 근대화를 추진하던 메이지 정부의 승인 하에 쓰시마번이 조선과의 조약 체결을 요청하였지만, 조선정부는 수 백 년 동안 내려오던 외교관례의 격식에 문제가 있다고 주장하면서 일본의 요구를 거절하였다. 이에 메이지 정부 내에서 무력을 통해 조선을 개국시키자고 주장하는 사이고 다카모리, 이타가키 다이스케 등 정한론자들이 힘을 얻었다. 이들이 주장한 '정한론'*은 사족들의 정부에 대한 강한 불만과 농민들의 반란 위기를 모면함과 동시에 조선 침략을 통해 일본의

정한론
1873년 사이고 다카모리, 이타가키 다이스케 등이 교착 상태에 빠진 한국과의 외교관계를 명분으로 내세우며 한국을 정벌할 것을 주장한 근대 일본의 한반도 침략론.

운요호사건, 1875년 강화도에 침략한 운요호의 모습을 과시한 일본의 그림

위정척사운동은 변화하는 국제정세의 흐름을 제대로 파악하지 못한 한계를 지녔지만, 외세의 침략에 반대하는 자주적 민족운동의 성격을 띠었으며, 1890년대 이후 일본의 침략에 저항하는 의병운동으로 이어졌다.

국권을 신장시키려는 메이지정부의 대외정책이었다.

19세기 중반부터 조선 연해에는 이양선이 자주 출몰하였다. 당시 조선 정부는 프랑스(병인양요, 1866)와 미국(신미양요, 1871)의 침략을 막아내면서 서양의 개항 요구를 물리칠 수 있었다. 그러나 위정척사운동*의 뒷받침 속에서 강력한 쇄국정책을 추진하던 홍선대원군이 퇴진한 후 조선 정부는 일본 군함 운요호가 강화도에서 무력시위를 벌이자 강화도조약(1876)을 체결하고 문호를 개방했다. 강화도 조약은 조선이 맺은 최초의 근대적 조약이자 불평등조약으로서 서양의 강요로 체결한 일본의 수호통상조약을 그대로 모방한 것이었다. 그 결과 조선 사회는 청일 양국은 물론 서구 열강의 정치, 군사적 압력, 세계자본주의 체제 등 외부 요인들의 영향을 직접적으로 받기 시작했다.

후쿠자와 유키치(1835~1901)
일본의 최고액 화폐인 1만 엔 속 인물

개화정책에 반발하여 임오군란이 일어나자(1882), 청은 조선에 군대를 보내 진압하고 본격적으로 내정에 간섭했다. 개항 이후 조선에 대한 영향력을 확대하려던 일본은 청과의 정면대결을 피하는 대신 군비 확장에 주력하여 앞으로 전개될 청국과의 주도권 싸움을 본격적으로 준비했다.

1885년 후쿠자와 유키치는 일본의 「지지신보」에 '탈아론脫亞論'

을 게재했다. 탈아론은 일본이 아시아의 이웃나라들을 동등하게 보지 않고 멸시하는 대對아시아 정책의 뿌리가 되었다. 후일 그는 청일전쟁을 '문명과 야만의 전쟁'이라고 규정하면서 조선을 문명국으로 개조시켜야 한다고 주장했다.

또한 메이지 정부의 수상이던 야마가타 아리토모는 의회 연설에서 '주권선의 확보'와 '이익선의 방어'라는 외교정략론을 주장했다. 그의 주장은 일본의 제국주의 침략전쟁을 정당화하고 조선을 식민지화하는데 일조했다. 이후 일본은 근대화와 국민 국가 건설을 위해 아시아 침략전쟁에 적극적으로 나서게 되었다.

한편 전라도 고부에서는 포악한 관리와 외세의 수탈에 맞서 동학농민전쟁이 일어났다(1894). 전봉준은 동학조직을 이용하여 농민군을 편성하고 전주에 입성했다. 이에 당황한 조선 정부가 청나라에 출병을 요청했고, 청일 간 합의(텐진조약, 1885)에 따라 일본도 인천에 군대를 상륙시켰다. 외세의 간섭을 우려한 농민군은 정부군의 약속을 믿고 해산했지만, 일본군은 경복궁을 점령하여 친일정권을 세우고 청나라 군대를 기습했다. 조선이 외세의 전쟁터로 변하면서 일본의 내정 간섭이 심해지자, 농민군은 삼례에서 다시 일어났다. 출동한 일본군은 신식 무기를 앞세워 공주에서 농민군을 무너뜨리고 압록강을 넘어 청의 군사요충지까지 점령했다(청일전쟁, 1894-5). 그 결과 청나라는 일본에 패배함으로써 동아시아 국제질서의 주도권을 일본에게 넘겨주게 되었다. 하지만 일본은 삼국간섭(러시아, 독일, 프랑스, 1895)으로 러시아의 영향력이 조선에서 점점 커지자 명성황후를 시해했다(을미사변, 1895). 이에 고종은 아관파천(1896)으로 위기를 극복하고자 했고, 이듬해 대한제국의 황제가 되어 부국강병을 위한 개혁을 추진했다(1897).

한편 청일전쟁의 배상금은 일본 자본주의가 비약적으로 발전하는데 사용되었다. 일본은 금본위제를 확립하고, 은행 · 회사 · 공장을 각지에 설립했으며 석탄이 풍부한 북규슈에 야하타 제철소를 세우는 등 중공업을 발전시켰다. 동시에 일본은 러시아에 대한 복수를 다짐하면서 군비확장에도 몰입했다. 러시아의 남하를 경계하던 영국과 일본은 동맹을 맺고 러시아를 선제 공격했다. 러시아와

잡혀가는 전봉준

일본에 체류했던 프랑스인 조르주 비고가 1887년에 그린 '낚시놀이'
청일전쟁 직전 조선의 상황을 상징적으로 묘사

일본이 만주와 한반도를 차지하기 위해 치열한 다툼을 시작한 것이다. 대한제국은 러일전쟁에 대해 중립을 선언했으나(1904. 1), 일본은 전쟁에 필요한 철도 시설 등을 장악하고 내정을 간섭했다. 일본은 러시아의 세력 확장을 저지하려는 영국과 미국의 막대한 군비 지원에 힘입어 러시아에 승리했다.

러일전쟁의 승리로 제국주의 열강의 대열에 들어선 일본은 미국과의 비밀협약으로 대한제국의 식민지화를 본격화했다. 이에 대항해서 한반도에서는 전국적으로 1908년에만 연인원 9만9천여 명이 참가하는 1,452회의 의병항쟁이 일어났다. 일본군의 공식 보고서 「조선폭도토벌지」에도 의병을 진압하기 위해서 동원된 인원이 러일전쟁 때 투입된 군사보다 많았다고 기록하고 있다. 따라서 '한일병합조약(1910.8)'의 체결, 즉 조선의 식민지화는 일본이 주장하는 것처럼 평화적인 병합이 아니라 치밀하게 준비된 침략행위였다. 결국 메이지 정부는 제국주의적 침략전쟁인 청일전쟁, 러일전쟁의 승리와 조선의 식민지화를 통해서 '탈아입구'를 달성한 셈이다.

이후 일본은 경제발전을 위해 식민지 조선에 대한 인적, 물적 수탈을 강화하면서 조선인들을 억압했다. 나아가 더 넓은 식민지를 확보하기 위해 만주사변(1931), 중일전쟁(1937), 태평양전쟁(1941)까지 전선을 확대했다. 이 과정에서 제국주의 일본은 일본 중심의 '대동아공영권'* 건설을 선전했고, 태평양전쟁에 동원된 식민지 조선인들의 자유와 생명을 일본 천황에게 바치도록 강요했다. 더욱이 일본은 패전에 이르기까지 아시아 지역에 막대한 피해를 줬으며, 아시아 여러 민족의 희생자 수는 2천만 명이 넘는다. 이처럼 아시아 여러 나라에 엄청난 피해를 주고도 일본 정부는 패전 이후 사과나 피해 보상에 적극적으로 나서지 않고 있으며, 2015년 일본의 아베 총리는 식민지배와 침략전쟁을 사죄하고 반성했던 1995년 무라야마 담화의 계승을 거듭 거부했다.

대동아공영권
제2차 세계대전 중에 일본이 내걸었던 중국과 동남아를 포함하여 아시아 여러 나라를 침략하며 내세웠던 정치 슬로건

5. 냉전과 21세기 한일관계

제2차 세계대전이 끝나고 인류는 평화를 열망하여 국제연합을 탄생시켰다. 그러나 자유주의의 미국, 영국과 사회주의의 소련이 대립하면서 세계는 또 다른 전쟁인 냉전을 시작했다. 일본이 떠난 한반도에는 미국과 소련 세력이 각각 남과 북을 점령하여 대립했다. 이 과정에서 한국전쟁이 발발했다(1950.6.25).

미국과 소련의 대립, 중화 인민 공화국의 성립(1949. 10. 1), 그리고 한국전쟁의 발발은 미국의 일본에 대한 점령정책의 변화를 초래했다. 미국은 국제정세의 변화 속에서 일본이 동아시아의 '친미, 반공 기지'로 남기를 원했다.

미국이 주도한 샌프란시스코강화회의*(1951)에서는 일본이 수탈한 한국과 중국의 입장이 철저하게 배제되었다. 패전국 독일에서는 뉘른베르크 재판에서 나치 주모자 12명에게 사형이 선고되었으나, 패전국 일본의 도쿄 국제군사재판에서는 전쟁 책임자인 천황에게 오히려 면죄부를 주었다. 게다가 별도로 미일안보조약을 체결한 미국은 오키나와를 미군기지로 확보하고 일본 열도를 태평양 방어와 나아가 반공, 반소련의 전초기지로 삼았다.

샌프란시스코강화회의
1951년 미국 샌프란시스코에서 연합국 51개국과 일본이 참가해서 대일강화조약이 조인된 회의. 회의 참가국 가운데 소련·폴란드·체코슬로바키아는 조약에 조인하지 않았으며, 인도·유고슬라비아·미얀마·중국(국민정부)은 대표를 보내지 않았다.

이런 국제정세의 변화를 배경으로 일본은 미국의 묵인 하에 자위대를 발족시켜 재무장을 시작했다(1954). 이후 미일동맹을 더욱 강화하고 베트남 전쟁 특수로 경제 호황을 맞으면서 일본은 경제대국으로 급속히 성장했다. 미국의 핵우산 아래에서 군사비 지출을 최소화하며 경제 개발에만 박차를 가한 결과였다. 이런 경제성장은 자민당이 우위를 차지하는 보수적 · 안정적 정권 체제, 이른바 '55년 체제*'의 산물이기도 했다.

55년 체제
1955년 사회당이 개헌 저지선을 획득하자 일본의 자유당과 일본민주당이 보수합동을 단행하여 '자유민주당(自民黨)'이 탄생한 이후부터 1993년까지 보수 세력이 의석의 과반수 내지 2/3 정도를 장악하고 혁신 세력이 1/3을 차지하는 비율의 자민당 우위의 보수 안정 정권체제를 말한다.

이처럼 동아시아 지역에서 냉전을 주도해 왔던 미국과 그 파트너인 일본 간의 동맹구조 속에서 일본은 재무장했고 경제대국으로 성장할 수 있었던 반면 일본의 과거사 청산은 철저하게 무시당했다. 이런 연유로 오늘날 일본 사회의 우경화가 지속적으로 심화되었으며, 이는 동아시아 지역의 역사 갈등을 해결하지 못할 뿐만 아니라 국가 간 상호 불신을 해소하는 데에도 커다란 걸림돌이 되고 있다.

한편 일제강점기 조선의 소녀들은 '위안부'라는 이름으로 그들의 인권을 철저히 유린당했다. 1992년부터 일본 대사관 앞에서 열리고 있는 '수요시위'는 태평양전쟁 시기에 강제로 끌려갔던 '위안부' 할머니들이 일본 정부를 상대로 공식 사과를 요구하는 세계 최장기간 집회로 기록되고 있다.

하지만 일본정부는 자국의 역사 발전 과정에서 주변 국가에게 준 고통이므로 어쩔 수 없다는 변명으로 일관하고 있다. 심지어는 과거에 저지른 반인륜적 행위를 정당화하면서까지 과거사 청산에 미온적인 태도를 보이고 있다. 더욱이 역사교과서에도 왜곡된 사실을 기술하여 관련 국가들과 갈등을 낳는 등 일본의 제국주의적 역사인식과 반성 없는 태도에 대해 아시아인들은 분노하고 있다. 이런 역사 갈등

일본군 '위안부' 문제 해결을 위한 정기 수요시위, 1992년 1월부터 일본 대사관 앞에서 매주 수요일에 열리며, 세계 최장 기간 집회 기록을 갱신 중이다.

문제는 동아시아의 국제관계 안정과 평화 체제를 구축하기 위해 해결해야 할 선결 과제이다.

전후 독일의 역사학자들은 프랑스와 공동으로 역사교과서를 집필하기 위해 교과서 회의를 먼저 제안했다. 이 교과서 회의는 제2차 세계대전 직후부터 1967년까지는 정기적으로, 1980년대 이후에는 비정기적으로 개최되었다. 그 결과 2006년에 독일과 프랑스는 공동 역사교과서를 간행했다. 이런 시도는 과거에 서로 대립했던 국가 사이에 상호 공감을 불러일으키고, 서로 다른 과거의 기억을 함께 공유하여 갈등 관계를 협력 관계로 전환하는데 큰 도움을 주고 있다.

『미래를 여는 역사』 표지(한국판, 일본판)

한일 양국에서도 이런 노력이 추진되고 있는 것은 매우 고무적인 현상이다. 정부차원에서 한일역사공동위원회가 조직되어 역사 갈등 해소에 힘쓰고 있고, 민간 차원에서도 한일 양국 간 역사를 통한 화해가 시도되고 있다. 2005년, 한중일 3국이 모여『미래를 여는 역사』를 간행하고, 2006년에는 한일 역사교사들이 함께『마주보는 한일사』를, 2007년에는 한일 역사교육관계자들이『한일교류의 역사』를 편찬했다.

한일 양국 간 역사 갈등 문제를 해결하기 위한 공동의 노력은 매우 중요하다. 공동의 역사교재 편찬은 전후 과거사 청산에 적극적이지 않았던 일본 정부에도 동아시아 국가 간 불신과 갈등을 해소하는데 유효한 경험이 될 것이다. 일본 정부 차원의 보다 과감한 역사인식의 전환을 담은 외교, 교육 정책의 변화 또한 매우 절실하다. 21세기 동아시아인, 나아가 세계인들의 평화와 공존을 위해서 이제 역사를 통한 화해가 더 이상 미루어져서는 안 된다.

참고 문헌

동북아역사재단편,『역사속의 한일관계』, 동북아역사재단, 2009.

유네스코 한국 위원회 편,『21세기 역사교육과 역사교과서』, 도서출판 오름, 1988.

유용태 · 박진우 · 박태균,『함께 읽는 동아시아 근현대사』1.2, 창비, 2010.

일본역사교육자협의회 편,『동아시아의 역사와 일본』, 송완범 · 신현승 · 윤한용 옮김, 동아시아, 2005.

조항래 · 하우봉 · 손승철 편,『강좌 한일관계사』, 현음사, 1994.

최재호 · 이성호 · 윤세병,『한국이 보이는 세계사』, 창비, 2011.

한국사연구회 편,『새로운 한국사 길잡이』하, 지식산업사, 2008.

한국역사교과서연구회 · 일본역사교육연구회 편,『한일교류의 역사』, 혜안, 2007.

한일관계사연구위원회 편찬위원회편,『왜구 · 위사문제와 한일관계(한일관계사연구논집4)』, 경인문화사, 2005.

한일관계사연구위원회 편찬위원회편,『일본의 한국침략과 주권 침탈(한일관계사연구논집7)』, 경인문화사, 2005.

________,『중근세 동아시아 해역 세계와 한일관계(한일관계사연구논집14)』, 경인문화사, 2010.

한일문화교류기금,『되돌아 본 한일관계사』, 경인문화사, 2005.

한중일3국공동역사편찬위원회,『미래를 여는 역사』, 한겨레신문사, 2005.

요시노 마코토,『동아시아 속의 한일 2천년사』, 한철호 옮김, 책과함께, 2005.

더 읽을 거리

박진우 편저,『21세기 천황제와 일본』, 논형, 2006.

루스 베네딕트,『국화와 칼』, 김윤식 · 오인석 옮김, 을유문화사, 1997.

오구마 에이지,『일본 양심의 탄생』, 김범수 옮김, 동아시아, 2015.

제12장

한국과 유럽, 과거와 미래

1. 한국과 유럽을 잇는 교류
2. 만남의 흔적
3. 교섭을 위한 노력
4. 교류의 완성
5. 미래, 발전의 단계로

1. 한국과 유럽을 잇는 교류

유럽의 어원은 '태양이 지는 곳'이란 의미인 에우로페Europa*에서 따온 말이다. 지형적으로 유럽은 유라시아 대륙의 서쪽에 위치한다. 크기는 오스트레일리아에 이어 두 번째 작은 대륙이지만, 인구수는 유라시아 동쪽에 속한 아시아와 아프리카에 이어 3번째로 많다. 현재 유럽엔 서유럽9개국, 북유럽13가국, 동유럽12개국, 남유럽16개국해서 총 50개국이 존속하고 있는데 그중 27개국이 이미 유럽연합이란 단일경제체제 속에 움직이고 있다.

에우로페(Europa)
호메로스의 작품인 일리아스에 나오는 페니키아의 시조인 포이닉스의 딸

2014년 12월 영국 CEBRCentre of Economics and Business Research은 한국의 경제 규모GDP가 세계의 14위라 밝히고 있다. 이코노미스트지the Economist에선 2015년 1인당 GDP를 3만 110달러로 추정하고 있다. 이런 경제 규모 하에선 한국인들은 자연스럽고도 다양한 방법으로 세계문화와 접하게 된다. 특히 유럽은 중세성곽, 기독교 문화유산, 지역별 · 나라별로 다양한 전통 등을 보면서 강한 문화적 충격을 받을 수 있는 최고의 여행지가 됨은 자명하다. 동시에 유럽이 여행지로 선호도가 높아지면 높아질수록 한국인들의 사고 속에 유럽 · 유럽인 · 유럽문화가 익숙해져 감도 사실이다. 반대로 유럽에서도 2010년 이후 K-Pop을 선두로 한국의 영화, 음식, 전통음악 등 다양한 한류의 흐름이 속도감 있게 스며들고 있음도 현실적 모습이다.

이렇듯 두 문화권의 관계가 밀착되어 감을 확인하면서도 문화의 고리가 되는 '역사적 관계 이해'란 부분을 생각해보면 다소 다른 느낌을 받는다. 사실 1882년 조영수호통상조약을 시작으로 유럽각국들과의 조약이 속속 체결되면서 그동안 한국과 유럽의 만남은 130년 이상의 시간이 흘렀다. 그런데 오늘날의 정치 · 경제 · 사회 · 문화 전반에 걸쳐 양 지역 관계는 지나온 과거의 시간과 결코 비례하지 않아 보인다. 결국 둘은 너무나 오랫동안 미완의 만남을 지

속하고 있는 것이다. 그렇다면 이제라도, 특히 세계화/전지구화全地球化를 풀어내고 있는 21세기 초의 흐름에 부응하기 위해서라도 어느 쪽이든 완성을 향한 만남의 관계가 모색되어야만 하지 않을까 싶다.

본 장에선 유럽 대륙과 유라시아의 동쪽 끝 반도에 위치한 한국과 만남은 언제부터, 어떻게, 그리고 어디까지 와 있는지를 객관적으로 입증된 역사적인 흔적을 따라 살펴보고자 한다. 이런 시도는 미래를 이끌 한국의 주역들에게 그동안의 유럽과 한국의 만남을 바로 이해하고 둘 사이의 미완의 상태가 어느 정도인지를 재점검케 해 줄 것이다. 또 상호간에 긍정적인 발전을 도모하여 만남의 관계를 좀 더 성숙케 하는 데 필요한 촉매제 역할을 하리라 본다.

2. 만남의 흔적

유럽 각국들과 한국이 접촉한 가장 오래된 기록 흔적은 13-14세기부터 보인다. 프란체스코 수도회 소속인 플랑드르 출신의 루브루크Rubruck, W. van 신부가 프랑스 루이 9세의 사신으로 1253~1255년 사이에 몽고제국을 다녀온 뒤, 교황청에 보고한 글에서 최초의 만남의 흔적을 찾을 수 있다.

> "윌리엄 부커아가 저에게 이런 말을 하였습니다. 자기 자신도 카울레Caulej와 만스Mance라고 불리는 민족들의 사절단을 직접 목격했는데, 이들은 겨울이면 동결해 버리는, 강에 둘러싸인 곳에 살고 있습니다. 몽고 사람들은 이 얼어붙은 곳을 진격해 그 나라를 침공할 수가 있습니다....."

여기서 표현한 카울레Caulej가 마르코 폴로Polo, M.도 언급한 고려高麗의 중국식 발음인데, 이후 한국을 'Coree'로 지금은 'Korea'로 불리게 된 어원이다. 이

Marco Polo(1254~1324)

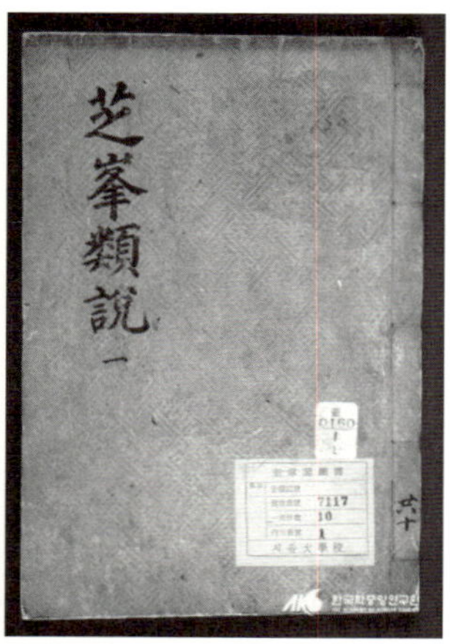

『지봉유설』

로서 루브루크가 역사적인 만남의 첫 실명實名의 유럽인이 된다. 한국 쪽에서 유럽과의 만남을 다룬 기록으론, 첫째 1246년에 고려인이 몽고의 수도에서 러시아 수즈달 공국의 대공을 만난 기록이 있다. 다음으로 고려 말 재상이던 염제신廉悌臣이 1354년에 원에 내란이 일어나자 원 조정의 요청으로 내란을 평정하는 데 고려 지원군을 이끌고 원 본토에 갔다. 이때 원의 조정에서 프랑크제국의 사신과 만난 기록이 있다.

유럽 각국들과 한국의 만남이 한동안 뜸하더니, 17세기에 들어서 구체적으로 학적 · 인적 교분이 보이기 시작한다. 이탈리아 예수회 선교사인 마테오리치Ricci, M.의 작품인 『천주실의』*가 1614년 이수광의 『지봉유설』*에 책의 목차가 실릴 만큼 한국에 빨리 소개되었다. 또 소현세자가 1644년에 70여 일을 북경에 머물면서 독일의 예수교 선교사인 아담 샬Adam Schall von Bell과 친분을 나누고 돌아와 서양문물을 적극적으로 수용하려했다. 1653년엔 네덜란드 데 스페르베르De Sperwer호가 제주도 해역에서 파선되어 제주도로 피신한 선원들 중, 하멜과 동료 7인이 조선에서 14년간 살다가 본국으로 돌아갔다. 하멜은 조선에서의 삶을

『천주실의 *De Deo Verax Disputatio*』
제목은 '하느님에 대한 참된 토론'이라는 뜻으로 이탈리아 선교사 마테오리치의 저작이다. 1603년 중국 북경에서 처음 간행된 이래 선교사들에 의해 거듭 출판되었다. 가톨릭 철학과 스콜라 사상을 대변하는 서사(西士)와 전통 유학과 불교·도교의 사상을 대변하는 중사(中士)가 서로 토론하는 형식으로 구성된 이 책의 목적은 동양에 천주교를 전파하는 데 있었으므로 유교적 교양을 바탕으로 천주교 교리를 설득하는 방식을 택하였다. 18세기 중엽 이후 한국에서 천주교회가 성립하는 데 결정적인 영향을 미쳤다.

『지봉유설』
조선 중기 실학의 선구자 지봉(芝峰) 이수광이 사신으로 세 차례에 걸쳐 중국에 가서 얻은 견문을 토대로 1614년 간행하였다. 조선의 일은 물론 중국, 일본, 베트남, 타일랜드 등 남양 제국과 프랑스, 영국과 같은 유럽의 일까지도 소개한 백과전서적 저술이다.

1668년 로테르담에서 『하멜표류기』란 제목으로 출간하였다. 이 책은 프랑스어 · 독일어 · 영어로 번역되어 조선인과 한국문화를 처음으로 유럽인에게 소개하였다.

『하멜표류기』

『하멜표류기』
네덜란드인 헨드릭 하멜이 제주도에 표착하여 14년간 조선에 억류된 생활을 기록한 보고서다. 조선의 존재를 유럽에 소개한 최초의 문헌으로 관원에게 체포된 경위와 14년간 조선에서 겪은 고난을 소상하게 기록하였다. 또한, 조선 사람들과 접촉하면서 조선의 여러 지방의 풍속과 사정을 견문한 결과를 상세히 소개하였다.

영국과 프랑스와의 첫 만남은 생각보다 시기적으로 늦었다. 영국의 경우, 1797년 북태평양 탐험선 프로비던스Providence호의 브로튼W. R. Broughton 함장이 부산 용당포에 1주일을 정박한 기록과, 1816년 영국 군함 2척Alceste, Lyra이 서해백령도에 정박한 후에 10일간 섬 주변 문화를 탐사한 기록, 그리고 영국 상선 로드 암허스트Lord Amherst 호가 서해안 '장연'에 들어와 홍주목사를 통해 통상교역을 시도한 것이 양국 접촉의 시작이었다. 프랑스의 경우, 로마 교황청이 창설한 조선교구朝鮮敎區의 포교를 파리외방전교회에 맡기자, 1836년부터 3년간 앵베르Imbert, L. M. J. 신부 외에 2명의 선교사가 조선에 잠입하여 포교를 시작한 기록이 양국의 첫 만남이었다.

Harry S. Parkes(1828~1885)

3. 교섭을 위한 노력

유럽 각국들과 한국간의 만남의 노력은 '교섭'이란 모습으로 19세기 초에 본격적으로 나타난다. 한국과 교섭을 추구하던 유럽 국가들 중엔 이탈리아나 벨기에도 있지만 교섭에서 큰 흔적을 남긴 국가들론 소위 제국주의 열강으로 불리는 영국, 프랑스, 독일, 러시아(알파벳순)로 국한된다.

영국의 경우, 교섭을 본격적으로 시도하기 위한 첫 움직임은 주변 탐사로 시작되었다. 1845년에는 벨처E. Belcher함장의 사마랑Samarang호가 제주도에 정박하여 그곳을 퀘파트Quelpart라고 명명 한 뒤에 주민들과 접촉하였고, 주변 환경을 탐색하다가 거문도를 발견하여 이곳을 '포트해밀턴Port Hamilton'이라 명하기도 하였다. 결국, 사마랑호의 교섭이 앞선 몇 차례 탐색 때와 달리 조선의 민간문화와 한층 가까이 접했음을 알 수 있다. 하지만 본격적인 교섭을 시도한 경우는 1870년대 후반에 접어들면서였다. 일찍부터 조선과의 통상조약에 관심을 갖고 있었던 주일 영국공사 파크스H. Parkes가 조일수호조약강화도조약(1876.2.27)이 체결된 지 얼마 되지 않아, 일본 외무경 테라지마寺島宗則를 만나 "당신이 조선정부와 우리와의 통상을 위해 중개역할을 해주시면 고맙겠다"는 뜻을 전달했다. 또 영국 방문 사절단 접대 관계로 이미 친분이 두터워진 이와쿠라岩倉具視일본 정책기관인 태정관의 중심인물에게 "조일조약 10조에 나와 있는 측량 조사나 조난 외국인에 관한 규정을 조선정부에 잘 설명하여 영국 함선이 우호적인 조선 공식 방문을 하도록 중간에서 좀 도와주기 바란다"고 재차 부탁하였다. 이렇듯 조일수호조약 이후 파크스를 대표로 한 영국의 몇 차례 노력에도 불구하고, 당시까지는 영국은 물론 유럽 국가들이 한반도 내부로 직접 들어갈 기회를 쉽게 얻을 수 없었다.

프랑스의 경우, 1836년부터 조선에 포교를 하던 앵베르Imbert, L. M. J. 신부 외에 2명의 선교사모방, 샤스탕가 3년만이 1839년에 순교하는 사건기해박해이 발생하자, 프랑스가 조선에 대해 정부 차원의 항의를 하면서 교섭의 틀을 만들었다. 프랑스 측에서의 첫 움직임은 1846년에 톈진에 머물던 극동함대사령관 세실Thomas M. Cecille 해군 대령이 충청도 외연도外煙島에 군함 3척을 이끌고 나타나 조선정부에 문책서한을 제시하면서 문호개방을 요구하였다. 조선정부가 아무런 회답이 없자, 이듬해에 2척의 군함과 6,000명의 군으로 무력을 동원해서라도 다시 문호개방을 시도하려다가 고군도古群島에서 난파당함으로써 실패하였다. 이렇듯 두 나라는 무력이란 방식으로 교섭을 시작하였기에, 이어지는 과정들도 비슷하게 진행되었다.

강화유수부에 상륙하여 무력 시위하는 프랑스군 (종군화가 쥐베르 작품)

프랑스에 대한 조선의 반감은 1866년엔 조선 내에 와 있던 프랑스 신부 중 9명을 순교시킨 박해병인박해로 이어졌다. 당시 박해로부터 탈출한 리델Ridel, F. C. 신부가 조선 내 박해 상황을 로즈제독Admiral Roze, P. G.프랑스극동함대사령관에게 알려 프랑스의 무력을 통한 조선원정이 다시 결행되었다(병인양요, 1866.11.). 이번엔 프랑스 군이 강화도까지 점령하였으나, 결국엔 프랑스군이 철수하게 되었다. 이후 한동안 두 나라 간엔 교섭의 징후가 보이지 않았다. 그 원인은 프랑스의 나폴레옹 3세가 보오전쟁(1866.7) 이후 두각을 나타내던 프로이센독일의 향방에 더 관심을 갖고 있었던 유럽의 상황 때문이다.

독일의 경우, 1860년대에 프로이센이 통일국가를 준비하면서 동아시아에 대한 관심을 갖기 시작했다. 당시 조선과 교섭을 가장 먼저 시도한 사람은 1866년고종 3에 통상을 요구하려고 충청남도 해미海美의 조금진調琴津에 들어왔으나 거절당하고 돌아간 독일 상인 오페르트Oppert, E. J.가 있다. 같은 해 다시금 교섭 시도에 실패하자 앙심을 품고 구만포九萬浦에 1868년 4월에 차이나호 등 2대의 배로 상륙하여 덕산군청을 습격하고, 가동伽洞에 있는 대원군의 부친인 남연군南延君의 묘를 도굴하려 했다. 이 사건이 흥선대원군이 쇄국정책을 단행하게 하는 계기가 되었다. 또 1870년 5월, 아직 오페르트 사건으로 감정이 좋

독일제국 탄생: 베르사유 거울 실에서 제국의식을 거행(1871.1.18.)

지 못한 조선정부에게 일본주재 독일 대리공사였던 브란트Brandt, M. A. S. von가 독일 군함 헤르타호로 부산에 입국하여 독일의 공식적 대표자로 조선정부와 교섭을 시도하였다. 그러나 조선정부의 거절로 교섭은 실패하였고, 이후 둘 사이엔 한동안 접촉이 없었다. 그 원인은 프로이센독일이 보불전쟁(1870-71)에서 승리한 후, 베르사유 거울실에서 제국의식을 거행(1871.1)하고 독일로서의 국가 체제 정비에 당분간 주력하게 되었기 때문이다.

러시아의 경우, 사실 러시아는 영토가 넓지만 대부분 황폐하여 식량을 자급자족할 수 없었다. 뿐만 아니라 겨울엔 강마저도 연평균 173일이나 얼어붙어서 교통수단으로 활용하기 불가능한 상황이었다. 하지만 러시아는 생존을 위해 교역을 해야 했기에, 잘 얼지 않는 바닷길에 의존할 수밖에 없었다. 여기서도 북해 쪽 항구들은 물론, 1860년에 건설한 블라디보스토크 항구마저 연간 4개월12~3월이나 얼어붙기 때문에 러시아로선 사계절 활용할 부동항이 절실했다. 결국 19세기 초 부터 부동항을 얻기 위해 백방으로 노력하던 러시아가 1850년대 후반에 부동항 건으로 조선과도 접촉하게 되었다. 1854년에 푸티아틴Putiatin, E. 제독이 영흥만도 답사하여 이곳을 포트라자레프Port Lazarev라고 명명한 일도 부동항의 가능성을 찾던 일환이었다. 1857년에는 청나라로 가던 러시아 함대는 도중 거문도에 정박하여 관심 표명을 하기도 했다. 이를 발판으로 1860년대엔 조선에 대해 구체적인 관심을 갖게 되는데, 러청북경조약露清北京條約(1860)으로 러시아가 연해주 지역을 획득하여 조선과 국경을 서로 맞대고 조선에 대해 본격적인 교섭 시도를 하였다. 1864년에 소수의 러시아인들이 경흥으로 찾아와 통상을 요구했고, 1866년에는 러시아군함이 원산만에 들어와 교섭을 요청하기도 했다. 하지만 러시아의 남하를 경계하던 청나라의 이홍장의 사주使嗾에 의한 러시아에 대한 조선의 경계심은 두 나라가 국경을 맞대고 나서도 20년간이나 수교를 향해 전진하지 못하는 원인이 되었다.

4. 교류의 완성

본격적인 나라간의 만남인 '교류' 중심에는 '수호조약'과 '통상조약'이 있다. '수호조약'이라면 자국민의 생명과 재산을 보증할 수 없는, 즉 국제법을 지킬 수 없는 나라와 교제를 맺는 조약을 의미한다. '통상조약'은 두 나라 사이에 통상·항해에 관한 사항과 이에 관련된 입국·영업 등의 일을 규정한 조약을 말한다. 보통 두 조약이 '수호통상조약'이란 이름으로 함께 맺어진다.

1870년대 후반에 동아시아에선 일본과 조선간의 병자수호조약 체결과 러시아 세력의 만주로의 진출이 구체적 모습으로 드러났다. 직례총독直隷總督겸 북양대신北洋大臣인 이홍장은 유럽 제국들을 조선과 만주로 끌어들여 일본과 러시아 양국이 단독 행동을 하지 못하도록 견제하고자 했다. 이는 유럽들과 함께 이 지역의 외교문제를 다루며, 동시에 중국 위치까지 지켜 내자는 이이제이以夷制夷란 외교 카드였다. 이홍장은 조선에서의 우위를 일본에게 빼앗기지 않기 위해 조처를 내렸는데, 그것은 미국의 슈펠트 제독General R. W. Shufeldt에게 임무를 맡겨 조선과 평화적인 조미수호통상조약을 맺도록 주선하려는 것이었다. 이를 거중조정居中調整이라 하는데, 이홍장의 노력으로 1882년에 조미양국 간의 수호통상조약은 체결되었다. 조미수호통상조약을 기점으로 유럽과 조선의 교류도 급물살을 타게 되었다. 유럽에선 영국이 주중공사인 웨이드T. Wade를 통해 먼저 조선과의 통상조약 체결 의사를 이홍장에게 내비쳤다. 이홍장은 영국이 러시아와 무역로貿易路 확보를 둘러싼 대립인 '영러각축英露角逐' 상황을 재대로 파악하고 있었다. 그는 외교 상황을 정치 · 전략적으로 활용하려는 목적에서 미국과 동일한 1차 조영수호통상조약(1882.4), 일명 윌리스Wills, G. O. 조약이 체결되도록 거중조정 해 주었다. 이후 같은 해에 독일이, 1884년엔 러시아 · 이탈리아가, 1886년엔 프랑스, 1901년에 벨기에가 정식 교류를 시작하였다. 이제 앞서 교섭 때부터 언급되던 주요 유럽 국가들과 한국간의 만남의 현장을 본격적으로 살펴보자.

1) 영국

정동 영국 공(영)사관

월터 힐리어(Walter C. Hillier, 1849~1927) 총영사에의 주도하에 건립 됨. 건축사적으로 당시 매우 드물게 기초부분과 지붕구조에 콘크리트 재료가 사용되었다는 특징이 보임. 1층(124평)에는 접견실과 영사의 사무실, 서재, 식당, 응접실이, 2층(121평)에는 각각 목욕탕이 딸린 4개의 침실이 있음.

청나라의 일방적인 중개로 영국 극동함대 사령관인 윌리스 제독이 조선 대표 조영하趙寧夏와 1차 조영조약을 맺었지만, 조약 체결 이후, 영정부는 조약 내용 중에, 영국이 조선에 상품을 수출할 때의 관세율조선 측 주장에 의해 정해진이 10%인 것에 대한 불만을 갖게 되어 수정조약을 요구하였다. 다시 말해서 영국이 중국과 일본과 맺은 조약에선 5% 관세율을 맺었는데 조선에서 그렇게 못한 것에 대한 불만이었다. 당시 파크스 주일공사는 주중공사로 자리를 옮기면서까지 관세 문제를 줄곧 다루었는데, 원칙은 중국의 중재를 거치지 않고 조선과 직접 교류하는 것이었다. 결국엔 수정조약이 체결되었다. 이를 2차 조영수호통상조약(1883.11) 또는 '파크스 조약'이라고 한다. 당시 외교교섭에 미숙하던 조선은 별로 거래가 없는 상품의 수입관세율이 높은데 만족하여 실질적으로 이익을 남길 수 있는 영국의 주 상품의 수입관세율을 7.5% 로 낮추는데 동의하고 말았다. 이외에 조선은 내지통상권, 개항장에서의 외국인 토지소유권과 주

1880년대 후반 동료 외교관들과 함께 있는
한성 주재 영국 총영사 월터 힐리어

택 · 공장의 건설권 등을 영국에 넘겨 주었다. 결국 조선은 경험의 미숙으로 '불평등 조약일방적인 이익을 취득하거나 의무를 부과하는 내용을 포함하여 체결한 조약'의 대표적인 경우를 영국과 맺게 되었으며, 이후 구미 열강이 조선과 체결할 조약들의 기본 틀이 '파크스 조약'이 되었다.

조영 간의 교류에서 주목되는 또 하나의 사건은 1885년 5월에 거문도포트 해밀턴 Port Hamilton의 점령 문제였다. 당시 인도로 들어오는 북쪽 관문인 아프가니스탄 펜데Pendjeh에 포착된 러시아의 군사적 움직임에 대한 영국측 방어가 두 국가의 전면전 양상을 띄우게 되었다. 영국은 혹여 동아시아의 블라디보스토크를 통해 남하할 러시아군을 방어하기위해 적절한 장소를 찾던 중 거문도가 물망에 올랐다. 영국이 전쟁이란 비상시국非常時局을 이유로 조선 및 주변 국가들에게 통보 없이 거문도를 점령하는데, 이것이 문제가 되었다. 비록 펜데사건은 그해 9월에 평화적으로 해결을 보았지만, 거문도 점령 문제는 국제 문제로 비약되었다. 계속되는 조선정부의 항의와 주변국들의 압력 하에서도 영국은 러시아가 조선을 포함한 동아시아로 진출을 하지 않는다는 '이李-라디겐스키협정' 결과를 손에 쥔 다음에야 철수(1887.2)를 하게 된다. 거문도 사건은 유럽의 제국주의 조짐 하에, 조선이 영러각축의 일환으로 국제무대의 중심에 놓인 대표적인 사례였다.

1890년대엔 영국인의 왕래가 빈번했는데, 당시의 경험을 저서로 널리 알린 인물로는 커즌Curzon, G. N.이 쓴 『극동의 문제들』(1894), 비숍Bishop, I. B.의 『한국과 그 이웃나라들』(1898) 등이 있다. 이 시기에 영국이 가장 관심을 가졌던 경제적 부분은 광산의 이권은 물론, 재봉틀싱거 판매, 인천의 연초공장 운영 및 서울의 상수도 건설 등에 이르며, 이와 관련하여 조영 양국의 교역 · 교류가 활발했다. 하지만 조선이 교류하던 주변국일본·중국과 상대적으로 분석해보면 그 정도는 미미한 편이었다. 왜냐하면, 조선이 영국에서 들여온 수입상품은 일본·중국에서 들여온 상품의 총 수입량의 20% 정도였고, 조선이 영국에 수출하는 량은 총 수출량의 0.04% 미만이었기 때문이다. 1905년의 을사늑약으로 이미 주한 영국 공사관이 철수한 뒤엔 이런 수치마저 축소되더니 1930년대 이후엔 한국에서의 영국인들의 교류가 완전히 사라졌다.

2) 프랑스

정동 프랑스 공(영)사관

조선정부의 궁중건축업무를 담당하던 프랑스 건축가 살라벨(Joseph Auguste Salebelle)의 작품으로 추정. 프랑스 영사 내외는 이 건물 내에서 기거하였으며, 특이한 점은 각층의 각방에는 세면 수세기 등을 달았고, 탑 층에는 '탱크'를 설치하여 각방에 물이 공급되게 한 점.

1882년 조미수호통상조약을 필두로 유럽 국가들이 잇따라 조선과 수교하였다. 프랑스도 한반도에서 선교의 자유가 보장되자, 1886년 6월 4일, 고종의 외교고문관인 미국인 데니Denny, O. N.가 함께 한 자리에서 프랑스 측 전권특사 코고르당Cogordan, F. G.과 조선 측 한성판윤 김만식金晩植 사이에 조불수호통상조약이 체결되었다. 하지만 프랑스는 프랑스 선교사와 조선 지방관리, 교인과 민간인 사이의 분쟁 등의 선교 관련 문제에 있어 조선의 조처에 대해 만족치 못하고, 조약 체결 이후에도 군함들을 동원하여 인천 및 여러 해안에서 시위를 하면서 추가 조약으로 교민조약教民條約(1899)과 선교조약(1904)을 받아냈다.

프랑스가 조선과의 교류 시, 가장 주목되는 역사적 부분은 일본이 청일전쟁(1894~1895) 후에 획득한 랴오둥 반도의 영유권을 포기하라고 주장한 '삼국간섭' 주역이 된 때이다. 당시 삼국프랑스·독일·러시아은 일본의 랴오둥 반도의 영유가 청나라 수도를 위협하고 조선의 독립을 유명무실하게 하여 극동의 평화에 장애가 된다고 보았다. 그리고 일본은 그곳의 영유를 포기해야 한다고 하였다. 이로 인해 프랑스는 한반도에서 영향력을 보였고, 그 결과 경의선 부설권, 광산채굴권, 대한제국 정부에 대한 차관 공여 등 엄청난 경제적 이권을 얻었다. 이즈음 한·프랑스 문화도 활발해졌는데 대표하는 인물은 당연히 주한 프랑스 총영사관에 재직한 모리스 쿠랑Courant, M.(1890~1892 재임)을 들 수 있다. 쿠랑은 최초로 유럽에 조선의 서지문화를 소개했는데, 조선문헌 3,821권을 『조선서지』(1896)로 펴냈다. 또 한 명을 더 들자면 조선교구 제8대 교구장으로 취임한 뮈텔주교Mgr.Mutel, G. C. M., 閔德孝(1890~1933 재임)이다. 그는 황사영백서黃嗣永帛書*를 발견하여 이를 프랑스어로 번역, 서양학계에 소개하기도 했다. 종현성당鐘峴聖堂지금의 명동성당·약현성당藥峴聖堂 등 조선에서의 최초로 서양식 건물을 건축한 인물도 바로 뮈텔 주교이다.

「황사영 백서」
두 자가량 되는 명주 천에 썼기에 '백서(帛書)'라고 부른다. 내용은 당시 천주교 교세와 중국인 신부 주문모(周文謨)의 활동, 신유박해 사실과 이때 죽은 순교자들의 약전, 그리고 주문모 신부의 자수와 처형, 당시 조선의 국내 실정 등을 기록했고, 이후 포교에 필요한 방안들을 제시하고 있다. 이 백서 때문에 황사영은 능지처참당하였다.

을사늑약 이후 한·프랑스 관계는 급격히 쇠퇴했지만, 특이한 것은 1910년 한일합방이 된 뒤에도 상하이 프랑스 총영사관이 프랑스 조계에 들어온 한인들이 조선을 위한 정치활동을 하는 것을 용납해준 점이다. 덕분에 상하이의 프랑스 조계지엔 600여 명이나 되는 조선에서 온 정치 망명객들이 조계지에 머물면서 독립운동의 해외구심점을 만들게 되었다.

3) 독일

독일은 조미수호 통상조약이 맺어지기 1개월 전인 1882년 5월에 빌헬름 1세Wilhelm I 의 교섭친서를 주일공사 브란트Brandt, M. A. S. von를 통해 보내어 조선과 직접 조약을 맺기를 원했다. 하지만 조선 측의 반대 하에 실질적인 조약은 중국의 거중조정 하에 이뤄졌다. 그해 6월 30일에 전권공사로 간 브란트가 월

정동 독일 공(영)사관
현재 공사관은 전면 외관만 남긴 채 서울시립미술관(서울市立美術館)으로 바뀌었다. (등록문화재 제237호) 이 건물은 1945-95년까지 줄곧 대법원(大法院)으로 사용되어 왔으므로, 이곳을 일컬어 '법원 자리'라고도 한다.

정동 신아 기념관
구한말에 세무총사(관세청) 사옥. 조선정부 외교고문 묄렌도르프의 사무실도 있었음. 이후 싱어미싱회사(Singer Sewing Machine Company)의 한국지부 사무실과 사원들의 숙소 등으로 사용되었고 1963년 신아일보사에 매각된 곳.

미도에 정박 중이던 독일 함상에서 조선 측 전권대신 조영하趙寧夏와 조약을 정식으로 체결하였다. 하지만 조미, 조영조약이 연이어 체결되는 시점에, 쫓기듯 급박하게 조약을 체결한 독일은 체결 내용에 대하여 불만을 품고, 재일 요코하마 주재 총영사 차페Zappe, E.를 통해 조선과 단독으로 새 조약을 교섭하였다. 당시 영국도 조약의 수정을 요구하던 시점이어서 영국과 공동으로 대처하게 되었다. 결국 양국 전권대사들인 민영목閔泳穆과 차페 사이에 제2차 조독수호통상조약(1883.11)이 맺어졌다.

다음으로, 조선 정부의 고문으로 와 있던 묄렌도르프Möllendorff, P. G.von를 통해 조독 교류는 인물 중심으로 크게 신장되었음을 알 수 있다. 묄렌도르프는 1882년 12월에 청나라 이홍장李鴻章의 추천으로 조선정부의 해관海關 및 외교고문으로 부임하였는데, 조선의 개화를 위하여 다방면으로 활동하였다. 그중 중국을 견제하기 위해서 조러밀약韓露密約을 조선정부에 제의했다가 그 책임을 지고 1885년 12월에 조선을 떠났다. 그렇지만 조선에서 그의 도움을 받았던 독일인들의 경우는 활동이 계속 전개되었다. 이후 프로이센 황제의 동생인 하인리히Prinz Heinrich 왕자가 1898년 7월에 조선을 방문하면서 한독 관계의 결속은 더욱 다져졌다. 이외 조선과 관련된 기억 속의 독일인으론 손탁Sontag, A.과 분쉬Wunsch, R.를 들 수 있다. 전자는 서울 정동에 '손탁호텔'을 경영하였고, 후자는 고종의 시의侍醫였다.

이처럼 조독조약 체결 후 활발해졌던 한독 관계는 1905년 을사조약 이후에 독일 공사관을 철수함으로써 단절되고 말았다. 이후 일제강점기에는 한국과 독일은 비공식적인 관계로 교류하였다. 영친왕이 1927년 유럽을 여행하던 중 힌덴부르크Hindenburg 원수를 방문하였고, 1936년 손기정(일본 선수 자격이었지만)이 베를린올림픽의 마라톤 종목에서 우승했으며, 유학생들도 꽤 있었다. 당시 유학생 출신 중에 독일에 머물면서 한국문화를 지속적으로 소개한 인물론『압록강은 흐른다』*를 쓴 이의경李儀景(미륵)이 있다.

『압록강은 흐른다』
1946년 독일에서 발간된 이의경의 문학작품이다. 한국인 작가가 독일어로 작품을 발표하여 한국을 독일 땅에 소개한 것은 처음이다. 이 작품은 독일 문단의 베스트셀러가 되었으며 영문, 국문으로 번역되었다. 독일에서 최우수 독문 소설로 선정되어 선풍적인 인기를 끌면서 전후 독일 문단에서 큰 비중을 차지하였다.

4) 러시아

청불전쟁 조짐이 보이던 1884년에 중국의 외교가 약해진 틈을 타서 조선과의 수교를 서두르게 되었다. 이런 상황하에서 조러수호조약(7.7)이 묄렌도르프의 주선으로 체결되었다. 얼마 후, 조선에 발생한 갑신정변으로 개화파가 몰락하고 청나라의 지원을 받는 수구파가 득세하게 되자, 러시아는 묄렌도르프의 주선 하에 조선에서의 자국의 위치를 고수하려는 조러밀약을 맺었다. 특히 1885년 5월에 영국의 거문도 점령 사건이 터지자 주일 러시아 공사관의 서기관인 스페에르Speyer, A.와 조선 외교부 사이에 조러밀약의 실현을 위한 교섭을 시도했지만 소득 없이 끝났다.

정동 러시아 공(영)사관
공사관은 러시아건축가 사바틴(A. I. Seredin Sabatin)의 설계로 지하 1층, 지상 1층에 3층 탑부로 이뤄진 석재와 벽돌조의 '서양식' 건물. 수목이 무성하고 지대가 높았던 상림원(上林苑) 지역을 끼고 세워져 당시 한양의 랜드마크(landmark) 역할을 함.

거문도 사건 후, 러시아는 육군에 의지하는 새로운 방위 정책을 채택하게 되었는데 그것이 시베리아철도 건설계획(1886년부터 논의되기 시작함)이다. 한편, 청일전쟁(1894-95)이 터져 러시아가 시베리아철도를 완성해서 태평양 연안에 이르려는 계획에 방해가 되었다. 즉, 청일전쟁으로 인해 일본이 랴오둥 반도를 점령한 것이 러시아 입장에선 "러시아의 철도 건설을 막으려는 것과 동시에 한반도를 자신들의 수중에 넣으려는 속셈이다."고 파악한 것이다. 이어서 재무 장관인 위테Witte, S.Y.의 입안立案에 따라 프랑스와 독일을 끌어들여 일본을 라오둥 반도에서 몰아내기 위한 삼국간섭을 펼치게 되었다.(1895.4.23.) 이 시점에 조선도 인아거일책引俄拒日策러시아를 끌어들이고 일본을 멀리하는 정책을 써서 친일파 각료들을 제거하고 친러파를 중용하면서 둘의 관계가 긴밀해졌다. 와중에 일본이 대외적인 약세를 만회하기 위하여 민비閔妃를 시해(을미사변, 1895.10.8.)하자, 고종과 조선정부는 아관파천俄館播遷(1896.2.11.~1897.2.20.)하여 러시아의 전격적인 보호를 받는다. 이때 러시아는 한국에서 많은 이권을 가져간다. 1896년 4월에 함경북도 경원 · 종성 일대의 광산 채굴권을, 같은 해 8월에는 압록강 · 두만강 유역과 울릉도 삼림 채굴권을 갖는다. 그리고 러시아는 울산 · 성진 등의 어업권조차 넘보게 되었다.

1897년 차르의 신임을 받던 외두부 장관 무라비요프Murav'yov A.가 등장하면서 아시아 정책이 한반도 중심에서 만주 중심 정책으로 바뀌게 되었다. 특히 만주 중심의 정책을 성공하기 위하여 한반도를 일본을 견제하는 완충지대로만 인정한 로젠-니시西협상(1898.4.25)이 맺어졌다. 이로 인해 한반도에서의 러시아의 기반은 크게 약화되었다. 의화단 사건 이후 러시아는 만주를 보호령으로 만들려 하였는데, 일본의 항의가 있을 것을 예상하고 이를 막기 위해 유럽 열강의 지지 하에 '한반도중립화안'을 일본에 제의하게 되었다. 그러나 이것을 러시아의 남하정책의 일환으로 파악한 영국은 이를 일본을 통해 막으려고 1902년 1월에 영일동맹을 체결하였다. 이로 말미암아 러시아의 베조브라조프Bezobrazov, M. 국무 비서가 초강경책으로라도 일본에 대항하려했다. 결국 압록강 삼림 이권의 이용을 일본에 통고하고 이어 용암포龍巖浦 점령을 단행하게 되자, 이를 계기로 러일전쟁이 일어났다. 결과는 러시아의 패전이었다.

결국 패전국인 러시아는 한반도에 있어서 대일 견제력을 상실하였으며, 승전국인 일본은 한국 병합까지 가능하게 되었다. 이로써 1905년 을사늑약 이후부터 광복이 될 때까지 러시아와 한국의 관계는 사실상 단절된 상태에 놓이게 된다.

5. 미래, 발전의 단계로

1) 발전으로의 세 가지 단계

1948년 제3차 유엔총회가 열린 에펠탑 맞은편에 있는 프랑스 파리 샤요궁

19세기 말에 유럽국들과 한국의 만남은 완성을 향한 진행이 순조로웠고 구체적이었다. 하지만 20세기 초에 원치 않는 악재인 일제강점기에 접어들면서 이들 사이엔 진행이 멈추고 미완의 관계가 되었다. 그리고 40여년, 유럽 국가들과 교류가 재개되고 발전을 하게 된 시점은 1948년 12월 12일에 파리에서 개최된 '제3차 유엔총회 유엔정치위원회'에서 48 대 6이라는 절대 다수로 유일 합법정부가 대한민국임을 승인하면서 부터이다.

특이한 것은 벨기에는 한국이 정부를 수립한 1948년 8월 15일에 한국을 승인하였는데 광복 후 한국을 승인한 첫 번째 국가이다. 유엔의 승인이 있은 이듬해인 1949년에 접어들면서 유럽 국가들이 대한민국을 정식으로 승인하기 시작했는데, 영국(1월), 프랑스(2월), 네덜란드(7월)가 있다. 2차 대전의 주축국인던 서독(1955.12), 이탈리아 (1956.11)는 자국의 유엔 가입 절차 때문에 늦었으며, 스칸디나비아 국가들은 비슷한 시기(1959.3)에 한국을 승인하였다. 영세중립국이 되는 과정이 있어서 스위스(1962.12), 오스트리아(1963.9)는 한국 승인이 늦었다. 한국과 일찍부터 교류하던 유럽 국가 중 가장 늦은 승인을 한 국가는 '민주대 공산'이란 이념 때문에 단절되어 있다가 공산주의를 포기한 다음 한국과 교류를 재개한 러시아(1990.9)이다. 러시아와 교류가 재개된 이후 러시아의 속국이던 동유럽 국가들과도 상호 교류가 본격적으로 시작되었다.

한국을 승인한 이후, 유럽과 한국의 만남이 재개 및 발전을 하는 단계는 크게 셋으로 나눠진다. 비록 한국정부를 승인하는 과정은 3차 유엔총회 이후부터였지만, 실질적인 국가로 각인된 것은 한국전쟁을 통해서였다. 유엔국 소속으로 한국전에 파병한 16개국 중에 과반수가 넘는 9개국룩셈부르크, 이탈리아, 그리스, 덴마크, 노르웨이, 영국, 프랑스, 벨기에, 네덜란드이 유럽에 속하였다. 이것이 유럽과 한국의 만남의 발전의 첫 단계이다. 왜냐하면 생면부지生面不知의 신생 독립국의 자유를 위해 고귀한 인간의 피를 대가 없이 흘려준다는 것은 결코 쉬운 일이 아니기 때문이다. 다시 말해서 피를 흘리며 맺은 상호관계는 이전의 어떤 만남이나 조약보다도 더 깊은 관계를 갖게 해주며 당연히 발전할 수밖에 없다. 몇 가지 사례를 보면, 영국은 미국에 이어 두 번째로 큰 규모의 군대를 한국에 파병하였다. 특히 1951년 4월에 영국군 글로세스터셔Gloucestershire 여단이 임진강에서 중공군 2개 사단과 접전하여 승리한 것은 알려져 있는 전과이다. 프랑스군은 12월부터 휴전 때까지 유엔군 프랑스 대대라는 이름으로 전쟁에 투입되었다. 비록 규모는 대대 병력에 불과하였으나, 쌍터널전투, 지평리전투, 단장의 능선격전, 281고지전투 등에서 훌륭한 전과를 거두어 파병 16개국 중에서 가장 용감하게 싸운 군대로 알려져 있다. 한국전쟁 당시, 스칸디나비안 국가들은 병원 지원을 해주었다. 이런 인연으로 스칸디나비아 메디컬센터서울 중구 을지로 6가와 당시 덴마크 병원선 유틀란디아호에 근무했던 관계자 250여 명이 한·덴마크협회를 결성하여 지금도 한국 문화를 소개하는 행사를 해마다 실시하고 있다.

프랑스 파리의 한국전 참전비

두 번째 단계는 1988년 개최된 제24

회 서울올림픽 이후이다. 이때부터 유럽은 상승하는 한국의 정치적 · 경제적 위상의 정도에 눈높이를 맞추어 한국을 바라보게 되었다. 때문에 교류들도 본격적으로 이뤄지기 시작했는데, 19세기 때부터 깊이 교류해온 영국과 프랑스의 예를 들어보겠다. 영국의 경우, 1983년 양국의 100주년을 기점으로 1986년에는 양국의 정상 교환 방문이 있었고, IMF 이후, 1998년에 유럽에서 가장 먼저 한국에 투자단을 보내면서 두 나라간의 관계는 급속히 가까워졌다. 특히 1999년에 영국 여왕의 한국 방문, 특히 가장 한국적인 문화의 장소인 안동 하회마을에서의 여왕의 문화 체험은 진정 두 나라간의 관계가 발전 단계에 들어섰음을 보여준다. 프랑스의 경우는 양국 간의 발전은 1993년 9월에 미테랑 대통령이 방한, 한 · 프랑스 정상회담을 개최 때부터다. 당시 테제베TGV 고속철도를 한국에 수출하면서 제시한 한국과 프랑스의 외규장각 도서 반환 협상이 '맞교환'식으로 공식 문서화 되었다.

하지만 아쉬운 점이 없진 않다. 2007년 6월 르몽드지에는 '외규장각 도서반환 약속을 지금까지 지키지 않고 있다'는 한국 특파원의 질문에, 피용 총리가 "지난 93년 당시 미테랑 대통령의 방한 당시 자신이 수행했지만 TGV 수주 대가로 도서 반환을 약속한 사실은 없다"고 전한 점이다. 외규장각은 2011년 4월에 임대 형식으로 돌아왔다.

1863년에 양주 우강에 있던 현목수빈묘(顯穆綏嬪墓)인 휘경원(徽慶園)을 달마동으로 옮기기 위한 과정을 기록한 책(외규장각도서) 중 하나인『휘경원원소도감의궤』상 1권을 반환했다. (1993년 9월 15일)

세 번째 단계는 1992년 11월 옐친 러시아연방 대통령이 공식 방한하여 '한 · 러 기본관계 조약'에 서명하면서부터이다. 이후 러시아와의 관계는 아시아 · 태평양지역의 동반자 관계는 물론 동유럽국들과의 본격적인 교류에도 영향력을 미쳤기 때문이다. 동유럽국 중, 헝가리는 이미 1988년 10월 25일에 주 헝가리 한국 상주대표부부다페스트 소재를, 12월 7일 주한 헝가리 상주대표부서울 소재를 각각 설치한 후, 대사급 외교 관계를 수립하였다. 이때 헝가리는 한국과 정식 국교 관계를 수립한 동유럽국가 중 첫 번째 국가가 되었다. 이어서 폴란드도 1989년 6월에 서울에 무역사무소를 개설하였으며, 그 해 11월 1일 양국의 공식 외교 관계가 수립되었다. 하지만 러시아 연방에 속해 있던 나라들우크라이나, 에스토니아, 라트비아, 리투아니아과 체코, 슬로바키아 같은 여타 동유럽국들은 1992년부터 한국과의 관계가 발전하게 되었는데 한 · 러 정상회담과 무관하지 않음을 알 수 있다. 무엇보다도 통일 독일과의 새로운 관계가 이 시기부터 주목된다. 1989년 11월 베를린 장벽이 붕괴되고 동 · 서독의 분단선이 개방된 뒤 독일과 한국의 정상들이 상호 방문을 하였다. 그리고 1993년 헬무트 콜Helmut Kohl 연방 수상이 방한하면서 두 나라의 관계는 급속히 발전했는데, 분단국이었던 독일과 여전히 분단국인 한국의 정서는 다른 어떤 유럽국과의 관계보다도 크다고 할 수 있다.

2) 자유무역주의와 민주주의 원형에 대한 탐구

앞으로 한 · 유럽간에 교류가 발전을 넘어 도약을 하자면, 한국이 만나야 할 유럽은 대다수 국가들이 공동으로 '자유무역주의'를 표방한 가운데 정치 · 사회 · 안보 정책의 실행을 위해 창설한 유럽경제공동체EEC(1957년 로마조약에 의해 설립됨)를 전신으로 한 유럽연합EU이다. 유럽연합과 한국은 사실상 도약의 첫발을 이미 디뎠다. 2011년 7월 1일자로 '한-EU FTAFree Trade Agreement자유무역협정'가 공식 발효한 것 때문이다.

비록 유럽이 2008년 세계 금융 위기 이후 지금까지 후유증을 심히 앓고 있지만, '자유무역주의'하에 연합하여 드러낸 그들의 경제적 저력만큼은 계속 주시해야 한다. 사실 2006년에 유럽연합 회원국의 GDP 합계14조2000억 달러가 미국13조3000억 달러보다 많았다. 특히 OECD경제협력개발기구는 2007년에 단일통화지역인 유로 존Euro-Zone의 성장률이 2.5%를 기록해 미국 경제성장률2.0%을 넘어섰던 기록도 있다. 그리고 금융위기 후 수년이 지난 2015년을 보더라도 IMF

유로 (€; EUR)
2008년 11월을 기점으로 전 세계에 실거래로 운용 되고 있는 유럽 연합(EU)의 공식 통화

기축통화SDR인 5개 화폐의 편입 비율은 달러화41.73%, 유로화30.93%, 위안화10.92%, 엔화8.33%, 파운드화8.09%로써 유로화가 달러에 이어 여전히 두 번째로 세계의 '주요 통화' 위치에 놓여있다.

또 인구를 보더라도 중국 13억 명, 인도 11억 명에 이어 세계 3위 수준인 5억 명에 육박해 미국약 3억 명보다 시장 규모가 훨씬 커져있다.

이런 점을 감안하면, 한국은 때때로 보이는 유럽과의 (실시간으로 나타나는) 경제상 적자 폭 때문에 관계 차원에서 망설임이 있을지 모르지만, 장기적 시야 차원에선 유럽과의 관계를 흔들림 없이 지속해야 할 것이다. 유럽의 국가들도 마찬가지이다. 이미 1인당 국민소득 3만 불을 훌쩍 넘긴 선진국이 된 한국을 좀 더 다가서고 주목해야 할 것이다.

끝으로, 유럽과 한국의 만남에서 지속적인 관심의 대상이 되어야 할 부분이 무엇인가를 주목해보자. 그것은 '민주주의' 원형에 대한 탐구이다. 유럽의 역사와 문화 속엔 영국에서 시작된 의회제도, 전제정치를 타파하는 데 결정적인 영향을 준 시민혁명들17세기 영국의 청교도 혁명, 18세기 프랑스 대혁명, 19세기 프랑스의 7월 혁명과 2월 혁명, 독일의 3월 혁명이 있다. 20세기에 들어서면 영국의 요람에서 무덤까지를 실천해 본 '자유복지사회주의', 그 일환으로 등장한 '국영화'와 '민영화' 정책이 두드러지며, 이런 길을 비슷하게 걷던 프랑스 · 독일을 비롯한 서유럽 국가들의 경험의 흔적도 뚜렷이 드러나 있다. 이미 한국도 민주주의의 틀을 갖고 미래를 구상하고 있는 이상, 유럽의 앞선 민주주의 진행 과정이 보여준 경험들이 큰 교훈과 보탬이 될 것이다. 21세기 한국의 미래 세대가 민주주의 원형에 대한 관심을 지속한다면 앞으로 유럽과의 만남이 더욱 성숙되리라 확신한다.

참고 문헌

김경창,『동양 외교사』, 집문당, 1995

김용구,『세계관 충돌과 한말 외교사, 1866-1882』, 문학과 지성사, 2004

______,『세계외교사』, 서울대출판부, 2006

김원모,『근대한국외교사연표』, 단국대출판부, 1984

김현수,『대영제국의 동아시아 외교주역, 해리 파크스』, 단국대출판부, 2010

박태근,『한러관계 100年史』한국사연구협의회, 1984

백낙준,『한국개신교회사』, 연세대학교 출판부, 1993

성황용,『근대동양외교사』,명지사, 1992

유재건,『21세기 한국의 외교정책』, 나남출판, 1999

최동희,『조선의 외교정책』, 집문당, 2004

최문형,『러일전쟁과 일본의 한국병합(국제관계로 본)』, 지식산업사, 2004

_______,『한국을 둘러싼 제국주의 열강의 각축』, 지식산업사, 2001

_______,『열강의 동아시아정책』, 일조각, 1992

Dallet, C.,『한국천주교회사』上・中・下, 안응렬외 옮김, 분도출판사, 1980

피에르 르누벵,『동아시아 외교사』, 박대원 옮김, 서문당, 1988

더 읽을 거리

그리피스 W.E.,『은자의 나라 한국』, 신복룡 옮김, 집문당, 1999.

비숍 I.B.,『조선과 그 이웃 나라들』, 신복룡 옮김, 집문당, 2000.

알렌 H.N.,『조선 견문기』, 신복룡 옮김, 집문당, 1999.

오페르트 E.J.,『금단의 나라 조선』, 신복룡 옮김, 집문당, 2000.

하멜 H. 외,『하멜 표류기 조선전 조선 서해 탐사기』, 신복룡 옮김, 집문당, 1999.

제13장

한국과 미국의 만남

1. 이중성의 역사
2. 1945년 이전 : 어긋난 만남
3. 1945년 이후 : 미국, 한국을 재발견하다
4. 1960년대 이후 : 갈등과 협력의 이중주
5. 미래지향적 한미 관계의 모색

1. 이중성의 역사

1853년 미국의 포경선이 부산 용당포에 표착하여 최초로 한국인과 미국인의 만남이 이루어졌다. 그 이래로 한국과 미국의 관계는 세계적 흐름과 두 나라 국내 상황의 변천에 따라 큰 변화를 거치며, 오늘날에 이르렀다. 한국과 미국은 조선 왕조의 붕괴와 일제 강점, 해방 및 대한민국 건국과 6·25전쟁이라는 한국의 굵직한 변화를 함께 겪어 왔을 뿐 아니라, 대한민국 건국 이후에도 정치, 경제, 사회, 문화, 그리고 안보라는 여러 측면에서 상호 분리가 어려울 정도로 밀접한 관계를 맺어 왔다. 한마디로 한국의 역사적 굴곡, 정치적 민주화와 근대화, 그리고 산업화는 미국의 영향을 고려하지 않고는 언급하기 어려울 정도의 관계를 맺어 왔다고 할 수 있다.

하지만 한국과 미국의 관계가 균형적이었다거나 항상 우호적이었다고만은 할 수 없다. 사실상, 한국과 미국은 일방적 기대와 요구로 특징지어지는 불균형하고 일방적인 관계를 맺고 유지하기도 했고, 양국 간의 관계가 상호 우호적이기만 했던 것도 아니며, 국민도 호의적인 관심만을 표명해 왔던 것도 아니다. 두 나라 사이에는 때로 갈등이 빚어지기도 했으며, 때로 상대를 부정적인 시각으로 바라보기도 하고, 서로 비판의 목소리를 높이기도 했다.

2. 1945년 이전 : 어긋난 만남

1) 구한말 한국과 미국

구한말, 고종 시대1863~1907의 한국은 고립되고 배타적인 왕국에서 제국주의 열강으로부터 자치권과 정치적 정체성을 유지하기 위해 투쟁하는 국가로 변모했다. 한국은 서양국가 중에는 최초로 미국과 수교 조약을 맺었고, 한국은 자국의 문제를 해결하는 데 수교국 미국의 도움을 지속적으로 요청했다. 그러나 미국은 수교 이후 한국에 대해 무관심과 냉담으로 일관했으며, 결국 러일전쟁 이후 한국에 대한 일본의 지배권을 인정하며 한국에서 공관을 철수한 최초의 국가가 되었다.

한국과 미국의 첫 만남

1866년 무역업자이자 모험가인 프레스턴W. B. Preston의 활동으로 한국과 미국이 처음 관계를 맺은 이래 미국은 한국과의 교역 및 선교 활동을 전개할 권한을 요구했고, 여의치 않을 때에는 무력을 사용하겠다는 의도를 공공연히 표출하는 등 제국주의 시대 열강의 면모를 그대로 보여 주었다. 미국의 상선 제너럴 셔먼호General Sherman는 해안 탐사를 명목으로 대동강을 따라 항행 금지 지역인 평양으로 진입했으며, 무력으로 한국에 개방을 요구하면서 약탈 행위도 서슴지 않았다. 한국의 지방 관리들이 이를 제지하자 제너럴 셔먼호 선원들은 이들을 생포하여 위협했고, 한국 역시 무력으로 대응하면서 유혈 사태가 벌어졌다. 결국, 제너럴 셔먼호는 전소했고 미국인 세 명을 포함한 선원 24명 모두 몰살했으며 한국군도 일곱 명이 사망했다.

1871년 한미전쟁과 로저스 제독의 콜로라도호

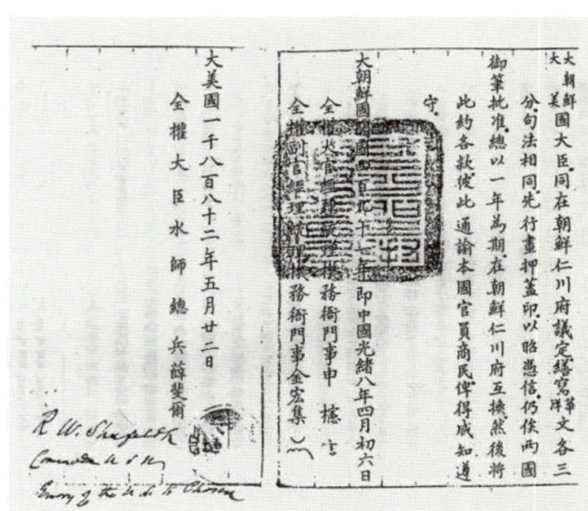

大朝鮮 大美國大臣同在朝鮮仁川府議定繕寫華洋文各三
分句法相同先行畫押蓋印以昭憑信仍俟兩國
御筆批准總以一年爲期在朝鮮仁川府互換然後將
此約各款彼此通諭本國官員商民俾得咸知遵
守
大朝鮮國 … 即中國光緒八年四月初六日
全權大官 … 務衙門事申 櫶
全權副官 … 務衙門事金宏集
大美國一千八百八十二年五月廿二日
全權大臣水師總兵薛斐爾

1882년 한미수호통상조약

1871년에는 한국과의 교역을 목적으로 로저스John Rodgers 제독이 지휘하는 아시아 함대가 한국으로 향했다. 이 함대가 강화 해협의 수로 탐측을 요구하며 본토 쪽으로 북상하자, 손돌목에서 한국군의 포격 사건이 발생했으며 미군은 강화도 상륙을 감행하여 한국군과 격전을 벌였다. 전투 결과 한국인 350명(또는 250명. 자료에 따라 사망자의 수가 상당한 편차를 보인다)이 사망했다. 이는 개방 이전 한국인의 사망자 수로는 최대를 기록했으며, 오늘날 이 사건을 '한미전쟁' 또는 '신미양요辛未洋擾'라고 부른다.

그 후, 미국 정부는 슈펠트Robert W. Schufeldt에게 한국과의 통상조약 체결의 책임을 맡겼고, 중국청나라의 북양대신 직예총독北洋大臣直隷總督 이홍장李鴻章의 알선으로 두 나라 사이의 조약이 성립되었다. 한국과 미국은 1871년에 두 나라 사이에 전투가 벌어졌던 강화에서 멀지 않은 제물포에서 1882년 '한미수호통상조약韓美修好通商條約'을 맺었고 1883년에는 미국이 한성漢城(서울)에 공사관을 개설했다. 미국은 한국과 조약을 맺은 최초의 서양 국가가 되었고, 한국의 수도에 공사관을 개설한 최초의 나라가 되었다.

이홍장(1823~1901)

그렇다면, 한국은 왜 미국과 조약을 맺게 되었을까? 당시 중국, 일본, 러시아 등 열강의 틈바구니에서 자국의 정체성을 지키려 애쓰던 한국은 쇄국鎖國 정책을 펼치고 있었다. 대원군 집정기1864~1873, 교역과 개방을 요구하는 미국을 비롯한 서양 세력의 접근과 기독교 전파와 같은 서양 문물의 전래에 대해 유혈 맞대응을 마지않았던 한국은 고종이 친정親政하면서부터 부분적 개방으로 정책을 선회했다. 그런 개방 정책의 하나가 바로 미국과 공식적인 통상·외교 관계를 수립하는 것이었다.

당시 한국에는 미국에 대한 상반된 인식이 병존하고 있었다. 1840년대 전반 이후 중국으로부터 수입된 『해국도지海國圖志』*와 같은 서적을 통해 유포된 '부강하고 공평'하며 '영토적 야심이 없

해국도지
중국 청나라 말기 학자 위원(魏源)이 지은 세계지리책. 1844년에 간행되었으며, 1847년에 다시 60권, 1852년에 100권으로 증보 간행했다. 지도(地圖)와 지지(地誌)로 나누어, 세계 각국의 지리·역사를 소개하고, 양이(洋夷)를 막기 위해 서양 문명을 받아들여야 한다고 역설했다. 조선 말기에 우리나라에 들어와 외국에 대한 지식을 습득하는 데 이바지했다.

는' 나라라는 미국에 대한 긍정적 인식과 함께 '일천한 역사'와 '미개한 문화'를 가진 '예의를 모르는', '위험한' 나라라는 부정적 인식이 팽팽하게 맞서고 있었다. 그러나 고종의 친정 이후 긍정적 · 우호적 미국관이 득세하게 되었고, 결과적으로 한국은 서양 세력 중 최초로 미국과 수교하게 되었다. 고종은 이홍장의 건의, 그리고 황준헌의 조선책략朝鮮策略*의 영향을 받아 러시아와 일본의 공격적인 접근에 대한 지렛대로 서양 세력 중 호의적인 세력이자 한국을 식민화하려는 야욕이 없는, 신뢰할 만한 국가로 생각한 미국에 문호를 개방했던 것이다.

조선책략
청나라 참사관 황준헌(黃遵憲)이 러시아의 남하 정책에 대비하기 위해 조선, 일본, 청의 외교 정책에 관해 쓴 책이다. 원명은 『사의조선책략(私擬朝鮮策略)』이다. 한일수호조규 이후 일본에 파견된 수신사 김홍집은 일본에 머무는 동안 청국 공관을 왕래하며 황준헌 등을 만났고 귀국길에 이 책을 얻어와 고종에게 바쳤다. 이 책에서 황준헌은 러시아의 남하를 막으려면 조선이 친중국(親中國), 결일본(結日本), 연미국(聯美國)하면서 자강을 도모해야 한다고 주장했다. 이런 외교 정책에 대해 조선 정부에서는 찬반 논의가 격렬하게 전개되었고, 보수 유생들을 중심으로 거국적인 위정척사운동이 일어났다. 이 책은 고종과 집권층에게는 큰 영향을 미쳐 1880년대 이후 정부가 추진하는 개방 정책과 서구 문물 수용에 영향을 미쳤다.

한미수호통상조약과 엇갈린 만남

고종은 '근대화 · 자강自彊'뿐 아니라, 중국의 통제와 일본의 간섭에서 벗어나기 위해 한국이 조약을 맺은 최초의 서양 국가인 미국에 기대를 걸었다. 한국의 관점에서 한미조약의 가장 중요한 부분은 제1조 '거중조정居中調整, Good Offices'에 관한 것이었다. '거중조정'이란 "어떤 세력이 한국이나 미국에 대해 불공정하게 억압적으로 행동할 때" 이에 대해 상호 통보하고 두 나라는 거중조정을 발효하여 바람직한 사태 해결을 위해 노력한다는 내용이다. 이는 한국이 강력한 인접 세력 사이에서 위기 상황에 놓일 때 거중조정을 제공해줄 동맹이나 보호 세력을 확보하자는 의도가 반영된 조처였다. 그러므로 한국은 한미수호통상조약에서 '수호'에 무게를 두었다.

그러나 미국 정부 쪽에서 바라볼 때 한미수호통상조약은 한국이 생각하고 기대했던 것과는 의미가 사뭇 달랐다. 미국이 한국에 개방을 촉구하고 조약을 맺은 주목적은 '통상'이었으나, 그마저도 곧 별다른 의미가 없다는 결론을 내렸다. 사실상 미국은 한국과 공식적 외교 관계를 맺었을 때부터 이 지역에서

서울의 미국 공사관(1900년대 초)

영향력을 행사하는 우세한 세력을 그대로 인정하겠다는 방침을 세우고 있었다. 처음에는 그 우세한 세력이 중국이었고, 미국은 중국을 통해 한국과 공식적인 관계를 맺을 수 있었다. 중국의 세가 완연히 약화하자, 미국은 차후 지배적 세력인 일본의 등장을 관망했으며, 일본이 주도하는 대로 따를 준비가 되어 있었다. 처음부터 미국은 한국에서 얻을 이익은 미미하므로 다른 세력이 지배력을 행사하는 것을 허용하는 편이 낫다는 결론을 내린 상태였다. 게다가 당시의 미국은 경제 발전과 같은 국내 이슈에 더 깊은 관심을 보이고 있었고, 전통적인 정책, 특히 멀리 떨어진 아시아에서 불개입 정책을 수정할 이유도 없었다. 결국, 1904~1905년 러일전쟁 이후 미국의 시어도어 루스벨트 대통령은 태프트 · 가쓰라 밀약Taft · Katsura Agreement*을 승인하여 한국에서 일본의 지배적 역할을 확인해 주었고, 결국 미국 정부는 한국에 등을 돌렸다.

태프트 · 가쓰라 밀약
1905년 7월 일본 수상과 미국 육군 장관이 한국과 필리핀에 대한 이해를 놓고 상호 구두로 양해한 합의를 말한다. '일본은 미국의 필리핀에 대한 통치상의 안전을 보장'하고, '미국은 한국에 대한 보호권 확립을 인정'한다는 내용의 미일 양국의 '외교적 홍정'으로 알려져 있다.

여기서 중요한 점은 미국 정부의 공식적인 입장과 미국 외교관의 태도가 일치하지 않았다는 사실이다. 바로 이것이 한미 간 관계를 특징짓는 '이중성'의 계기가 되었다. 한국은 미국을 우방으로 간주했으나, 미국의 공식 정책은 한국의 운명에 관심이 없었다. 그러나 한국에 파견된 미국 외교관들은 푸트를 시작으로, 포크, 알렌에 이르기까지 한국에 대해 미온적인 미국의 정책에 불만을 표시하며 한국의 독립 문제에 전념했다. 더군다나 외교관이나 정책 고문 등은 물론이고 선교사, 무역업자, 그리고 각종 이권을 추구하던 사업가 등 한국에 거주하던 미국인들은 한국인들에게 계속 미국에 의존할 것을 권유했고, 미국이 무언가를 해줄 수 있다는 잘못된 기대를 품게 했다. 결국, 이런 상황은 고종이 한국의 독립을 위해 미국이 적극적으로 나서리라는, 거의 비현실적인 믿음을 버리지 않았던 이유를 설명해줄 것이다.

전쟁까지 치르면서 서양 세계에 대한 한국의 개방을 이끌어 내는 데 주도적 역할을 했던 미국은 한국에서 물러났으며, 1905년 한국에 대한 일본의 지배권을 인정하고 미국 공사관을 철수해 버렸다.

2) 일제강점기의 한국과 미국

1905년 을사늑약 체결과 함께 한국의 외교권과 경제권이 박탈되자, 한국의 독립은 사실상 상실되었고, 1910년 일본의 강제 병합으로 한국은 일본의 지배하에 들어갔다. 그 후 35년간 한국 내 미국 선교사회 및 재외 한인 독립운동 단체를 통한 비공식적인 관계와 일본 식민 정부를 통한 간접적인 관계를 제외하면 한국과 미국 사이의 공식적인 관계는 존재하지 않았다. 하지만 한미 관계에서 상호 기대와 이해관계의 불일치가 낳은 이중성은 여전히 작동하고 있었다. 병합 이전에도 그러했듯이, 이후에도 한국인들은 독립에 대한 미국의 지원에 기대를 걸고 있었고, 이와는 반대로 미국 정부는 한국에 대해 무관심과 냉담으로 일관했다. 미국 정부의 이런 태도는 한국인들로 하여금 미국에 실망하고, 더 나아가 반감을 품게 했다. 그러나 한국 내 미국 선교사들의 활동은 한국인들이 미국에 대해 기대감과 우호적 감정을 계속 유지하게 하는 데 크게 이바지했다.

알렌(Horace Newton Allen, 1858~1932)

비공식적 관계에서 한국 내 미국 선교사회의 역할에는 매우 중요한 의미가 있었다. 미국 선교사들은 구한말부터 특히 교육과 의료 면에서 한국의 근대화에 일조해 왔다. 1886년 미국 감리교 선교사 아펜젤러는 배재학당을 설립했고, 스크랜턴은 이화학당을 창설했으며, 한국 최초의 서양식 교육 기관인 육영공원이 문을 닫자 허치슨은 이를 이어받아 영어 학교를 개설하며 신

광혜원

분과 관계없이 모든 한국인에게 근대식 교육을 받을 기회를 제공했다. 이후, 미국인 선교사가 운영하는 학교의 수는 급증했다.

장로교 선교사에서 외교관으로 변신한 알렌은 의술을 통한 봉사를 강조하여 1885년 한국 최초의 근대식 병원인 광혜원의 설립을 이루어 냈고, 그곳에서 무보수로 봉사했다. 1886년 그는 한국 최초의 국립 의학교도 창설하여 한국의 의학 교육 및 의료 시설의 근대화에 이바지했다. 선교사들의 이런 활동 덕분에 근대식 교육을 받은 한국인 인재들이 등장했고, 그들 중 일부는 선교사들의 지원과 후원을 받아 미국 유학을 떠났으며, 일부는 독립운동 지도자가 되었다. 따라서 한국 내의 선교사회는 한국인들에게 식민 정부의 공식적 통로 외에 바깥 세계에 대한 정보는 물론이고 그 세계와 소통할 통로를 제공했다고 할 수 있다.

물론 미국의 공식적 선교 본부는 한국 문제에 대한 미국 정부의 외교 정책에 따라 한국 내 정치 불간섭과 한일 관계에서 선교사회의 중립적 자세를 요구했다. 그에 따라 일부 선교사들은 한국의 독립을 위한 노력에 미국 선교사회의 지원을 기대하던 한국인 신자들에게 일본에 대한 정치적 저항을 중단하라고 조언하는 등 불간섭 정책을 따르기도 했다.

그러나 일본의 무단 통치가 도를 더해 가고, 이에 저항하던 한국인 신도들이 야만적 탄압을 받을 뿐만 아니라, 기독교 교회와 선교사들 자신도 일제의 감시와 탄압의 대상이 되자, 한국 내 선교사회의 분위기는 일본 제국주의에 비판적인 방향으로 변해 갔다. 비록 많은 선교사가 한국의 독립운동에 직접 연관되기를 거부했지만, 그들이 '한국의 독립'이라는 명분에 심정적으로 동조했던 것은 사실이다. 그러나 그것은 그들의 뜻이었을 뿐, 거기에 미국 정부의 힘이 실렸던 것은 아니다.

일본의 한국 식민화는 한국 민족주의의 부상을 불러왔고, 한국인들은 국내외에서 강제 병합 반대 및 독립을 위해 다양한 노력을 기울였다. 민족주의 독립운동가들은 미국이 중요한 역할을 해주기를 기대했다. 특히 제1차 세계대전의 종전 처리 과정에서 미국의 윌슨 대통령이 제기한 민족자결주의National Self-determination는 한국의 독립운동가들에게 큰 희망을 안겨 주었다. 그러나 윌슨을 비롯하여 승전국 대표들은 민족자결주의가 독일과 추축국들의 식민 지배를 받던 지역에서만 작동하는 것으로 규정했다. 미국 내 한인들이 파리강화회의에 한국의 독립을 호소할 대표단을 파견하려 할 때 미국 정부는 한국이 일본의 통치하에 있다는 이유로 여권 발급을 거부하는 등 냉담한 태도를 보였다. 심지어 미국의 공공 여론을 이끌던 대다수 신문이 일본 제국주의의 희생자이자 피해자로 한국의 독립에 동조하는 논설을 실어 한국 독립을 지원하곤 했지만, 제2차 세계대전기까지 미국 정부는 한국의 독립을 한 번도 지원하지 않았다.

윌슨(Woodrow Wilson, 1856~1924)

윌슨의 민족자결주의
1차 세계대전의 전후 처리를 위해 1919년 1월 18일에 시작된 파리강화회의에서 미국의 윌슨 대통령이 주장한 '14개조'의 하나로 "피 지배민족(식민지나 점령지)에게 자유롭고 동등하게 자신들의 정치적 미래를 결정할 수 있는 자결권을 인정해야 한다"는 민족 자결 원칙을 말한다.

미국 정부의 한국에 관한 관심, 더 나아가 한국 독립에 대한 공식적 지원은 한국과 미국의 이해관계가 일치하는 경우에만 기대할 수 있었다. 미국의 냉담한 태도에 대한 비판의 목소리가 이제 한국 내에서도 들리기 시작했다. 특히 3 · 1 운동 이후 미국의 태도에 실망한 민족주의 우파 진영이나 새로이 급부상한 사회주의 계열의 독립운동가 사이에서도 미국에 대한 비판적 인식이 드러나게 되었다. 언론에도 미국을 제국주의로 규정하거나, 미국의 인종차별적 행태와 비인도주의적 면모 등을 지적하는 국제정치적 · 현실주의적 인식이 노출되기도 했다. 그럼에도, 구한말부터 계속된 미국에 대한 우호적 인식과 한국의 독립에 대한 선교사들의 심정적 지지 및 동조, 그리고 교육, 의료, 구호 사업 등에서 선교사들의 봉사 활동 때문에 이 시기 한국인들은 미국에 대한 호의와 기대를 버리지 않고 있었다. 이처럼 한국과 미국의 관계에서 이중성은 이 시기에도 작동하고 있었던 것이다.

3. 1945년 이후 : 미국, 한국을 재발견하다

한국의 해방과 그 이후에 미국은 한국 문제에 직접적이고 적극적인 역할을 수행했다. 미국은 한국의 해방에 기여했으나, 그와 동시에 (소련과 함께) 남북 분단에도 어느 정도 책임이 있다. 해방 직후 (남한에) 군정을 실시하여 미국식 제도를 본격적으로 한국에 이식했으며, 대한민국 정부 수립에도 산파 역할을 맡았다. 그 후, 미국은 UN군의 일원으로 6 · 25전쟁에 참전했고, 전후 막대한 경제적 · 군사적 지원을 통해 한국의 가장 강력한 우방이자, 동맹국, 보호자의 역할을 떠맡았다. 반면 한국은 2차 대전 이후 본격화된 전 세계적 냉전 체제에서 소련.공산주의 세력의 동북아시아 진전을 막는 방어 요새로서 중대한 역할을 하면서 미국에도 가치 있는 동맹으로서 자리를 잡게 되었다. 한국에 무관심으로 일관했던 미국은 2차 대전과 냉전을 계기로 한국을 '재발견'했고, 한국은 수교 이후 처음으로 미국의 '보호'를 받기 시작했다. 그럼에도 양국 간의 이해와 기대에는 여전히 차이와 다름의 패턴이 존재하고 있었고, 이는 해방 이전에 이미 양국 사이에 형성되었던 이중성이 변형 · 연장된 것으로 볼 수도 있다.

1) 한국의 해방과 분단

1939년 독일의 폴란드 침공을 시작으로 유럽에서는 큰 전쟁이 발발했다. 이때 미국은 중립을 선언하고 본격적으로 참전하지 않고 있었으나, 1941년 12월

8일 일본군이 미국 하와이 진주만을 기습 공격하자, 이를 계기로 전쟁을 선포하고 공식적으로 참전했다. 이후 1943년경 유럽과 아시아·태평양에서 연합군이 승기를 잡자, 미국을 중심으로 한 연합국 대표들은 전후 처리와 전후 세계 평화 및 새로운 질서의 구축에 대한 논의를 시작했고, 이 같은 논의 과정에서 오랫동안 잊혔던 한반도가 미국의 관심 지역으로 떠오르게 되었다.

1942년 초, 미국의 프랭클린 루스벨트 대통령은 처음으로 한국에 대한 일본의 압제를 언급하며 각 국가와 민족의 자결권을 전후 처리의 기본 원칙으로 삼겠다고 선언했다. 그러나 태평양전쟁위원회는 한국의 독립에 대한 즉각적 약속은 아직 "이르며 현명치 못한 것"이라는 결정을 내렸다. 루스벨트도 1차 대전기의 윌슨의 경우와 마찬가지로 민족자결주의를 중요한 원칙으로 삼는다고 했지만, 이 공식에 한국을 포함하지 않았다.

루스벨트는 '대전의 승리'와 '전후의 지속적 평화 유지'라는 두 가지 목표의 달성 여부는 연합국 간의 관계, 특히 미국과 소련 간의 관계에 달려 있다고 생각했다. 그러므로 소련을 태평양전쟁에 참전시켜야 하고, UN을 성립시켜 전시 동맹을 영구적인 동맹으로 공고히 해야 할 뿐 아니라, 소련의 동부 유럽과 한국 진입을 인정해야 한다고 생각했다. 또한, 장기적으로는 소련의 협력이 안정적 평화를 유지하는 데 절대적으로 필요하다고 생각했다. 소련이 4개국 신탁통치에 참여하는 것이 이 같은 팀워크의 시작이 될 수 있었다. 게다가 루스벨트는 한국인들이 아직 자치할 준비가 되지 않았고, 한국에 대한 신탁통치는 완전한 독립과 자치를 위한 첫걸음이라고 생각했다.

1943년 11월 루스벨트, 처칠, 그리고 장제스는 카이로에서 만나 아시아에서의 전쟁 목표를 조정했다. 장제스는 한국의 독립을 약속할 것을 제안했으나 루스벨트는 그의 신탁통치 제안을 상기시키며 처칠의 지지를 얻어 한국의 독립 약속에 "적당한 시기에, 적당한 절차를 밟아"라는 어구를 포함하게 했다. 1945년 7월 포츠담에서 처칠과 스탈린, 그리고 루스벨트의 뒤를 이은 트루먼 대통령은 소련 군대가 북한을 점령하고 한반도에 4개국 신탁통치를 성립시킨다는

포츠담회담
1945년 7월 28일~8월 1일에 열린 포츠담회담 때 영국의 처칠의 뒤를 이은 애틀리 수상, 미국의 트루먼 대통령, 그리고 소련의 스탈린 서기장이 함께 자리하고 있다.

치안에 동의했으며, 곧이어 북위 38도 선을 남북을 가르는 경계선으로 확정했다. 그리고 12월 27일 신탁통치안이 발표되었다. 이제 한국은 해방되었지만 분단되어 북한은 소련, 남한은 미국의 영향하에 들어가게 되었다.

전후, 전 세계적으로 미소 간 냉전이 빠르게 진전되면서 소련에 대한 불신과 공산주의 봉쇄론이 우세해지던 시기, 남한에서 사회주의 · 공산주의를 주창하는 좌파 세력이 힘을 키웠고, 미 군정은 만일 남한에서 이들의 세력을 그대로 인정한다면 한반도 전체가 공산화할 것으로 판단했다. 미 군정은 대대적으로 좌파 세력의 검거에 나섰고, 남한에서 미국적 모델, 즉 자유 민주주의 · 자본주의 모델을 기반으로 한 체제 구축을 개시했다. 이렇게 한국의 보수주의적 우파와 미국의 협력 관계가 성립되었다. 여운형과 좌우합작을 지지하고 한국의 분단에 저항했던 이들은 침묵하게 되었고, 반공주의자이며 민족주의자인 이승만이 한국의 정치 상황을 지배하게 되었다. 그리고 미국 정책이 남한에 별개의 국가를 수립하는 방향으로 선회했다.

1947년에 이르러 미국과 소련의 전시 동맹은 와해했고, 양국은 한국의 문제를 놓고 갈등을 드러냈다. 결국, 통일된 한국 정부를 누가 통제할 것인지, 그리고 통일된 한국의 정치 · 경제 · 사회 구조는 어떤 것이 되어야 하는지가 문제였다. 군정을 실시하면서 소련은 북한을 조직화하고 군대를 창설했지만, 미국은 남한의 조직화도 군대의 양성도 제대로 이룩하지 못했다. 이 같은 상황에서 1948년 소련이 미소 양군의 동시 철수를 주장했으나 미국은 UN한국임시위원단UNTCOK: UN Temporary Commission on Korea의 구성을 제안했다. UN은 이를 받아들여 한국인들이 자신의 대표자들을 "적절히 선출하는 것을 보장하기 위해" UN 위원단 파견을 결정했다. 그러나 소련의 반대로 이들은 북한에서 활동할 수 없었다.

단독정부 수립 반대를 외치는 이들도 있었으나 이승만은 위원단의 제안을 받아들여 남한에서 즉각적인 선거 및 신정부 수립을 추진했다. UN은 위원단이 접근할 수 있는 지역인 남한에 한정된 선거를 지지했고, 5월 선거에서 우파는 압도적으로 승리했다. 7월 12일 자유민주주의를 기본 원칙으로 한 대한민국 헌법이 제정되었고, 7월 20일 이승만이 대한민국의 초대 대통령으로 당선되었다. 그로부터 한 달도 채 안 된 9월 9일 김일성은 조선민주주의인민공화국의 수상으로 취임했다. UN과 서방 국가들은 대한민국 정부가 국민의 선거를 통해 성립한 유일한 합법적인 정부임을 선언했고, 소련과 소련의 동유럽 위성국가들은 북한 정부를 승인했다. 그렇게 한국의 일시적 분단은 영구적 분단이 되었다.

서울에 진주한 미군이 한국총독부(중앙청) 앞에서 일장기를 내리고 성조기를 게양하고 있다.(1945.9.10)

2) 6 · 25전쟁과 미국

남한과 북한에 각각 단독정부가 수립된 후, 1949년 6~7월에 미국은 남한에서 마지막 미군 병력을 철수했다. 그로부터 1년 후, 미국의 국무장관 딘 애치슨이 한반도가 미국의 방위선 밖에 있음을 시사한 '애치슨 라인Acheson Line'*을 선언한 지 5개월 만에 북한의 남침으로 시작된 6 · 25전쟁이 발발했다. UN의 결정에 따라 미군을 포함한 UN군이 한국에 파병되었고, 미국은 북한의

애치슨 라인
1950년 1월 12일 미국의 국무장관 딘 애치슨(Dean G. Acheson)이 발표한 미국의 극동방위선으로, 태평양에서의 미국의 방위선을 알류산 열도-일본-오키나와-필리핀을 연결하는 선으로 정한 것이다. 그러므로 방위선 밖의 한국과 타이완등의 경우 군사적 공격에 대해 안전을 보장할 수 없다는 내용을 담고 있다.

한미상호방위조약 조인(1953.8.8.)

침략으로부터 남한을 수호하는 데 인적 · 물적 측면에서 주도적인 역할을 했다. 그러나 이 전쟁에서 한국과 미국의 전쟁 목표는 각기 상당한 차이를 보이고 있었다. 미국의 목표는 공산주의자의 침략을 봉쇄하여 전전戰前 상황으로 복귀하는 데 있었고, 한국의 목표는 분단된 국가의 통일이었다. 인천상륙작전 이후 UN은 한국의 전쟁 목표에 힘을 실어 주며 맥아더의 북진을 승인했다. 그러나 중국군이 참전하자, UN의 지지는 철회되었다. 그 결과 이번에는 휴전선을 경계로 국토는 분단되었다.

한미상호방위조약
1953년 7월 27일 휴전협정 조인 직후인 8월 8일 서울에서 가조인되고, 10월 1일 워싱턴에서 정식으로 조인된 상호방위를 목적으로 체결된 조약으로 한국이 외국과 맺은 최초이자 유일한 군사 동맹 조약이다.

6 · 25전쟁의 발발 배경과 미국의 책임 정도에 대해서는 지금도 논란이 계속되고 있다. 하지만 분명한 것은 한국이 희생자였다는 것, 6 · 25전쟁의 결과로 한국과 미국이 '혈맹'이라는 이름으로 더 긴밀한 관계를 맺게 되었다는 것, 그리고 6 · 25전쟁이 한국에 대한 미국의 관여와 개입을 대폭적으로 확대했다는 것이다.

1953년 전쟁이 끝난 후, 미국은 한국의 안전을 보장하는 '보호자'이자 경제 재건을 지원하는 '후원자'가 되었다. 한국과 미국 간에 상호방위조약*이 체결되었고, 6만 명에 이르는 미 육군과 공군이 한국에 주둔하게 되었다. 미국은 안보뿐 아니라 엄청난 규모의 유상 · 무상 지원을 통해 한국의 경제 재건에 기여했다.

그러나 이승만 정부가 점차 부패하여 권위주의적 양상을 보이자 미국은 딜레마에 빠졌다. 결국, 1960년 봄에 대대적인 반정부 시위가 발생했을 때 미국은 이승만 정권에 대한 지지를 거부했고 장면 정부의 등장을 용인했다. 이런 점에서 미국의 개입은 한국의 민주적 정치 질서 수립에 촉진제가 되었다. 그러나 이는 한국인들로 하여금 이후에도 지속적으로 미국에 민주주의의 대변인 역할을 요구하게 하는 계기가 되었다. 즉, 한국인들은 미국이 한국의 경제 재건과 발전의 '후원자'일 뿐 아니라, 한국의 안보와 정치적 민주화에도 '보호자'가 되어줄 것을 기대했던 것이다.

4. 1960년대 이후 : 갈등과 협력의 이중주

1) 1960~1980년대 초

1961년 박정희 장군이 1년 남짓 지속한 장면 정부를 무너뜨리는 군사 쿠데타를 일으킨 이래 1980년대 초에 이르기까지 한국과 미국의 관계는 양국의 대내외적 상황뿐 아니라 국제정치적으로 냉전체제의 변화 국면의 영향을 받으며 격동했다. 이 시기, 한미관계에는 '보호와 피 보호 관계'라는 큰 틀에서 '민주주의'와 '안보'라는 이슈가 갈등과 협력의 주제가 되었다.

박정희 정부1961~1979와 미국

박정희 정부 초기 한미 간에 갈등이 표면화하기 시작했다. 갈등의 원인은 박정희 정권이 '군사쿠데타'라는 방식으로 정권을 획득했다는 사실과 민정 이양에 대한 의지가 매우 취약해 보인다는 점, 그리고 민주주의와 자유의 억압이라는 문제에 있었다. 이에 미국 정부는 공식적으로 군사쿠데타를 비난했다. 그러나 미국은 경제 지원을 지렛대로 삼아 민주화에 대한 압력을 가하여 1963년 민정 이양을 위한 선거를 치르도록 압박하는 정도의 역할밖에 할 수 없었다. 미국은 한국 내 민주주의의 미래에도 관심이 있었지만, 더욱 중요한 것은 안보의 문제였다. 미국은 6 · 25전쟁의 발발 요인 중 하나가 북한이 1950년 미

시청 앞에서 쿠데타군을 지휘하는 박정희 소장

국무장관 애치슨의 '방어선' 연설을 미국의 남한에 대한 보호 의지의 약화로 해석한 데 있다고 보았다. 따라서 동북아시아에서 안정을 추구하던 미국은 한미 간의 안보 동맹에 대한 의혹을 불식시키려 했고, 미국의 기본 정책상 한미 관계에서 안보 문제는 가장 중요한 것이었다.

이후에도 한미 관계는 1960년대 말 미소 간 대결 국면이 협상 국면으로 전환한, '데탕트detente'라고 불리는 긴장 완화, 아시아에서의 안보 이해 평가에 따른 미국의 입장 변화 등으로 한때 동요하기도 했다. 또한, 여기에는 1972년 '유신헌법'*의 통과와 발효 등 한국 내의 반민주적이고 억압적인 상황도 한몫했다. 특히 '인권 외교'를 표방한 카터 행정부 시기에는 주한 미군의 철수 문제를 둘러싸고 한미 간 긴장이 증폭되어 불편한 관계가 형성되기도 했다. 하지만 동아시아의 지역적 균형을 고려하던 세기말 루스벨트와 마찬가지로 박정희 정부 시기 미국 정부는 '안정의 추구'라는 명목하에 한국을 지원했다.

유신헌법
1972년 10월 17일에 선포된 유신체제하에서 11월 21일 국민투표로 확정된 대한민국 제 4공화국 헌법이다. 명목상 "조국의 평화적 통일의 지향, 민주주의의 토착화, 실질적 경제적 평등을 이룩하기 위한 자유경제 질서의 확립, 자유와 평화 수호의 재확인"을 위해 새 헌법을 제정한다고 했으나, 사실상 국민의 기본권을 제한할 수 있도록 하였고, 대통령 권한을 대폭 강화 및 확대하여 독재로의 길을 열었다고 할 수 있다.

광주민주화운동과 미국

1979년 12월 전두환 보안사령관의 쿠데타와 계엄령의 선포로 한미 관계는 다시 한 번 긴장 국면으로 접어들었다. 또다시 군부의 지배와 인권 탄압 문제가 대두한 한국 내 상황이 미국으로서는 부담으로 작용했다. 특히 1980년 5월 광주민주화운동과 유혈 사태는 심각한 문제였다. 신군부가 광주에서 군사 작전으로 자행한 학살을 미국이 허용했다고 판단한 한국인들은 시민을 억압하는 정권을 지지하는 미국에 분노를 표출했고, 미국의 대 한국 안보 지원에 대한 대중적 지지는 약화했다. 미국은 딜레마에 빠졌다.

1980년 미국 대통령으로 선출된 공화당 출신 레이건은 취임 후 '신냉전'을 선언했다. 이와 함께 미국의 군사력이 증강되고 한미 양국 간 강력한 안보 동맹의 필요성이 재강조되었다. 한국 내 민주주의와 인권에 대한 레이건 정부의 관심은 이전 정부보다 훨씬 축소되었고, 전두환 정부는 이 같은 변화를 환영했다. 민주주의의 후퇴와 인권 탄압이라는 문제는 있었으나 최소한 공식적인 입장에서 1980년대 초 양국의 관계는 더욱 돈독해졌다.

그러나 비공식적 수준에서는 다른 흐름이 나타났다. 반미 감정의 확대와 광주민주화운동을 계기로 생겨난 반미주의가 장기적으로 볼 때 한미 관계에 심각한 문제로 부상했다. 민주화를 추구하던 한국 내 반정부 세력은 미국을 자유주의와 민주주의, 그리고 인권의 상징으로 생각해 왔으나, 이제 그런 미국의 이미지는 심각하게 훼손되었다. 물론 여전히 많은 한국인이 미국에 우호적인 시선을 보내고 있었고, 또 미군의 주둔을 북한의 침략을 저지하는 강력한 방어막으로 간주했지만, 이 시기에 한국 사회에서는 반미주의가 깊이 뿌리내리기 시작했다. 이 시기 한국의 안전 보장은 전 세계적 냉전 구도에서 미국의 이해관계와 맞닿아 있었다. 그리고 민주주의와 인권은 미국이 전 세계를 상대로 자국의 상징이자 대표 이미지로 내세운 가치였다. 안보인가, 민주주의와 인권인가, 어느 쪽으로 미국 정책의 중심축이 이동하느냐에 따라 한미 관계에 화해 또는 갈등 국면이 전개되었다. 그리고 한국 정부와 한국 내 반정부 민주화 세력, 그리고 미국 사이의 서로 다른 기대와 이해관계가 충돌하면서 한미 관계에는 더 복잡한 형태의 이중성이 형성되었다.

2) 1980년대 중반~현재

한미 수교 100주년을 지난 1980년대 중반 양국 간의 관계는 상당히 진전했다. 물론 미국은 여전히 한국의 안보에 지대한 역할을 하고 있었고, 한미 간 경제적 교류가 어느 때보다도 확대되었으며, 사회적 · 문화적 접촉 또한 급속히 증가했다. 그러나 그 이면에는 안보에 직접 연관된 이슈뿐 아니라, 여러 가지 갈등 요소도 있었다. 오랫동안 한국은 존속을 위해 미국에 의존하여 이른바 '보호자 · 피보호자의 관계'를 맺어 왔지만, 한국과 미국의 관계는 양국, 더 넓게는 세계적 변화의 흐름 속에서 더욱 복잡한 상호 작용의 형태로 대체되고 있었다.

한미 관계의 변화

1980~90년대 국제정치적 상황이 엄청난 변화를 거치는 과정에서 한미 관계에도 새로운 흐름이 나타났다. 냉전 완화와 한국의 중국 및 소련과의 관계 개선, 더 나아가 탈냉전 시대의 도래는 한국에서 전쟁의 위험을 완화했다. 주한

한국의 외무장관과 주한 미 대사가 미군의 평시작전통제권을 1994년 12월 1일부터 한국군에 이양하는 교환 각서에 서명하고 있다.(1994.10.3.) 전시작전통제권의 경우 2006년 노무현-부시 대통령 간 합의를 통해 2012년 4월 7일을 기해 한국군이 환수하기로 결정했으나 계속 연기되었고 2014년 한미정상회담에서 추후 환수 시기와 조건을 재검토하기로 합의하였다.

미군의 수는 계속 감소했고, 전시의 주도적 역할은 한국군이 맡고, 미군은 지원 역할을 담당하는 쪽으로 방어 임무의 구조가 재편되도록 하였다. 그리고 한국은 주둔 미군에 대한 경제적 지원금을 증액했다. 안보 측면에서 한국의 미국에 대한 의존도는 낮아졌고, 양국의 관계는 점차 상호의존적 방향으로 진전했다.

이 시기에 한국의 정치 지형 역시 변화를 겪어, 이른바 군부 지배와 권위주의 정권이 청산되었다. 이후 한국의 민주주의가 성장하면서 인권과 민주주의는 한미 양국의 현안 문제에서 탈락했다. 그 대신 북한의 핵 문제가 핵심 이슈로 떠올랐다. 특히 김대중과 노무현 정부에서 "햇볕정책"이라고 명명한 대북 유화 정책이 펼쳐지는 가운데 미국에서는 기독교 우파와 '네오콘neo-conservatives'*이라고 불리는 신보수주의자들의 지지를 얻은 부시 행정부가 등장했다. 게다가 9·11테러가 발발하여 그 충격으로 미국의 안보에 대한 위기의식이 고조되었다. 9·11테러는 미국의 세계 전략과 군사 전략의 변화를 가져와 '테러와의 전쟁'*이 추진되었고 대량 살상무기 확산 방지 노력은 한층 강화되었다. 북한의 핵개발과 핵무기 수출 의혹은 미국의 대북 정책을 강경한 방향으로 이끌었다. 결국, 한국의 대북 유화 정책과 미국의 대북 강경 정책은 양국 간의 긴장을 고조시켰고, 갈등이 표면 위로 부상하기도 했다.

이명박과 박근혜 정부에 들어와 한미 간 대북 정책 관련 공조는 북한 관련 갈등을 약화시킨 대신, 한국의 일본, 그리고 중국과의 관계가 한미 간 갈등의 요인으로 등장하였다. 중국의 경제적 군사적 강국으로의 부상에 대한 미국의 견제는 미국과 일본 간 밀월 관계를 낳았다. 하지만 한국의 일본과의 독도 영유권 및

네오콘
공화당을 중심으로 한 미국의 신보수주의자 및 그러한 세력을 총칭한다. 특히 미국의 대외 정책에 있어 강경한 입장을 대변하는데, 미국이 군사력을 바탕으로 적극적으로 국제문제에 개입하여 새로운 국제 질서를 확립할 것을 주장한다. 1980년대 공화당 레이건 행정부의 출범과 함께 세력을 얻은 뒤, 부시 행정부시기에 들어와 권력 핵심으로 등장하였다.

테러와의 전쟁
2001년 9.11 테러사건 직후인 9월 20일 미국의 부시 대통령이 처음으로 사용한 용어로, 넓게는 테러리스트로 지목된 조직과 그들을 지원하는 정권 및 국가에 대한 전 세계적 군사, 정치, 법적, 그리고 이념적 투쟁을 의미한다. 좁게는 알카에다와 같은 이슬람 테러리즘과 연계된 정권, 즉 아프카니스탄의 탈레반 정권 및 세계 각지의 알카에다 세력과 그 협조단체들을 상대로 펼치는 전쟁을 말한다.

과거사 문제에 따른 갈등 그리고 한국과 중국 간의 한층 더 증진된 관계는 한국과 미국과의 관계에 또 다른 긴장을 야기하는 요인으로 자리 잡게 되었다.

경제적 측면에서도 상황은 다르지 않았다. 1980년 초 경제 침체에서 벗어나 2000년대까지 한국은 급성장을 거듭했고, 비록 90년대 말 국제통화기금IMF(International Monetary Fund)의 관리를 받는 경제적 위기 상황을 경험했지만, 2000년대에도 성장세를 지속했다. 1983년 7,500만 달러였던 국민총생산(GNP)은 2012년 9,800억 달러가 넘었고, 1인당 국민소득은 1995년 1만 달러, 2012년 2만 달러를 넘어섰다. 그리고 1996년 한국도 선진국 모임인 경제협력개발기구OECD(Organization for Economic Cooperation and Development)*의 회원국이 되었고 2008년 전 세계를 강타한 경제 위기에서도 한국의 경제 규모는 전 세계에서 12위, 2014년 교역 규모는 1조 987억 달러로 세계 9위 수준을 기록했으며 한국의 경제적 위상 또한 높아졌다.

경제협력개발기구
1961년 9월 30일에 설립되어 '회원국의 경제성장과 금융 안정의 촉진, 세계 경제 발전에 기여, 세계무역의 확대에 기여'함을 목적으로 한 국제기구이다. 2015년 현재 총 34개국이 회원국으로 참여하고 있다.

이런 한국의 경제 성장은 미국과의 경제 관계에 상당한 변화를 가져왔다. 한국은 이제 미국의 경제적 지원을 받는 국가라기보다 중요한 교역 대상 국가가 되었고, 지속적으로 대미 수출 초과를 기록했다. 한국의 수출품도 농산물과 노동 집약적인 제품이 아니라 자본 또는 기술 집약적 제품으로 전환되었다. 한미 간의 교역량은 1997~2012년에는 한국이 미국의 다섯 번째, 2014~2015년에는 여섯 번째로 큰 규모의 교역 상대국 지위를 유지할 정도로 증가했고, 2015년 현재 미국은 한국의 수출 상대국 1위인 중국 다음으로 규모가 큰 수출시장으로서 여전히 중요한 위치를 차지하고 있다. 게다가 2012년 3월 발효된 한미 자유무역협정FTA(Free Trade Agreement)으로 한미 간의 교역은 2014년 1천 156억 달러를 기록하며 전년보다 10퍼센트가 넘게 증가하였고, 향후 더욱 증대할 것으로 예상된다.

한마디로 양국 간의 무역과 투자는 양적으로 확대되었을 뿐 아니라 질적으로도 중요한 변화를 거쳤다. 경제적 측면에서 한미 관계는 한편으로는 경쟁,

다른 한편으로는 협력에 기반을 둔, 한층 더 복잡한 관계로 변모했다. 이 같은 경제적 변화는 양국 간에 갈등을 불러오기도 했다. 특히 미국은 불공정 무역에 대한 문제를 제기하며 관세 장벽의 완화와 시장 개방의 확대를 요구했고, 한국은 이를 '압력'으로 받아들였다. 이는 한국 내 반미 감정의 확산과 미국 수입품에 대한 불매 운동으로 이어지기도 했다. 한미 간 FTA에 대한 찬반 논란도 이런 갈등의 연장으로 볼 수 있다. 이것은 양국 간 관계 변화를 상징적으로 보여주는 사례라고 할 수 있다.

한미 간의 인식 변화 및 반미주의의 등장

운송과 정보 전달 기술이 발달하고 여행자가 늘어나면서 한미 간의 물리적 거리는 좁아졌다. 사회 · 문화적 교류의 확대도 양국 간 심리적 간격을 좁혀 갔다. 그러나 흥미로운 사실은 한국인들의 대미對美 인식과 미국인들의 대한對韓 인식에서 엇갈린 현상이 나타났다는 점이다. 사실상 미국인들의 의식에서 한국의 위치는 미미했고, 게다가 상당 기간 한국에 대한 부정적인 인식이 자리 잡고 있었다. 해방 이전, 미국인들의 한국 인식은 일제가 한국 점령을 정당화하기 위해 고의적으로 유포한 부정적 이미지의 영향을 깊이 받았다. 한국은 '더럽고' '비도덕적'이고 '낙후했다'는 식의 부정적 인식이 대표적이었던 것이다. 해방 이후, 6 · 25전쟁과 남북 간 군사적 대치는 한국이 위험하고 문제가 많은 나라라는 인식을 심어 주었고, 독재와 정치적 충돌이 노출된 모습은 낙후한 정치 수준과 빈곤한 개발도상국의 이미지를 부각했다. 그러나 1980년대 중반 이후 한국의 민주

미국산 소고기 수입반대 촛불시위(2008.5)

부산 미문화원 점거 및 방화사건

매쉬
6·25전쟁 당시 미군 야전병원의 미국인 군의관, 간호사, 군인들의 일화를 소재로 한 로버트 알트만 감독의 1970년 영화. 전쟁과 군대를 조롱한 이 영화에 등장하는 한국은 흔히 더럽고 미개한 나라로 그려졌고, 한국인 역시 미개하고, 가난하고, 어리석고, 교활한 존재로 묘사되었다.

주의와 경제력이 급성장하면서, 미국인들이 한국을 고정적 · 부정적으로 인식했던 것이 달라졌다. 미국인들이 한국의 수출품과 경제적 성장 소식을 통해, 영화 「매쉬M*A*S*H」*에서 보여 주었던 왜곡된 이미지의 한국이 아닌 실제의 한국을 알게 되었다. 즉, 미국인들의 한국에 대한 인식은 긍정적으로 변해 갔다.

그러나 한국인들의 미국에 대한 인식을 살펴보면, 미국의 경우와 정반대의 현상이 나타났다. 미국 제품과 문화 상품 등 다양한 미국산 유형 · 무형의 상품이 한국으로 쏟아져 들어와 한국인이 미국 사회와 문화를 인식하는 폭이 확대되었고, 특히 미국에 체류하는 한국인의 수가 늘어나면서 실제 미국에 대한 지식도 증가했다. 그와 함께 미국에 대한 '자유와 평등', '풍요한 나라', '민주주의의 상징'과 같은 긍정적 이미지는 퇴색되었다. 한국인들은 미국에도 인종 갈등 및 불평등, 빈부 격차와 같은 심각한 문제가 있다는 사실을 알게 되었으며, 그에 따라 '이상적인' 나라로서의 미국의 이미지는 변질되었다. 즉, 한국인들의 미국에 대한 시각은 비판적인 방향으로 변해 갔고, 더 나아가 반미주의가 급부상하기도 했다.

1980년대 중반 이전에도 미국에 대한 비판과 불신이 없었던 것은 아니고, 때로 미국에 대한 강한 배신감이 한국인들 사이에서 드러나기도 했다. 그러나 1980년 광주민주화운동 이후 반미 감정은 한층 명확하게, 더욱 광범위하게 표출되었다. 광주 및 대구 미문화원 방화 사건, 서울 미문화원 점거 사태 등이 반미주의의 상징이 되었다. 광주민주화운동 시기 미국의 역할에 대한 인식, 시장 개방 및 관세 완화에 대한 압력, 주한 미군이 자행한 잔인한 범죄 등은 한국 사회에 반미 감정을 확산했고, 한국의 분단부터 통일에 이르기까지 '제국주의 미국'의 책임을 묻는 이념적 반미주의 또한 학생 운동권을 중심으로 대두했다. 막연한 대중적 반미 감정과 이념적 반미주의 사이에는 분명히 질적인 차이가 있으나, 1990년대를 거치면서 양자는 상호 작용을 통해 '미국적인 것'에 대한 무의식적 · 의식적 거부감을 불러오기도 했다. 이와 함께 과거에 모방의 대상이었던 미국적 모델은 비판의 대상이 되었고, 이른바 한국의 '탈미국화' 현상이 가속되었다.

5. 미래지향적 한미 관계의 모색

한국과 미국이 공식적으로 수교한 지 130여 년이 지난 오늘날에 이르기까지 한국과 미국의 관계는 엄청난 변화를 겪어 왔다. 한미 수교는 한국과 미국의 공식적 관계의 시작을 상징했으나, 일제의 한반도 강점 이후 미국은 한국을 등졌고, 이후 한국의 해방과 함께 다시 한국과의 관계를 재확립했다. 이후 미국은 한국의 존립과 발전에 가장 중요한 국가로 부상했고 한국의 민주화, 산업화, 그리고 근대화의 모델이기도 했다. 한마디로 오랫동안 미국은 한국의 군사적 보호자이자 경제적 후원자였고, 정치, 경제, 사회, 문화 등 한국의 여러 영역에 지대한 영향을 미쳐 왔다고 할 수 있다.

해방 후 60여 년간 한국의 변화 또한 눈부셨다. 정치적으로는 독재와 압제에서 민주주의로, 경제적으로는 원조를 받던 국가에서 원조하는 나라로, 사회 · 문화적으로는 세계인들과 함께 호흡하는 개방적인 국가로 변천을 거듭했다. 그와 함께 한미 관계도 또 다른 단계에 진입하여 이제 한미 간의 경제적 관계는 과거의 '수혜자.시혜자' 관계에서 벗어났다. 또한 '탈냉전'이라는 시대 상황과 대북 정책에서 한국 정부의 역할 변화로 군사 · 안보 면에서 미국의 '일방적 피보호국'이라는 불명예를 떨쳐 버리게 되었다.

2015년 한미정상회담

한미 관계에서 구체적으로 드러나는 변화와 함께 그보다 더 중요한 변화가 엿보이고 있다. 다른 국가들과의 관계에서와 마찬가지로 상호 이해와 기대는 다를 수밖에 없다는 인식이 대두했다는 점이다. 전 세계적 차원에서, 그리고 미국의 이익을 고려하면서 형성된 미국의 한국에 대한 정책과 한국의 이해와 필요에는 상당한 괴리가 있을 수밖에 없다는 것을 한국인들이 제대로 인식하게 된 것이다. 이와 함께 '보호자', '후원자'로 인식했던 미국의 위상도 자국의 이해에 따라 상황에 대처하는 '보통 국가'의 위상으로 전환된 현상을 확인할 수 있다.

그렇다면 앞으로 한미 간의 관계는 어떻게 전개될 것인가? 물론 오늘날에도 한미 간 교역 문제와 북한 핵 문제, 대對 일본 · 대對 중국 관련 문제 등 다양한 이슈가 한미 관계에 영향을 미치고 있다. 또한, 거의 일방적이었던 과거 미국에 대한 긍정적이고 우호적인 인식의 반작용으로 비판적 시각이 널리 퍼져 있는 것도 분명한 사실이다. 그와 동시에 상호 경쟁하면서도 상호 이익을 추구하며, 상호 갈등을 빚으면서도 상호 협조하는 동등하고 정상적인 관계로의 전환, 상대방에 대한 균형 있고 더욱 복합적인 인식으로의 전환이 진행되고 있음을 확인할 수 있다. 앞으로도 수많은 변수가 한미 관계의 미래에 영향을 미칠 수 있겠지만, 한국과 미국이 상호주의를 바탕으로 작동하는 더욱 균형 잡힌 동반자 관계로 진전하기를 기대해 본다.

참고 문헌

강치원,『미국은 우리에게 무엇인가 : 한미관계의 역사와 우리 안의 미국주의』, 백의, 2000.

김덕중 외,『한미관계의 재조명』, 경남대학교출판부, 1988.

김명호,『초기 한미관계의 재조명: 셔먼호 사건에서 신미양요까지』, 역사비평사, 2005.

김원모,『한미외교관계 100년사』, 철학과 현실사, 2002.

김진웅,『반미』, 살림, 2003.

류영익 외,『한국인의 대미인식』, 민음사, 1994.

문정인,『1950년대 한국사의 재조명』, 선인, 2004.

박명림,『한국전쟁의 발발과 기원 1』, 나남, 2003.

박태균,『우방과 제국, 한미관계의 두 신화』, 창작과 비평사, 2006.

사공일 · Fred Bergsten,『새로운 한미 협력체제의 모색』, 대외경제연구원, 1995.

송병기,『한국, 미국과의 첫 만남』, 고즈윈, 2005.

안종철,『미국선교사와 한미관계 (1931-1948)』, 한국기독교역사연구소, 2010.

조현범,『문명과 야만 : 타자의 시선으로 본 19세기 한국』, 책세상, 2002.

정용욱,『해방 전후 미국의 대한 정책』, 서울대학교출판부, 2003.

코헨, 워렌,『미국은 동아시아를 어떻게 바라보는가』, 하세봉 · 이수진 옮김, 문화디자인, 2003.

더 읽을 거리

도재숙,『한반도 안보와 한미관계』, 한국학술정보, 2007.

역사비평편집위원회,『갈등하는 동맹: 한미관계 60년』, 역사비평사, 2010.

유병용 외,『박정희 시대 한미관계』, 백산서당, 2009.

정일준 외,『한국의 민주주의와 한미관계』, 대한민국박물관, 2014

맥도날드, 도널드 스턴,『한미관계 20년사(1945-65년)』, 한국역사연구회 옮김, 한울, 2001.

제14장

단국대학교의 역사와 단국인

1. 단국대학교의 설립과 설립자
2. 단국대학의 창학 정신과 단국인의 표상
3. 단과대학기(1947~1967)
4. 종합대학 Ⅰ기(1967~1977)
5. 종합대학 Ⅱ기(1977~1987)
6. 종합대학 Ⅲ기(1987~1997)
7. 종합대학 Ⅳ기(1997~2013)

1. 단국대학교의 설립과 설립자

단국대학교는 광복 이후 대한민국 최초의 민족 사학으로 건립되었다. 1947년 11월 3일 개교한 이래 독립운동가에 의해 설립된 대학이라는 자부심을 바탕으로 숱한 고난을 극복하며 비약적인 발전을 거듭해 왔다. 1967년에 이루어진 종합대학으로의 승격과 더불어 교세의 확장은 지속되었고, 1978년 전국 대학 최초로 충남 천안에 분교천안 캠퍼스를 설립한 바 있다. 이후 2007년에는 대학의 모태였던 한남동 캠퍼스를 떠나 죽전 캠퍼스로의 이전을 통해 21세기 글로벌 시대를 선도할 학문의 전당으로 도약하고 있다.

1) 재단법인 단국대학의 설립

단국대학 창립의 주역인 범정梵亭 장형張炯 선생이 광복된 조국에 돌아온 것은 1945년 12월이었다. 오랜 망명 생활을 마치고 귀국한 장형 선생은 조국의 해방 공간에서 가장 시급하고 중요한 사업이 교육임을 깨닫고, 일체의 정치적 활동을 미련없이 포기하면서 오로지 교육의 길에 매진하게 되었다. 이에 대해 백범 김구 선생은 "범정은 정치보다는 육영에 관계하는 편이 국가를 위해서 유익하겠소."라고 하여 장형 선생의 결의에 찬의를 표한 바 있다. 때마침 혜당惠堂 조희재趙喜在 여사는 망부 박기홍朴基鴻 선생과 친분이 있던 장형 선생의 교육 열의에 동조해서 유산을 교육 사업에 바칠 뜻을 품었다.

당시 장형 선생은 신익희 선생과 더불어 국민대학설립기성회를 주도함과 동시에 조희재 여사로부터 토지 5만 평을 기부받았다. 이를 바탕으로 1946년 8월 1일 현 국민대학교의 전신인 국민대학관을 종로구 내수동 소재의 보인상업고등학교 건물에서 개설하였다. 하지만 얼마 후 신익희 선생의 정치적 행보와 교육 이념에 동조할 수 없었던 장형 선생은 국민대학을 떠나게 되었다.

혜당 조희재 여사(1892.2.12~1947.11.3)

범정 장형 선생(1889.1.18~1964.12.30)

이후 장형 선생은 대한민국 임시정부의 독립 정신과 자주 민족국가 건설에 이바지할 인재를 육성하기 위해 새로운 대학의 설립을 계획하였다. 장형 선생은 조희재 여사의 나머지 재산을 기증받고 시급한 교사 확보를 위해 조선정치학관서울시 종로구 낙원동 282번지, 건국대학교 전신의 교사 일부를 임대해서 학생을 모집하였다. 이후 아래와 같이 단국대학 설립 준비 위원회가 구성되었고 본격적인 개교 준비에 들어갔다.

설립준비위원장 : 조희재

이사장 겸 이사 : 장형

이사 : 조희재, 박정숙, 김정실, 이담, 백원강, 장훈, 이석하, 장도빈

감사 : 김홍제

동시에 조희재 여사와 그의 영애 박정숙 여사는 소유 토지 약 80여만 평(경기 · 충남 · 논산 · 기타 소재)을 법인의 기본 재산으로 기증해서 탄탄한 재정을 구축하

였다. 그리고 재단의 설립과 이에 따른 소요 경비는 장형 선생 소유의 산판제천 소재을 매각해서 충당하였다. 이 같은 준비과정을 거쳐 1947년 9월 15일 미 군정청에 대학 설립 인가를 신청하였다. 마침내 1947년 11월 1일 단국대학이 설립되고 동년 11월 3일 개교함으로써 민족 사학으로서의 첫발을 내딛게 되었다.

2) 설립자의 삶과 교육 철학

범정 장형 선생

범정梵亭 장형張炯 선생은 1889년 평안북도 용천군에서 인동 장씨 창익 진사공의 차남으로 출생하였다. 유년시절 한문을 수학하다가 1905년 사립 동명중학교에 입학하였다. 이후 1908년 보성전문학교에 입학하여 신학문을 수학하던 중 1909년 9월 기울어 가는 국운을 바라보며 학업보다는 나라를 구하겠다는 사명감으로 학업을 중단하였다. 청년 장형은 신민회 회원으로 활동하면서 1911년 2월 손병희 선생이 마련해준 망명자금을 갖고 만주로 향하였다. 이후 1945년 광복을 맞는 그 순간까지 35년간 중국과 만주 등지에서 항일독립투쟁을 전개하였다. 범정 선생은 귀국 후 단국대학을 설립하면서 평생을 육영사업에 헌신하셨을 뿐만 아니라 강자를 누르고 약자를 도와준다는 억강부약抑强扶弱의 정신을 바탕으로 애국

백범 김구 선생과 범정 장형 선생

지사나 사회적 약자들을 돕는 데에도 큰 힘을 쏟았다. 이러한 선생의 삶은 크게 독립운동가로서, 교육자로서 그리고 사회활동가로서의 활동으로 구분되는데, 이를 살펴보면 다음과 같다.

범정 선생의 독립운동은 무장독립운동의 전후방을 지원하는 것이었다. 그의 독립운동은 군자금의 조달, 교육을 통한 계몽운동, 젊은 청년들을 독립운동가로 인도하는 일, 임시정부와의 연계 등 실로 다방면에 걸쳐 있었다. 1911년 만주로 망명한 범정은 안동단동과 봉천심양을 중심으로 활동하였는데, 당시 장세담張世淡이라는 이름을 사용했다. 범정은 국외로 망명한 조국의 청년들을 보호하고 이들을 서간도의 신흥무관학교에 입교시키는 매우 위험한 특무공작을 수행하였다. 이같은 선생의 활동은 1914년 10월 평양헌병대장이 조선총독 마사다케에게 보고한 정보 보고서에 나타나 있다. 이 문서를 보면 청년들이 평양에 모였다가 사라지자, 이들의 행적을 추적하였는데, 청년들은 중국 안동단동에서 장세담장형을 만났고, 범정 선생은 이들을 데리고 심양으로 가서 다른 사람에게 인계하고 있다는 내용이 중심을 이루고 있다. 뿐만 아니라 범정을 "불령선인 청년들 사이에서 유력한 자로서 항상 경성, 안동, 봉천 등지를 왕래하면서 불평 동지를 규합하는 데 힘을 기울이고 있다."고 보고하였다. '불령선인'은 일제가 독립운동가들을 폄하하던 칭호였던 바, 일제는 이때부터 범정을 '젊은 독립운동가들 중에서도 유력한 자'로 파악하고 있었던 것이다. 1910년대는 그다지 독립운동이 활발하지 않았던 시기임에도 불구하고 범정은 이른 시기부터 독립운동의 최일선에서 활약하였다. 범정 선생은 이처럼 일제의 삼엄한 감시를 받는 와중에서도 군자금 조달에 가장 주력하였다. 군자금은 국외에 독립운동 기지를 조성하고, 독립군을 양성하고 무장하는 데 가장 중요한 재원이었다. 범정은 1919년 만주를 방문해 이극, 안창하, 이진산, 전덕명 등에게 군자금을 조달했다. 또한 이극을 통해 전덕원, 오동진, 오광선 등에게 수시로 군자금을 제공하였고, 송병조 목사를 통해 임시정부의 이시영에게도 군자금을 전달하였다. 그는 군자금의 모금과 전달을 위해 한의사로 위장하여 국내외를 오가며 활약했다. 이를 통해 확보된 군자금은 그의 고향인 용천 출신 또는 신흥무관학교 출신의 독립운동가, 임시정부의 재무관련 업무를 담당하던 재정담당자들에게 전달되었다. 그리고 애국강연회를 개최해 자발적인 모금활동을 전개했고, 상공진흥회장商工振興會長이라는 직함으로 경제력이 있는 재력가나 경제인들을 결속해 자금을 모금하는 데에도 주력했다.

이러한 군자금 확보를 위한 그의 노력은 단순히 모금활동에 그친 것이 아니었다. 지린성吉林省 판스현磐石縣에서 정미소를 운영하며 직접 군자금을 마련하기도 하였는데, "내가 중국 땅에서 독립운동을 할 때 창고에 쌀을 가득히 쌓아놓고 중국인들에게 팔아 그 돈을 가지고 소만蘇滿 국경에 가서 무기를 구입하는 일을 전담하던 때가 있었다."는 선생의 회고가 이를 입증하고 있다. 독립군의 활동과 무장을 위해서 가장 절실했던 것은 군자금이었기에 범정의 군자금 확보를 위한 노력은 독립운동을 시작한 이래 지속적으로 진행되었다.

범정 선생은 1919년 대한민국임시정부가 수립되자 임시정부와 연계하여 독립운동을 진행했다. 임시정부는 1921년 워싱턴에서 개최되는 태평양회의에 한국 문제를 상정하기 위한 다각적인 노력을 기울이고 있었다. 임시정부는 일제 침략의 부당성을 전 세계에 알림과 동시에 당시 한국이 처한 현실을 국제적인 문제로 공론화하고자 했다. 그리하여 임시정부는 국내의 애국지사들과 연결하여 일제의 한국 강점을 성토하고, 한국의 독립을 청원하는 「한국인민치태평양회의서韓國人民致太平洋會議書」를 준비토록 하였다. 그리고 이 문서를 미국에 있는 임시정부 구미위원부에 전달하여 태평양회의에 참석하는 세계 대표들과 언론에 공개하였다. 이 문서에는 황족 대표를 포함하여 국내 단체대표 101명과 전국 지역대표 271명이 서명하였는데, 범정도 반도고학생친목회 대표로서 이 문서에 서명하였다. 범정은 당시 한국을 대표하는 독립운동가로서 임시정부와 긴밀한 관계에 있었다. 그가 해방 이후 백범 김구 선생과 함께 건국실천원양성소建國實踐員養成所를 설립해 활동한 것을 보아도 일찍부터 임시정부와 긴밀한 관

건국실천원양성소 제5기 수업기념사진(1948.12.19)

계를 맺고 활동했음을 알 수 있다.

범정은 1921년 8월 19일 반도고학생친목회半島苦學生親睦會를 조직하고 총재에 취임하여 애국계몽을 위한 전국순회강연을 진행하였다. 순회강연은 1921년 12월 25일부터 1922년 5월 28일까지 진행되었는데, 당시 일간지에는 범정 선생이 여운홍과 함께 인천을 시작으로 경기도의 안성을 비롯하여, 전라도의 목포, 영광, 나주, 정읍, 순천, 김제, 정읍, 광주, 경상도의 창원, 마산, 진주, 통영, 부산, 김해, 밀양, 청도, 대구, 영천, 경주, 포항, 왜관, 김천, 상주, 충청도의 영동, 조치원, 청주, 괴산, 평안도의 박천, 영변, 정주, 선천, 비현, 신의주, 구의주, 구안주, 숙천, 순천, 영유, 순안, 평양, 진남포, 중화, 황해도 황주, 겸이포, 사리원,

건국실천원양성소 제5기 수료식 후(앞쪽 좌측부터 김정실, 장형, 김구, 엄항섭)

재령, 해주, 서홍, 신막 등지에서 강연을 한 것으로 소개되었다. 당시 강연의 주제는 '우리의 급무', '단합의 능력', '깨어라 조선인아', '시대의 순응', '우리의 생로가 어덴가', '희망과 실행', '생존경쟁', '반이사지反而思之', '우리의 현황', '세계와 조선', '오인(吾人)의 현재와 장래', '오인吾人의 최선급무', '촌음시경寸陰是競' 등이었다. 범정은 애국계몽강연을 통해서 낙담한 한국인들에게 희망과 꿈을 주고자 노력하였다. 그가 진행한 독립운동을 보면 망명지였던 만주일대로부터 한반도 전역을 누비는 실로 광범위한 지역으로 확대되고 있음을 알 수 있다. 이처럼 범정의 독립운동은 무장운동이 아니라 군자금의 지원을 통해 독립운동의 기반확보에 주력했고, 전국을 순회하며 진행한 강연을 통해 수많은 대중들에게 현실을 올바르게 인식할 수 있는 정신적 기반을 제공했다. 이처럼 다방면에 걸친 독립운동으로 인해 1930년과 1938년 일제에 두 차례 체포되어 신의주형무소와 서대문형무소에서 옥고를 치렀다.

범정의 교육에 대한 신념은 해방 이후 본격적인 육영사업으로 드러난다. 선생은 1946년 8월 '국민동지회' 회장으로 선임되어 건국 준비에 참여하였다. 그러던 중 독립된 조국의 인재를 양성해야 한다는 백범 김구 선생의 요청으로 1947년 백범 김구와 함께 건국실천원양성소를 설립해 그 이사장에 취임하였다. 건국실천원양성소는 새나라 건설에 필요한 중견 간부를 육성하기 위한 기관이었다. 1948년에는 김구, 김규식 선생과 함께 전국통일학생총연맹을 설립해 '직접지도위원'으로 활동하였다. 또한 신익희와 더불어 현 국민대학교의 전신인 국민대학관의 설립과 운영을 주도하기도 하였다. 인재를 육성해야 한다는 그의 신념은 혜당 조희재 여사가 기증한 재산을 근간으로 한 단국대학 설립에서 구체화되었다.

범정 선생의 노력으로 1947년 11월 1일 재단법인 단국대학이 설립 인가를 받았고, 동년 11월 3일 해방 후 최초의 4년제 사립대학으로 개교하였다. 단국대학이 서울시 종로구 낙원동 282번지에서 2개 학부, 5개 학과로 첫 문을 열게 된 것이다. 범정 선생은 이사장으로 취임하여 오래 전부터 가슴 속에 품었

민강회 강령을 연설하는 범정 선생(1960)

던 육영사업의 꿈을 실질적으로 펴나가기 시작했다. 1948년 3월에는 전문부를 병설하였고, 동년 4월 교외통신대학을 신설하여 언제 어디서나 누구든지 자기 형편껏 공부할 수 있는 기회를 가지도록 하였다. 그리고 1955년 모든 근로청소년들이 주경야독할 수 있도록 야간대학까지 병설하였다. 범정 선생은 스스로 제정한 교육이념인 구국 · 자주 · 자립의 정신을 굳게 정착시키기 위해 대학 경영상 애로가 제기되던 시기에도 남의 나라 자본력에 힘입지 않는다는 신념하에 민족 자본만으로 학교를 이끌어 나가야 한다는 소신을 견지하였다.

단국대학의 설립으로 교육이념의 꿈을 이룬 범정 선생은 사회적 역자에 대한 구호활동에도 주력했다. 범정 선생은 "소망과 용기를 잃으면 인생 전체를 상실한다."는 믿음 아래 소외되고 가난한 사람들, 사회적 약자에 대한 구호활동을 지속적으로 실천하였다. 소외계층에 대한 커다란 관심은 개인적인 구호뿐만 아니라 민강회를 통해서도 전개되었다. 민강회는 1960년 9월 4일 민권신장, 애국지사유족지원 및 사회복지확립, 민주제도정착 등을 목적으로 조직되었고 김홍일金弘壹 장군 · 신상초申相礎 교수 · 조두표趙斗杓 · 이나환李拏煥 등이 참여하였다. 민강회는 사회구호사업 활동은 물론 정례목요교양강좌를 통해 시민 계몽활동도 실천하였다. 당시 일간지에 소개되었던 범정 선생의 사회구호활동을 정리해 보면 다음의 표로 집약된다.

일간지에 소개된 범정 관련 기사

≪漢城日報≫	
1. 全國統一學生總聯盟, 서울시 고학생을 위한 구호사업을 전개	1948.10.15
≪京鄕新聞≫	
1. "내가 학비 대겠다" 단대이사장이 윤부현군의 궁경 동정	1955.4.5
2. 안중근의사 동상 건립, 대한순국충렬기념회서	1956.2.21
3. 삼남매에 구호의 손 답지, 어머니 찾을 때까지 보호요청	1956.3.12
4. 여생을 구제사업, 모진 세파에 쏟아나온 인정의 꽃	1956.4.6
5. 檀大理事長도 寄託	1956.11.17
6. 학비곤란자에 동정 답지=등록금 내주겠다고 독지가 3명이 자원	1957.3.23
7. 효자 박백식군의 표창식	1957.3.24
8. 기뻐하는 할머니들, 청운양노원서 위안회	1957.5.19
9. 김순경에 이만환 단대이사장이 희사	1957.9.13
10. 유기아에 10만환, 장단대이사장이 희사	1957.11.8
11. 육개 영아원에 균배, 장씨가 희사한 성금 전달	1957.11.9
12. 두 남매를 내가 맡겠소, 고지근무하는 김병장에 구호의 손	1958.2.7
13. 범정씨도 금일봉	1958.2.23
14. 박병장 삼남매 내가 맡겠소, 단대이사장 범정씨	1958.7.30
15. 자녀 맡겠다는 두 독지가, 본사서 본인의 연락만 기다려	1958.8.30
16. 범정씨의 연이은 독지, 엄마 찾는 오남매 구호	1958.9.2
17. 나타난 오남매 엄마, 각계온정 받고 희망의 길	1958.9.20
18. 자살가족에 위문금 범정 본사에 기탁	1960.10.19
19. [四月의 사자]들에 다례	1961.2.15
20. 목요교양강좌	1961.3.1
21. 빈자의 일등, 굶어죽은 산모유족에 범정씨가 금일봉	1961.3.3
22. 또 4월은 왔는데 아들 팔아 살기 싫어	1961.4.1
23. 범정씨가 만환, 굶주리다 자살한 이씨 유족에	1961.5.13
24. 위문금 이만 환 전달, 자살한 마부 유족에	1961.5.23
25. 효자 이군에 송아지, 단대육영회총재가 증정	1961.6.10
26. 유암 여인에 금일봉, 단대이사장 본보를 읽고	1961.7.7
27. 축복 기다리는 세 쌍둥이	1961.8.20
28. 청빈했던 경관 집에 따뜻한 구원의 손길	1961.9.5
29. [효와 벌] 온정, 본보 읽고 단대 등서돈과 언약	1961.9.12
30. [효]와 [벌] 눈물밖에 드릴 게 없어요	1961.9.17
31. 삶에 지친 노부부의 [자살길] 막은 헌 신문 조각	1961.10.15
32. 세 쌍둥이 두 돌 초대잔치, 단대이사장 범정씨가 베풀어	1961.10.16
33. [움막애화]에 구호의 손	1961.10.18
34. 장명수씨 표창, 23일에 영등포서서	1961.10.20

35. 인정의 순경 장씨를 표창, 단대 장이사장이 영등포서서	1961.10.26
36. 연이은 온정에 새희망	1961.11.5
37. 빈자의 등불 범정씨 가난의 구제 사회에 권장	1961.11.26
38. 안의사 동상 마당을 청소, 가난한 부부의 정성 표창	1961.12.15
39. 임소령과 장대위에 동정금 답지	1962.3.6
40. 생명같은 돈 유효히 쓸 터	1962.3.15
41. 다시 찾은 [효]의 양지, [효와 벌]의 임양 출옥	1962.3.22
42. 장거를 높이 찬양, 시민증과 금시계에 정착금 백만원	1962.4.13
43. 김병조씨 수사에 공세워 범정씨가 노형사 등 표창	1962.12.24
44. 삼일절에 670명 표창	1963.2.23
45. [현대판] 고려장 노인에 2천원	1963.4.18
46. 범정씨가 금일봉	1964.2.29
47. 범정씨 별세	1965.1.1
≪朝鮮日報≫	
1. 강양 유족에 구원의 손길, 단대 장이사장 보호를 자청	1955.6.1
2. 단대장이사장이 금일봉, 풍문여중 조양에게 전해 달라고	1955.7.19
3. 자살하려던 어머니 민강회서 금일만환	1960.10.23
4. 본사 부랑아 구호운동, 민강회서 옷가지	1960.12.21
5. 행담도 소년에 교과서 등 백권 민강회 기탁	1961.3.15
6. 범정씨가 성금, 유복자를 기르는 물장사 어머니에	1961.9.9
7. 신씨 모자 생계를 도맡아, 장 단대이사장이	1961.10.15
8. 범정씨가 금일봉, 자살기도한 세 모자에게	1964.2.25
≪東亞日報≫	
1. 선전공세에 주력 자유당 선대위	1960.2.6
2. 문화소식(민강회 강연회)	1961.3.21
3. 표창받는 독립유공자	1963.3.1
4. 오아시스	1964.2.1
5. 부음	1964.12.30

이상에서 살펴본 바와 같이 범정 선생은 나라를 잃고 억압받던 시대에 조국의 독립을 위해서 온몸을 바쳤던 독립운동가였다. 해방이후에는 새 나라를 이끌어갈 젊은 인재양성과 사회적 약자를 돕는 일에 여생을 바쳤다. 선생께서 평생 추구했던 삶의 결실이 바로 단국대학이다. 범정 선생은 민족문화의 전통을 기반으로 조국통일과 세계평화를 실현할 인재를 양성하는 대학, 외부의 도움 없이 자립할 수 있는 진정한 민족사학을 구현하고자 하였다. 또한 범정 선

대한민국 건국공로훈장 단장

독립기념관에 세워진 범정 장형 선생 어록비

생은 사회적 약자에 대한 구호활등에도 큰 관심을 갖고 실천에 옮겼다. 억강부약抑强扶弱을 신조로 한 그의 사회 구호 활동은 당시 언론의 지면을 뒤덮을 만큼 커다란 사회적 귀감이 되었다.

평생을 독립운동과 교육에 헌신했던 선생의 활동은 대한민국 정부로부터 그 공을 인정받아 1963년에는 건국공로훈장을 수훈했으며, 2009년에는 독립기념관에 "독립은 남이 갖다 주는 것이 아니고 오직 자신만의 힘으로 쟁취해야 한다."는 선생의 어록비가 건립되었다. 독립기념관은 독립장 이상을 수훈하신 독립운동가들의 시와 어록비만 세울 수 있는 곳이라는 점에서 볼 때 선생께서 진행했던 독립운동이 후세에 높은 평가를 받고 있음을 알 수 있다.

범정 선생은 나라를 잃은 암울한 현실 속에서도 결코 좌절하거나 절망하지 않았다. 오히려 해방된 조국이 맞이할 희망을 이정표 삼아 이 겨레의 미래를 준비했던 지혜와 혜안을 지닌 실천 운동가였다.

독립운동을 통한 애국정신, 도음이 필요한 곳에 아낌없이 베풀었던 애민정신, 단국대학의 설립을 통해 이룩하고자 했던 육영정신은 현재에도 죽전과 천안의 양 캠퍼스에서 수만 명에 달하는 학생들이 선생께서 제시한 구국·자주·자립의 정신을 구현하고 있다. 선생은 1964년 12월 30일에 영면하셨다.

혜당 조희재 여사

단국대학이 재단법인으로 태동하려는 초기 단계에 대학 설립에 소요되는 기초 재산을 희사한 조희재 여사는 풍양 조씨의 후예로서 밀양 박씨 가문으로 출가해, 부군 박기홍 선생과의 사이에 외딸인 아정雅庭 박정숙朴正淑 여사를 두었다. 조희재 여사는 이들 부녀의 뒷바라지를 하면서도 필생의 소명인 육영과 자선 사업에 경주해 왔다. 이웃의 어려운 사정을 전해 들으면 찾아가 위로해 주고, 어려운 사정을 헤쳐 나갈 수 있게 모은 돈을 아낌없이 부조하였다. 또한, 독립유공자의 유족이나 그 자녀의 어려운 사정을 남몰래 보살펴 주기도 했으며, 일본 헌병의 핍박으로 죄 없이 고통받는 애국 동포들의 자녀를 위한 학자금도 남몰래 지원해 주었다.

이러한 조희재 여사의 민족을 사랑하는 정신과 마음 그리고 교육에 대한 이념 정립에는 부군인 박기홍 선생의 생활 철학이 밑받침되고 있었다. 박기홍 선생은 독립운동가였던 장형 선생에게 군자금을 대주는 한편, 미취학 아동들이 계몽될 기회를 주기 위해 장훈학교 운영에 열의를 쏟았다. 뿐만 아니라 윤치호 등과 함께 후원회를 만들어 양로원과 유아원을 돌보며 겨레의 장래를 걱정하기도 하였다. 이와 같은 박기홍 선생의 교육에 대한 열의는 장형 선생의 활동으로 더욱 활기를 띠게 되었으며, 이 같은 그의 꿈은 조희재 여사의 가슴 속에 육영 정신으로 각인되어 갔다.

조희재 여사는 '작은 일에 충실하여 큰일을 이룬다'는 생활철학에 투철했을 뿐 아니라, 사회에서 벌어들인 재산은 사회를 위해 쓰이도록 환원한다는 신념이 두터웠던 인물이었다. 동시에 사리사욕에 얽매이지 않고 공익과 공의 구현에 이바지할 방법을 끊임없이 모색한 훌륭한 여성이었다. 그런 신념으로 거금 1억을 쾌척해 단국대학을 설립한 사실은 당시 『한성일보』에도 소개되었다. 그러나 조희재 여사는 1947년 11월 1일 대학 설립 인가를 받은 지 이틀 만인 11월 3일에 끝내 유명을 달리하고 말았다. 이후 박정숙 여사가 그 유지를 받들어 계승하였다.

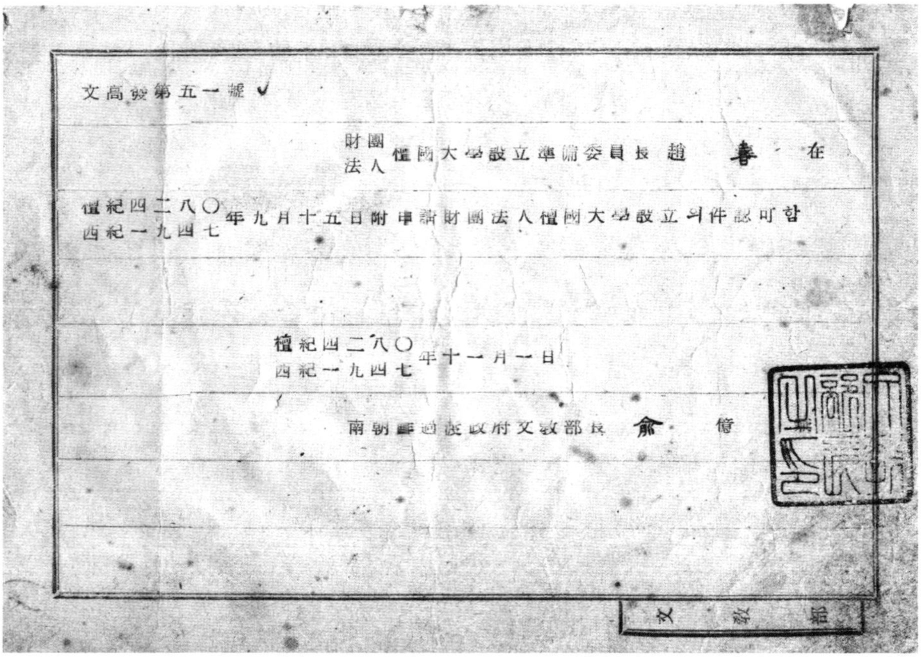
文高發第五一號

財團法人 檀國大學設立準備委員長 趙 喜 在

檀紀四二八〇 西紀一九四七 年九月十五日附申請財團法人檀國大學設立의件認可함

檀紀四二八〇 西紀一九四七 年十一月一日

南朝鮮過渡政府文敎部長 兪 億

文 敎 部

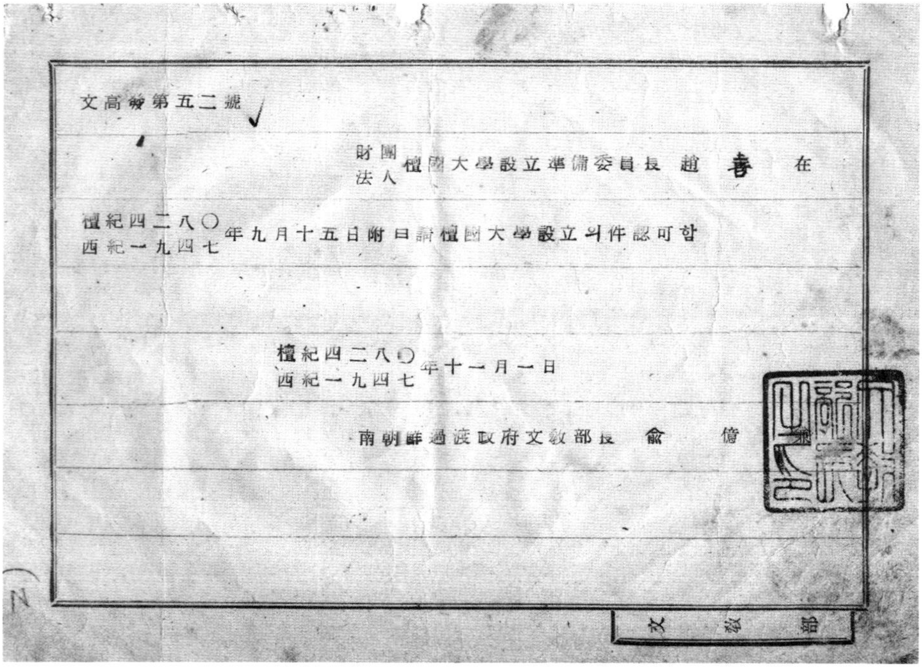
文高發第五二號

財團法人 檀國大學設立準備委員長 趙 喜 在

檀紀四二八〇 西紀一九四七 年九月十五日附申請檀國大學設立의件認可함

檀紀四二八〇 西紀一九四七 年十一月一日

南朝鮮過渡政府文敎部長 兪 億

文 敎 部

단국대학 설립 인가서

개교식 기념 사진(1947.11.3)

2. 단국대학의 창학 정신과 단국인의 표상

1) 창학 정신

단국대학의 설립자인 혜당 조희재 여사와 범정 장형 선생은 일제강점기라는 암울한 시대 상황에서 자주독립 정신을 바탕으로 국가의 백년대계를 확립하고자 하였다. 이를 위해 구국 · 자주 · 자립을 창학 정신으로 삼았다. '구국'은 국가의 위기를 교육을 통해 극복하려는 이념이며, '자주'는 주체적 가치를 지향하는 민족관을 세우는 것이고, '자립'은 치열한 경쟁이 벌어지고 있는 세계에서 스스로 굳게 서려는 정신이었다. 혜당과 범정 선생께서 제시하신 구국 · 자주 · 자립의 창학 정신은 단국대학이 최초의 민족 사학으로서 비약적인 발전을 이루는 토대가 되었다.

2) 교명

대부분 학교의 교명은 설립된 지역의 이름을 사용한다. 그러나 단국대학은 설립자의 창학 정신과 교육 이념이 함축되어 있다. 설립자 장형 선생은 교명을 '단국대학'으로 정한 이유를

> "우리 학교를 왜 단국대학이라고 명명했는가 하면 우리 민족은 단일민족으로서 국호야 어찌 되었든 단군성조의 한 자손이기에 우리는 이 땅의 영원한 주인이며 이 땅을 지키고 이 나라를 번영시켜 나가야 할 책임이 있는 것이야. 이 땅을 번영시키기 위해서는 무엇보다 온 국민이 올바른 교육을 받아야 하며, 그 올바른 교육이란 곧 단군성조의 홍익인간 정신이라 믿으며 그 정신은 단군으로부터 이어 오는 하나의 핏줄 의식을 강조하고 그것을 이 나라 후손들의 가슴속에 심어서 나라 사랑과 겨레 사랑의 의욕을 고취해야 하므로 교명을 단국대학이라 명명하고 단군의 건국이념을 곧 건교 이념으로 삼고자 했기 때문일세."

라고 설명한 바 있다. 이를 보면 '단국대학'이라는 교명에는 단군신화에 등장하는 '홍익인간'과 '단일민족'이라는 민족정기가 내재되어 있음을 알 수 있다. 이와 더불어 중재中齋 장충식張忠植 선생은 단국대학이라는 교명이 결정된 배경에 대해

> "내가 어린 나이였지만, 나의 선친과 장도빈 선생님, 그리고 뜻을 같이했던 분들이 모여 학교 이름을 놓고 여러 가지 말씀을 하시는 것을 들었어요. 결국, 국조 단군의 홍익인간을 교육이념으로 하기 위해서는 '檀君'에서 '檀' 자를 따고 애국사상을 고취하기 위해서는 '愛國'에서 '國' 자를 따서 '檀國'이라고 하는 것이 좋겠다고 이야기하시면서 만족해하셨지요."

라고 증언하고 있다.

이상의 증언을 보면, '단국'이라는 의미는 단일민족으로 조국과 민족을 지켜 나가야 할 민족주의적 사명감을 일깨우며, 홍익인간 정신을 교육의 바탕으로 삼아 애국 · 애족하는 참다운 인간을 길러 내겠다는 강한 의지의 표현이라고 할 수 있다.

3) 교시

단국대학교의 교시는 '진리眞理'와 '봉사奉仕'이다. 진리는 나에 의해서 소외될지언정 진리는 소외하지 아니하며, 봉사는 남에 의해 기대되는 것이 아니라 나의 진지한 태도를 바탕으로 해서 전개되는 것이다. 따라서 진리는 자기완성 촉진의 기본적인 자양 요소로 깨달아야 할 불변적 가치이고, 봉사는 자기 승화 촉진의 제일의적인 의미를 던져 주는 항구적 자산이다. 진리를 경원하는 사람은 자신을 방기하는 우를 범하게 되고, 봉사를 싫어하는 사람은 자신을 가치화할 기회를 포기하는 비애를 자초하고 만다.

단국대학교가 창학 정신을 바탕으로 해서 진리와 봉사를 교시로 삼은 것은 이와 같은 역사적인 자각을 토대로 삼아 민족사의 정통성을 보전하고, 새로운 발전을 촉구하는 백년대계의 바른길을 교육으로써 이룩해 나간다는 이념을 배경으로 하고 있기 때문이다.

4) 교기

학교마다 그 학교의 정신과 교육 목표를 표상하는 교기가 있다. 교기가 있다는 것은 마치 사람마다 고유한 인상이 있고, 기업마다 상표가 있고, 국가마다 국기가 있는 것과 같다. 바꾸어 말하면 국기가 있기에 국제사회에서 그 나라의 존재를 인식할 수 있는 것처럼 교기가 있기에 학교의 존재 표상이 사회적으로 인식된다고 해도 과언이 아니다. 단국대학교의 교기는 1947년 11월 3

단국대학교 교기

을 개교와 동시에 제작되어 오늘에 이르고 있다. 교명을 '단국'이라고 명명한 것은 단군 신화에 나타난 홍익인간을 구현한 것이며, 구국·자주·자립을 창학 정신으로 내걸고 있는 것은 교육 입국과 주권 옹립 및 자립 생존 체제를 우리 자신의 힘으로 성취해 나간다는 주체적 정신과 의의를 말하는 것이다.

단국대학교의 교기에 담긴 의미는 다음과 같다.

첫째, 교기는 태극 오행법의 원리에 따라 제작되었다. 둘째, 사천왕의 해법에 따라 단국대학교의 창학 이념인 구국·자주·자립의 뜻을 지국천왕이 담당하는 역할로 내용으로 밝히고 있다. 셋째, 교육을 통해 국가 동량을 양성한다는 뜻을 다문천왕과 광목천왕의 역할 내용으로 밝히고 있다. 넷째, 단국대학교 출신의 사회적 역할을 통해 국가 발전에 기여한다는 뜻을 증장천왕의 역할 내용으로 밝히고 있다. 다섯째 청룡·백호·주작·현무 등 사신四神의 뜻을 담아 단국대학교의 사회적 기여를 통해 국가 보위·민족 수호·주권 옹립 등의 역무를 수행한다는 의미를 포함하고 있다. 여섯째, 교기는 위의 여러 가지 정신 요소를 집약·표현하면서 어디까지나 창조 원리를 그 근간으로 하고 있다. 단국대학교의 교기는 이와 같은 복합적인 의미를 태극도 안에 표현한 것이다.

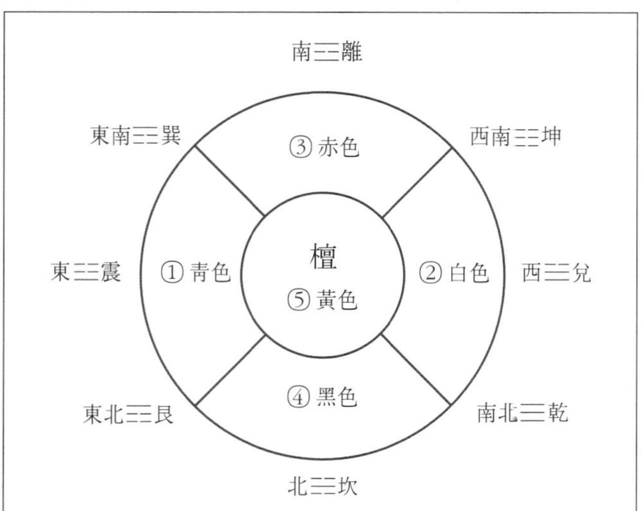

교기 도해

5) 교가

단국대학교 교가는 장도빈이 작사하고, 김동진이 작곡하였다. 그러나 정확한 제작 연대는 기록으로 남아 있지 않다. 1956년 3월부터 1958년 3월까지 2년간 5대 학장으로 재직했던 윤택중 학장의 증언으로는 취임 초기였던 1956년에 제작되었음을 알 수 있다.

> "제 때 제정했어요. 학교에 가보니 교가가 없더군요. 그래서 제정했는데 몇 사람 위원이 모여서 상의했고, 작곡은 김동진 씨가 좋다고 해서 그분께 맡겼지요."

위에서 말한 위원으로는 양주동, 이무영 선생 등이 참여했던 것으로 전해지고 있다. 대부분 교가에는 학교 소재지의 산이나 강 등 자연 배경을 가사에 담고 있는데 단국대학교 교가의 배경에는 백두산이 등장한다. 또한 노랫말에 '단군 선조의 얼', '배달의 땅'이 들어 있어 이미지의 스케일이 거국적이라 할 수 있다. 또 '젊은 피', '끓는 가슴', '학구에 타는 횃불'이라는 표현에서 진취적이고 박력 있는 내일의 희망을 찾아볼 수 있다. 이는 '단국대학'이라는 교명과도 관계있으며 창학 정신의 한 표현인 동시에 독립운동가인 설립자의 씩씩한 기상이 살아 있음을 느낄 수 있다. 후렴에서 설립자의 '높은 뜻'과 '굳센 뜻'을 받들라는 도덕적 정서를 반복함으로써 참다운 인간 교육의 기틀을 노래한 것이다. 또 만주 벌판을 휘달리는 독립운동의 기상을 느낄 수 있는 내용이다.

6) 단국의 상징 : 곰

단군신화에 등장하는 곰은 태백산 신단수 아래서 신시를 연 환웅 천왕에게 사람으로 변하게 해달라고 간청해서 온갖 시련을 이겨 내고 웅녀로 환생했고, 이어 단군을 출산함으로써 단일민족의 기반을 확립한 영물이다. 앞서 언급한

곰상

곰상은 조작가 안찬주(安贊周) 교수가 한국 반달곰을 기준 삼아 만들었다. 죽전 캠퍼스 곰상은 1980년 3월 3일, 천안 캠퍼스 곰상은 1982년 11월 2일 제작되었다. 죽전 캠퍼스는 어미 곰과 새끼 곰이 각각 한 마리씩 자리하고 있으며, 천안 캠퍼스는 어미 곰 한 마리에 새끼 곰이 두 마리이다.

바와 같이 단국대학교의 창학 정신은 건국 신화와 불가분의 관계가 있다. 따라서 이의 창달에 본질적인 의미를 부여하고 있기에 곰을 단국대학교의 상징 동물로 정한 데에는 자못 큰 의의가 있다. 곰은 평화 애호의 기질, 자활 기상의 진작, 불퇴전의 용기, 길조의 표징을 상징한다.

이를 통해 단국인은 첫째, 자신을 정시할 줄 아는 형안을 갖춰야 한다. 둘째, 집념을 불태우며 자신의 이상을 추구하는 태도를 길러야 한다. 셋째, 인내와 관용으로 자신을 아름답게 가꾸는 덕성을 길러야 한다. 넷째, 대아 속에서 소아를 수용하는 이성을 지녀야 한다. 곰의 상징이 내포한 의의와 교훈, 그리고 기개를 이와 같은 시각에서 음미해볼 때 곰상과 더불어 생활하는 단국인은 더욱 활기가 넘쳐흐를 것으로 기대된다.

3. 단과대학기(1947~1967)

- 단국대학 설립과 한남동 캠퍼스

단국대학은 1947년 11월 3일에 해방 후 최초의 민족 사학으로 개교하였다. 당시 배움을 찾던 젊은이들은 서울로 모여들었고, 서울에는 일제강점기에 세워진 전문 교육기관으로 서울대학교와 몇 개의 전문학교가 있었다. 하지만 서울대학교는 1946년 8월부터 약 1년간 국립대학 반대의 소용돌이 속에서 면학 분위기가 조성되지 않고 있었다. 이 무렵에 설립된 전문 과정의 교육기관으로는 조선정치학관낙원동, 한성전문학관, 문화대학관사직공원 도서관, 배영학관이화동을 비롯해 약 대여섯 개의 학관이 있었다. 이런 상황에서 이전과 다른 새로운 교육기관을 설립하려는 움직임은 시대의 추세로 보아 당연한 일이었다. 단국대학 역시 이 같은 사회적인 요구에 부응해 해방 후 최초의 민족 사학으로 출범하게 되었다.

단국대학은 정치 · 문리 2개 학부에 5개 학과를 두고 960명을 첫 입학생으로 선발하였다. 교세가 확장하면서 교사의 확보는 단국대학의 최대 현안으로 떠올랐다. 당시에는 서울시 종로구 낙원동 282번지 소재 건물을 임대해 사용하고 있었다. 새로운 교사의 확보를 위해 여러 후보지를 물색한 끝에 1949년 11월 성동구 신당동 52번지의 4호에 있던 조선전업협화장 건물을 인수하였다. 이 건물은 교육 시설로 건축된 것이 아니었으므로 대학 건물로는 적당하지 않았지만, 일단 1949년 12월 26일 이전하였다. 개교 이후 임대 건물 사용에 따른 문제를 해결하고 비로소 단국대학의 신당동 시대가 열린 것이다.

낙원동 임시 교사

제1회 입학식(1947.12.3)

개교 당시 학부와 함께 병설된 전문부에는 정치학과와 법률학과가 나뉘어 개설되었고, 2회 졸업식을 끝으로 학부에 편입되었다. 이와 더불어 1948년 4월 1일 이른바 교외 대학으로 부

신당동 교사

제1회 졸업기념 사진(1951.9)

르는 통신교육부2년 과정가 발족하였다. 교외 대학은 한국전쟁으로 잠시 주춤했지만, 1954년 4월 1일 광화문에 있는 장안빌딩신문로 2가 8 3층에서 다시 수업을 시작한 이래 1963년 6월 31일에 폐지되기까지 10만 명에 달하는 청년들을 배출하였다.

신당동 교사로 이전하고 기대와 의욕에 부풀어 새로운 출범을 다짐할 무렵 1950년 6월 25일 한국전쟁이 발발하였다. 장형 선생을 비롯한 교직원들 역시 피난을 떠나게 되었다. 문교부는 전쟁 중에도 교육할 수 있도록 1951년 2월 26일에 '전시하 교육 특별 조치 요강'을 제정 발표하였다. 이를 근거로 전시 연합 대학이 구성되었는데, 교수와 학생은 자신의 소속 대학과 관계없이 피난지에서 대학 교육에 참여하였다. 전시 연합 대학은 부산 · 광주 · 전주 · 대전 4개 도시에 설치되었고 모두 6,455명의 대학생이 등록을 마치고 수강하였다. 같은 해 5월 4일 문교부령 제19호로 '대학 교육에 관한 전시 특별 조치령'을 공포해서 전시 연합 대학의 성격과 운영 방침을 규정하였다. 동령 제5조에 따라 부산 전시 연합 대학 운영의원회에는 단국대학을 비롯해 서울대학교, 고려대학교, 국학대학, 세브란스 의과대학, 신흥대학현 경희대학, 국민대학, 숙명여자대학, 서울여자대학 등 10개 대학이 참가하였다.

부산에 피난하고 있던 서울의 각 대학은 1951년 2학기부터 전시 연합 대학에서 떨어져 나와 단독 개강하였다. 이에 따라 단국대학 역시 "비록 전시하라 할지라도 교문만은 열어야 한다."는 장형 선생의 교육 신념에 따라 1951년 9

월 부산시 동대신동 소재 소년원 구내에서 개강하였다. 이후 1951년 12월 27일 부산시 대청동 4가 77번지 소재 시유지에 가교사를 신축하고 교육과 업무를 재개하였다. 부산 피난교가 세워지기 이전 1951년 9월 29일 대구 시내 덕산국민학교 강당에서 법학과 64명, 정치학과 40명, 도합 104명에 대한 제1회 졸업식을 거행하였다. 이후 제3회 졸업과 1953년도 제1학기 강의를 끝으로 부산 피난교에서 마지막 학기를 종강하였다.

부산 피난교에 모인 학생 일동(1952.7)

제2회 졸업 기념 사진(1952.4.2)

한남동 교사 신축 푯말 설치(중앙의 장형 선생과 박정숙 여사)

한국전쟁 휴전에 따른 정부의 환도와 함께 단국대학도 1953년 8월 31일 서울의 교사로 복귀하였다. 단국대학은 새로운 힘과 의지로 전화를 딛고 일어나, 새로운 전기를 마련하고자 안간힘을 썼다. 그 과정에는 허다한 시련과 애로가 가로놓여 있었다. 통신대학의 폐지를 비롯해서 군사혁명 이후에 감행된 대학 정비와 갑자기 날아든 공문 한 장으로 1부 대학의 학생 모집이 하루아침에 정지되고 정규 야간 대학으로 간신히 명맥을 이어가야 했던 상황은 너무도 충격이었다. 1부 대학 학생 모집 정지의 충격은 단국대학의 발전 과정에서 긍정적 · 부정적 결과를 가져왔다. 당시에 정세의 영향을

한남동 교사 신축 공사

한남동 교사 입주식

받을 수밖에 없었던 연약한 대학이 냉정하게 자신을 성찰하고, 모자란 구석을 채울 기회가 생겼다는 점에서는 긍정적이었다. 바로 이것이 장차 종합대학으로 도약할 의지를 다지는 발판이 되었다.

이 시기에 가장 중요한 변화는 개교 이래 오랜 숙원이었던 교사 신축 문제를 해결한 일이었다. 이를 위해 대지를 물색하던 중 1955년 9월 한남동 산 8번지 일대 약 4만여 평을 확보하고 동년 12월 정식으로 매수하게 되었다. 부지가 마련되자 곧바로 교사 신축에 착수하였다. 1956년 2월 3일에 신축 교사의 정초식이 거행되었고, 3월 10일 총 1,600여 평 부지 위에 대학 본관 · 법정학관 · 이학관 등 신축 교사가 착공되었다. 이어 1957년 6월 대학 본관 · 정법학관 · 제1공학관이 준공되고, 600여 평의 도서관 건물이 착공되었다. 2년여에 걸친 공사 끝에 1957년 6월 17일 한남동 신교사 입교식을 거행함으로써 단국대학은 본격적인 도약의 발판을 구축하였다.

4. 종합대학 Ⅰ기(1967~1977)
- 종합대학교 승격과 내곡동 캠퍼스 계획

1) 종합대학교 승격을 위한 노력

단국대학은 창립 이래 여러 가지 어려움을 겪으면서도 오직 민족 자본만으로 운영하면서 꾸준히 발전해 왔다. 1966년 10월 17일 9대 장충식 학장이 취임하였다. 장 학장은 취임하자 졸업생들의 숙원이 무엇이며, 재학생들이 진실로 바라는 것이 무엇인가를 곰곰이 생각한 끝에 종합대학 승격 안을 내놓았다. 그는 '신념이 있는 곳에 길이 열린다'는 소신으로 각 방면에 심혈을 기울였다. 그러나 종합대학 승격 안은 당시 여러모로 여건이 성숙하지 않은 상태였기에 난관이 하나둘이 아니었다. 첫째, 그는 아직 30대 젊은 학장이었기에 누구도 그의 능력을 믿으려 하지 않았다. 둘째, 종합대학이 될 수 있는 제반 시설이 갖춰지지 않았다는 이유로 이사진과 문교 당국의 불신이 팽배하였다. 그러나 장충식 학장과 학교 당국에서는 여러 가지 반대 요소를 하나하나 극복하기 시작하였다. 이사진을 설득하고, 문교부와 끈질기게 교섭하고, 청와대에 탄원하는 등의 노력을 거쳐 마침내 1967년 종합대학으로 승격하였다. 이어 장충식 학장은 단국대학교 초대 총장에 임명되었고, 명칭도 '단국대학'에서 '단국대학교'로 바뀌었다.

당시 종합대학교의 승격을 인가한 문교부의 공문을 소개하면 다음과 같다.

문고대 1041.1-271　　1967. 2. 10
수 신 : 학교법인 단국대학 이사장
제 목 : 단국대학교 설립인가
1. 단대 제 호('67. 1. 8)로 신청한 단국대학교 설립인가의 일에 대하여 별지 지령서와 같이 인가하오니 다음 사항을 엄수하여 대학 운영에 만전을 기하시기 바람.
가. 대학 설치 기준령에서 요구하는 제반 시설 설비를 완성 연도까지 연차적으로 완성할 것
나. 교원채용 보고와 총장 승인 절차를 '67. 3. 1까지 완료할 것
다. 보고하여야 할 제반 사항을 성실히 이행할 것
첨부 : 단국대학교 설립인가 지령서 1부 끝.

문교부 장관

지 령 서

문고대 1041. 1 학교법인 단국대학
1967년 1월 8일자로 신청한 단국대학교 설립인가의 일을 다음과 같이 인가함.

1967년 2월 10일
문교부장관 문홍주
1. 명칭 단국대학교
2. 수업연한 4년
3. 위치 서울특별시 용산구 한남동 산 8의 3
4. 설치대학 및 학과별 학생정원(학년정원)
문리과대학 : 국어국문학과 20명, 영어영문학과 20명, 사학과 20명, 수학과 20명, 화학과 20명, 체육학과 20명, 가정학과 20명. 계140명.
법정대학 : 법률학과 25명, 행정학과 20명, 상학과 30명, 경영학과 30명, 경제학과 20명. 계 125명.
공과대학 : 화학공학과 30명, 건축공학과 20명, 전기공학과 30명, 기계공학과 25명, 요업공학과 20명. 계125명
총 합계 390명

5. 설치 대학원의 학과별 학생정원(총정원)

설치학과	석사과정	박사과정
법 학 과	10명	3명
상 학 과	20〃	5〃
국 문 학 과	10〃	3〃
영 문 학 과	10〃	3〃
사 학 과	10〃	3〃
수 학 과	10〃	3〃
화 학 공 학 과	20〃	3〃
계	90명	25명

6. 개교 연월일 1967년 3월 1일
7. 유지방법 재단 전입금과 대학 수익금으로 유지 경영함
8. 학칙 가. 대학(별첨과 같음)나. 대학원(별첨과 같음)

초대 학장 장도빈

초대 총장 장충식

단국대학원 개원 현판식(1958.8)

방송국 개국(1958.11.3)

단선녀와 준단선녀 선발

2) 교세의 확장과 발전

1967년 종합대학으로 승격된 단국대학교는 3개 단과대학에 17개 학과 모집 정원 390명에 불과하였다. 본교 중요 건물은 본부 · 문학관 · 이공학관 · 법정학관 · 도서관의 다섯 개 건물뿐이어서 종합대학 규모로서는 빈약하기 이를 데 없었다. 부족한 교육 시설의 확충을 위해 박정숙 이사장을 비롯한 이사진들과 장충식 총장은 헌신적이고 의욕적인 정책으로 문제를 해결해 나갔다.

대학의 규모가 점차 확대됨에 따라 1971년 강남 이전을 목표로 문공부 소유였던 현 강남구 내곡동 23만 평의 부지를 매입해 내곡동 캠퍼스를 건설하기

미국 남오리건 대학과 자매결연(1970.6)

제10회 한남축전(1972.9)

위한 종합 개발 계획을 수립하였다. 그러나 뜻하지 않게 내곡동 캠퍼스가 그린벨트 지역으로 설정되어 어려움을 겪었다. 단국대학교는 한국 교육의 요람을 마련한다는 목표로 내곡동 캠퍼스의 그린벨트 지역 해제를 위해 백방으로 노력하면서 한편으로는 천안시 안서동 산 26번지의 임야 약 6만 평을 매입해 천안 캠퍼스 설립의 기초를 확립하였다. 또한, 한남동 캠퍼스 발전에도 지속적으로 노력해서 1977년 6개 단과대학에 28개 학과 모집 정원 955명으로 약 세 배의 급성장을 이루게 되었다. 공과대학관, 가정학관, 노천극장, 사범대학관, 종합운동장, 일석기념관동양학연구소과 서문 개통, 혜당 기념관학생회관, 범정 체육관, 석주선 기념 민속 박물관 등이 새로이 건립되었다. 이와 더불어 향후 단국대학교의 원대한 발전을 위한 획기적인 계획이 수립되었다.

한남 캠퍼스 전경

5. 종합대학 II기(1977~1987)
- 천안 캠퍼스와 치과 대학 부속병원 설립 및 올림픽 학술회의 개최

종합대학 II기인 1977년 이후 1987년까지의 10년간은 국가적으로 전근대적 낙후성을 지양하고 근대적 산업 국가로서의 사회·경제적 기반을 착실히 다져 가던 시기였다. 이 시기 단국대학교는 국내 최초로 천안에 제2캠퍼스를 개교했다. 단국대학교의 제2캠퍼스 설립은 당시 여러 대학의 모범적인 사례로 평가받았다.

이어서 충남 청양에 단국 기간 농민 양성소와 부설 시범 농장, 탁아소 등을 설치 운영해서 지역 사회 개발에 관심을 두었다. 이를 바탕으로 천안에 고등교육 기관을 설치해서 지역 사회 발전에 크게 이바지하고, 정부의 인구 분산 정책에도 부응해 천안 캠퍼스의 설립을 추진하였다. 이에 따라 천안시 안서동

천안 캠퍼스 전경

산 26번지 일대 6만여 평을 매입해 1977년 8월 13일 부지 정지 공사에 착수함으로써 천안 캠퍼스 건설을 의욕적으로 추진하였다.

단국대학교 천안 캠퍼스는 1978년 1월 '단국대학교 천안 분교 산업 대학'으로 문교부의 인가를 받아 경영학과 · 농학과 · 전자공학과 · 건축공학과 · 토목공학과의 5개 학과 350명 정원으로 3월 13일 개교식을 개최하면서 정식 출범하였다. 이후 천안 캠퍼스는 1979학년도에 영어영문 · 불어불문 · 독어독문 · 무역 · 회계 · 응용물리의 6개 학과가 신설되고 기존 학과는 증원이 인가되어 총 890명으로 정원이 늘어났다. 이어 인문학관현 사회과학관, 학생식당, 남학생 기숙사, 제1과학관, 인문과학관범정기념관, 치과대학 및 부속 병원 건물, 여학생 기숙사, 학생회관, 농학관, 팔각정, 체육관 등이 차례로 건립되면서 충남지역 최고의 명문 사학으로서 위상을 확립하였다. 특히 지방의 낙후된 구강보건을 위해 1984년 천안 캠퍼스에 건립된 단국대학교 부속 치과 병원은 천안지역 사회의 구강 보건에 크게 이바지하였다. 이 시기에 단국대학교는 한남동 캠퍼스와 천안 캠퍼스를 통틀어 12개 단과대학, 77개 학과를 포용하는 '대단국대학'으로 성장하였다. 이같은 천안캠퍼스의 성장과 더불어 86 아시안 게임 · 88 올림픽의 개최와 더불어 올림픽 학술회의가 천안캠퍼스에서 개최되었다.

오늘날 올림픽 학술 대회는 인종, 이념, 체제를 초월해 전 세계 스포츠 과학자들의 학문적 정보 교류를 촉진하는 국제적 학문 축제의 장이다. 이 대회는 '올림픽 스포츠 과학 학술 대회'의 자극을 받아 1976년 방콕에서 '아시안 게임 스포츠 과학 학술 대회'가 개최되고 나서 아시안 게임에서도 스포츠 과학자 및 경기 지도자들의 학술 행사로 정착되었다.

단국대학교는 1984년 10월, 88 올림픽 3대 행사 중 하나인 올림픽 학술 대회 주관 기관으로 선정되었다. 이에 따라 1984년 12월 21일 단국 빌딩에 사무처를 개설하고 1985년 1월 11일 임원을 확정했으며, 동년 2월에 전문 분과 위원회를 구성해 전국 200여 명의 스포츠 과학자들이 행사 준비에 동참하게 되었다. 1985년 12월에는 대회 준비를 위한 경험 축적의 일환으로 국제 스포츠 과학 세미나를, 1986년에는 아시안 게임 학술 대회를 개최하였다. 그리고 올림픽 기간 중 7일간1988. 9. 9~1988. 9. 15에 걸쳐 올림픽 스포츠 과학 학술 대회를 성공적으로 개최하였다. 단국대학교가 86 아시안 게임과 88 올림픽의 공식 행사로서 주관한 학술 대회를 간략하게 정리하면 다음과 같다.

1986 아시안 게임 스포츠 과학 학술 대회

① 주제: 스포츠를 통한 보다 나은 삶Better Life Through Sports

② 기간: 1986. 9. 16~18.

③ 장소: 단국대학교 천안 캠퍼스 학생회관, 국제회의장

④ 발표 논문: 논문은 모두 175편으로, 체육사(13), 스포츠 철학(8), 스포츠 사회학(10), 체육 행정(5), 스포츠 교육(13), 특수 체육(15), 체육 측정 평가(21), 스포츠 심리학(17), 운동 생리학(35), 운동 역학(13), 스포츠 의학(14), 무용(12), 총 12개 분야였다.

⑤ 총평: 1986년 아시안 게임 스포츠 과학 학술 대회는 역대 아시안 게임 학술 대회 사상 최다 국가 참가의 기록을 세우면서 한국 스포츠 과학의 진흥을 위한 획기적인 계기가 되었다. 가장 많은 논문을 발표한 한국은 세계적인 스포츠 과학의 정보와 연구 동향에 접근할 수 있게 되면서 스포츠 과학에 대한 연구 분위기를 크게 조성할 수 있는 기반을 확보하였다.

1988년 서울 올림픽 스포츠 과학 학술 대회

서울 올림픽 스포츠 과학 학술 대회는 IOC에서 공인한 경기, 문화, 학술 3대 행사 중 하나였다. 이 학술 대회는 세계 각국의 저명한 스포츠 과학자들이 많이 참가해 역대 학술 대회 중 질적으로 최고의 수준이었다는 평가를 받았다. 이 학술 대회는 알찬 내용으로 한국 스포츠 과학의 진흥을 기약하며, 국제 교류에도 크게 이바지하였다. 특히 단국대학교는 훌륭한 시설과 수준 높은 운영을 바

탕으로 학술 대회를 성공적으로 치러 냄으로써 대한민국의 학술적 저력을 세계에 알리는 데 크게 공헌하였다.

① 주제 : 체육의 새로운 전망New Horizons of Human Movement

② 기간 : 1988. 9. 9~15.

③ 장소 : 단국대학교 천안 캠퍼스5동 55개소

④ 발표 논문 : 주제 발표1편, 종합 학술 세미나40편, 분과 발표636편로 모두 676편의 논문이 발표되었다.

⑤ 총평 : 서울 올림픽 스포츠 과학 학술 대회는 그 참가 인원이 학술 참가자 58개국 1,670명, 참관 인사 및 행사 요원 1,915명으로 총 3,585명에 달하는 국제적 규모로 일찍이 천안에서 유례를 볼 수 없었던 행사였다.

6. 종합대학 Ⅲ기(1987~1997)

- 의과대학 신설, 단국대학교 병원 설립, 죽전 캠퍼스 이전 사업 착수

이 기간에는 5공화국이 끝나고, 6공화국을 거쳐 이른바 '문민정부'가 출범하는 정치적 변화가 있었다. 국민의 줄기찬 저항으로 1987년 드디어 직선제에 의한 대통령 선거가 치러졌다. 당시 재학생들도 내적인 민주화를 주장하면서, 교과 과정 투쟁, 등록금 투쟁, 교수 평가 등 자신들의 의사를 관철하기 위한 운동을 계속하였다. 이런 상황에서 발전의 한계를 드러낸 한남동 캠퍼스의 이전 문제가 우여곡절 끝에 결실을 보았고, 21세기 희망찬 미래를 설계할 32만여 평에 달하는 새 교육의 터전이 마련되었다. 즉, 죽전 캠퍼스가 건설에 들어갔으며, 이는 제2의 창학으로 평가될 만한 일이었다. 또한, 천안 캠퍼스에는 대학 병원이 완공되었고, 이어 체육관, 예술관, 율곡 기념 도서관 등 대단위 규모의 건설이 마무리되어 학교 발전의 의미 있는 발자취를 남겼다.

1) 의과대학의 신설과 병원 설립

1947년 정치 · 문리 2개 학부, 5개 학과로 출발한 단국대학교는 1988년에 이르러 서울 · 천안 양 캠퍼스에 13개 대학 85개 학과 모집정원 3,950명의 거대한 대학으로 성장하였다. 그러나 교세가 비슷한 다른 대학들과는 달리 단국대학교에는 의과대학이 없어 종합대학의 면모로는 부족한 점이 있었다. 따라서 의과대학의 신설을 강력히 추진하게 되었는데, 이는 단지 교세의 문제만이 아니라 대학 내외의 위상과 강력한 요구에 따른 결정이었다. 단국대학교에는 대부분 학문 영역에서 종합대학이 갖춰야 할 학과가 설치되어 있었지만, 유독 의과대학만은 예외여서 교수, 직원, 학생은 물론 동창들까지도 의대를 설립하자며 목소리를 높였다. 또한 제2캠퍼스가 설립된 지 10년이 되어 가는 대학으로서 지역 사회에 실질적으로 봉사하는 길은 의과대학을 세워 수준 높은 대학병원을 운영하는 것이라는 결론에 도달하였다. 이와 더불어 1988년 5월 18일 최덕수 군천안 캠퍼스, 법학과 1이 광주항쟁의 진상 규명을 외치면서 분신자살을 기도해 전신 화상을 입었던 사건은 의과대학 설립을 서두르는 계기가 되었다.

1988년 의과대학 신설 당시 30명이었던 모집 정원은 1997년 10명이 증원되어 40명이 되었고, 1992년에 신설된 간호학과에 매년 40명이 선발되어 현재 의과대학은 의예과, 의학과, 간호학과로 구성되어 있다. 의과대학에는 학생들의 교육과 실습을 위해 병원 설립이 필수적이었다. 게다가 단국대학교의 의과대학 설립 취지나 목적은 양질의 의료 서비스를 제공하는 데 있었기에 병원 설립은 아주 중요한 과제였다. 1989년 1월 12일 '단국대학교 의료원 설립 및 종합 건설 추진 위원회'위원장 장충식를 발족하고, 1989년 서울대학교 병원 연구소와 공동으로 '병원 건립 계획 및 기본 설계안'을 수립해 병원 장기 발전 계획과 진료 시스템을 결정하였다. 드디어 1989년 8월 25일 의과대학 건물과 함께 대학 병원 건물의 역사적인 기공식을 치렀다. 1994년 3월 31일 공사가 마무리되어 1994년 4월 29일 병원 준공 및 개원식을 거행했으며 5월 27일부터 진료를 개시하였다.

2) 죽전 캠퍼스 이전 계획의 수립과 기공

단국대학교는 종합대학으로 승격한 이래 규모가 점차 확대되자 다른 지역에 새로운 캠퍼스를 조성하고자 노력하였다. 한남동 교지만으로는 발전을 기약할 수 없으므로 학교 당국에서는 각 방면으로 제2의 교지를 확보하고자 하였다. 이런 노력의 결과가 바로 내곡동 부지였다. 즉, 1971년 5월 1일 당시 문화재관리국의 소유였던 23만 6,239평 부지를 불하받아 매입하기에 이른 것이다. 이어 장충식 총장이 "지금 계획으로는 영동의 24만 평의 땅이 그린벨트 지정에서 풀리는 대로 공과 대학을 독립시켜 이공 계열을 발전시킬 계획입니다. 개교 40주년(1987)을 맞아 제3 캠퍼스 건설을 위한 위원회를 구성하고자 공과대 교수들을 중심으로 공과 대학의 이전 계획을 구상하고 있으며, 체육학과 역시 이전할 계획입니다."(『단대신문』, '87.11.3)라고 내곡동 부지에 관한 계획을 발표하였다. 하지만 내곡동 부지는 끝내 그린벨트 지정에서 해제되지 않았고, 국정원 부지로 팔려 이전 계획은 무산되었다. 이에 따라 어려움을 겪던 재단에서는 오랜 숙의 끝에 1992년 10월 12일 한남동 캠퍼스에서 천안 이전(안)을 결의하였다. 그러나 학내의 거센 반발이 부딪혀 1994년 3월 2일 천안 이전 계획에 관해 교육부에 철회를 요청해서 천안 이전 문제는 백지화되고 말았다.

이처럼 내곡동 이전 계획도, 천안 이전 계획도 무산되어 재단은 서울 근교에 제3 캠퍼스를 마련하기로 의견을 모았다. 때마침 학교에서도 교수, 직원, 학생이 참여한 '대학 발전 계획 추진 위원회'에서 수차에 걸친 협의 끝에 한남동 캠퍼스만으로는 21세기 대학 경쟁에 대응할 수 없다는 공감대가 형성되었다. 이에 따라 1994년 6월에 「발전 계획 보고서」를 발표하고 본격적으로 이전 계획에 들어갔다. 하지만 학내에서는 여전히 학생과 교직원들의 반대가 계속되었고, 한남동 부지를 매각하는 데에도 풍치 지구의 고도 제한 문제가 있어서 한동안

죽전 캠퍼스 기공식

개교 50주년 기념 열린음악회

진통을 겪었다. 이런 와중에 이전 계획이 수립되었고 1994년 11월 10일 이사회를 거쳐 1995년 6월 7일 계획이 승인되었다. 재단에서는 사업의 중요성과 업무의 신속성 · 정확성을 위해 1995년 2월 16일 '신 캠퍼스 설립 추진 위원회'를 결성하고 위원장에 장충식 이사가 취임함으로써 이전 사업이 본격화하였다. 한남동 부지를 매각하고, 서울 도심에서 30Km 이내에 있으며, 천안 캠퍼스와 연계하기 수월하고, 서울 학생들이 통학하기에 편리한 지역을 선별해서 경기도 용인군 수지면 죽전리와 구성면 마북리 일대의 임야 32만 평의 부지를 마련하였다. 이어 1996년 7월 19일 내외 귀빈, 동문, 교직원, 학생이 참석한 가운데 기공식을 거행하여 현재의 죽전 캠퍼스가 첫발을 내딛게 되었다.

7. 종합대학 IV기(1997~2013)
- 죽전 캠퍼스 시대의 개막과 단국 비전 2017

1) 도약을 위한 준비

종합대학 IV기에 해당하는 시기에는 학사 편제는 물론 대학 교육 전반에 걸쳐 변화가 있었다. 우선, 교육이 공급자 중심에서 수요자 중심으로 변화했고, 교수의 업적 및 강의 평가가 강화되었으며, 대학 종합 평가와 학문 분야 평가 제도의 실시로 각 대학의 수준과 우열이 드러나게 되었다. 각 대학은 학령 인구의 감소에 대처하기 위해 구조조정을 하고 특성화 전략을 수립하기에 이르렀다.

이 시기에 단국대학교는 여러 차례 시련을 극복하며 발전을 위한 노력을 기울였다. 1997년 11월 21일의 IMF 사태는 단국대학교에도 엄청난 시련과 좌절을 안겨 주었다. 경기도 용인시 수지구 죽전동의 32만여 평에 신 캠퍼스 건설 공사를 진행하던 건설사들이 부도와 공사 중단을 반복하였다. 따라서 신 캠퍼스 이전 사업은 지연될 수밖에 없었다. 우여곡절 끝에 2006년 죽전 캠퍼스 공사가 재개되기까지 무려 9년간 총학생회의 끈질긴 이전 백지화 투쟁과 해마다 반복되는 등록금 인상 반대 투쟁 등으로 단국대학교는 발전에 어려움을 겪었다. 이런 와중에 1998년 3월 6일 학교법인 단국대학이 최종 부도 처리되었다. 대학 역사상 초유의 사건이 발생한 것이다. 단국대학교는 교육인적자원부의 강도 높은 감사를 받았고, 결국 총장과 법인 이사장이 물러났다. 이 사건은 단국대학 개교 이래 최대의 시련이었다. 그러나 단국인은 발전의 항해를 멈추지 않았다. 대학을 살리기 위해 구교 기금을 다각적으로 모금하여 교수와 직원들은 2년간 상여금 800%를 구교 기금으로 헌납하는 등 눈물겨운 자구책을 마련하였다.

그러나 시련은 법인 부도로 끝나지 않았다. 그동안 죽전 캠퍼스의 장기 발전 전략의 일환으로, 천안 캠퍼스 소속 학과 몇 개를 서울로 옮겨 왔으나 IMF로 죽전 캠퍼스 공사가 중단되고 이전 사업이 지연되자, 천안 캠퍼스에서 올라온 학과들의 교육 공간 부족으로 부득이 법인 건물인 한남동 캠퍼스 서관 건물을 대학에 임대함으로써 공간 부족 문제를 해결해야 했다. 이러한 10년의 기간에 열 명의 총장이 교체되었다. 이는 학사 행정에 일관성이 없고 발전을 위한 에너지를 한곳으로 모으는 데 차질과 어려움이 있었음을 뜻한다. 그러나 단국대학교는 시련을 극복하고 침체에서 벗어나기 위해 혼신의 노력을 경주하였다. 교육 과정을 수요자 중심으로 개편하고, 중장기 발전 계획을 여섯 차례에 걸쳐 수립해서 시행하는 등 실추된 위상을 회복하는 데 총력을 기울였다. 그 결과 2회에 걸친 대학 종합 평가에서 여러 영역에 걸쳐 '최우수 대학', '우수 대학'으로 선정되었고, 해마다 실시하는 학문전공 분야 평가에서도 좋은 점수를 받았다. 이 같은 고통 속에서도 구성원들의 단결과 노력으로 개교 60주년을 맞아 숙원 사업인 죽전 캠퍼스로의 이전 사업이 2007년 8월 14일에 성공리에 완료되고, 8월 15일 죽전 캠퍼스 시대가 시작되었다.

세계 최대의『한한대사전(漢韓大辭典)』편찬

『한국한자어사전(韓國漢字語辭典)』

2) 죽전 캠퍼스 시대와 '단국비전 2017 + 도전과 창조'

죽전캠퍼스는 '인간화', '정보화', '자연친화'라는 계획을 가지고 1996년 7월 19일 기공식을 가졌다. 이후 온갖 난관을 극복한 끝에 2007년 8월 14일 죽전캠퍼스로 이전이 완료되었다. 죽전캠퍼스는 배후에 20여만 평의 숲과 녹지, 정규 트랙을 갖춘 대형운동장이 펼쳐져 있는 그린캠퍼스이다. 그리고 학내 어디에서든 컴퓨터 사용과 인터넷 접속이 가능한 디지털캠퍼스이다. 이밖에도 각종 야외 문화공연과 퍼포먼스가 가능한 다용도 대형 광장이 설치되어 언제나 원하는 행사, 창작공연을 할 수 있게 됨에 따라 문화와 복지가 어우러진 휴먼캠퍼스로 구성되었다.

단국대학교는 2009년부터 '단국비전2017+도전과 창조' 프로젝트를 추진하고 있다. 이 프로젝트는 글로벌 스탠더드를 충족하는 교육환경과 프로그램을 갖춤으로써 국내 또는 아시아권에 머물러있는 대학이 아니라 세계 속의 단국, 단국인으로 발전하고자 하는 실천의지를 담아 세계로 도약하는 민족사학을 구현하고자 하는 단국의 비전이다. 이를 달성하기 위한 발전 목표와 전략은 1. 선도단국: 글로벌 교육 가치 창출/선도적 연구 역량 실현, 2. 감동단국:

수요자 중심의 행정 · 재정 선진화/친환경 첨단 캠퍼스 조성, 3. 소통단국: 세계속의 단국 브랜드 구축/지역사회와의 친화이다. 핵심 과제 선도단국은 우수학생 선발 전략 강화, 실용형 맞춤형 교육 강화, 최우수 교원 확보, 수요자 중심의 지원체제 강화, 연구 선도화 전략 강화, 산학협력 활성화 등이다. 감동단국은 고객 만족 행정체제 구축, 재정의 효율성과 건실성 확보, 경쟁력 향상을 위한 기반 시설 확충, 소통을 활성화하는 캠퍼스 실현, 문화창출형 그린캠퍼스 실현, 지능형 U-캠퍼스 실현 등이다. 소통단국은 국제화 기반 강화, 국제교류 활성화, 지역사회와 연계한 봉사 교육프로그램 확대, 인도주의에 입각한 해외봉사 확대, 지역주민을 위한 문화행사 활성화, 지역친화적 평생교육 체제 도입 등이다. 이외에도 정보통신융합기술연구원과 미디어콘텐츠연구원 등 교책중점 연구기관 설립, 1970년 설립된 동양학연구소를 동양학 분야의 메카로 특성화하고, 선택과 집중 원칙에 따라 우수하고 발전 가능한 학과(부)를 선발하여 교육특성화 지원사업 등 특성화 전략 분야의 집중 육성을 위하여 많은 노력을 펼치고 있다. 2017년 세계로 도약하는 민족사학, 세계 최고 수준의 대

죽전 캠퍼스 전경

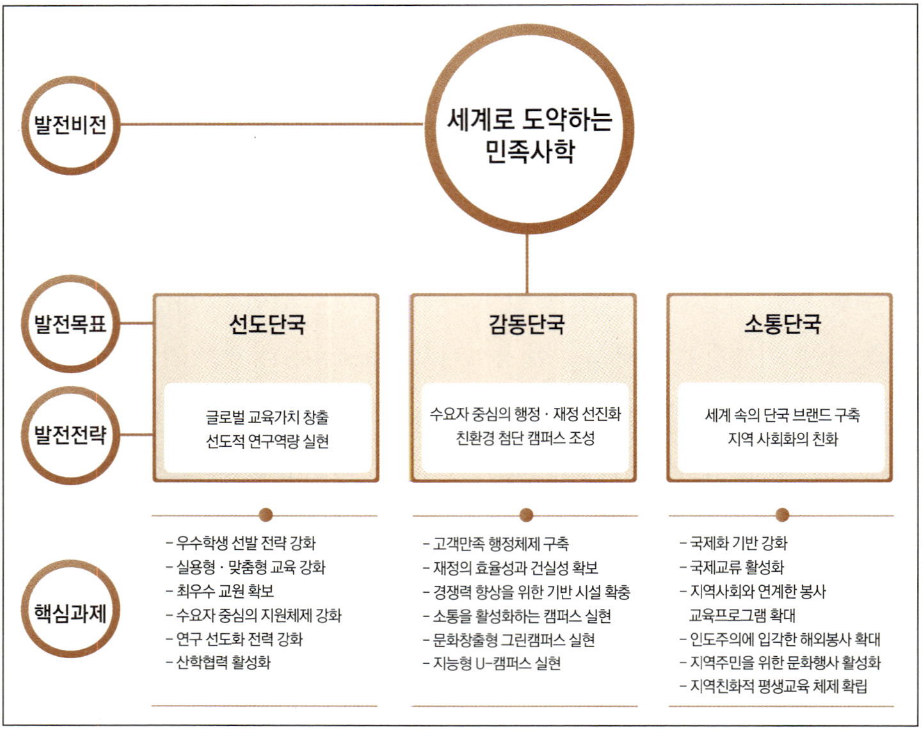

'단국비전2017+도전과창조'
(발전목표와 전략)

학이 되도록 교육 · 연구 · 시설 · 재정 부문에서 국제 기준을 충족하는 교육환경과 프로그램을 갖추어 나갈 것이다.

이와 같은 단국 미래 발전 프로젝트는 우리 대학이 성공적인 민족사학으로 새 장을 여는 원동력이 될 것이다. 이는 해방 후 최초로 4년제 대학을 설립하고, 한국 최초로 통신대학과 제2캠퍼스를 개설한 단국의 실험 정신, 그리고 반세기의 모태인 한남동 캠퍼스를 수도권으로 이전하는 최초의 대학으로서 끊임없는 도전을 통해 거듭나는 단국의 전통과 저력을 바탕으로 하고 있다. 이제 단국대학교는 죽전캠퍼스와 천안캠퍼스의 새 시대 개막과 함께 인간화와 정보화, 한국화와 세계화가 조화를 이루는 우리나라 대학사의 또 다른 장을 펼칠 것이다. 단국대학은 21세기 글로벌 시대의 선도 민족사학으로의 새로운 미래를 약속하는 학문의 전당으로 우리 민족사에 우뚝 설 것이다.

세계로 미래로 도약하는 단국(상징탑)

참고 문헌

간행위원회 편,『빈 들에 씨를 뿌리며-중재 장충식박사고희기념화문집』, 2001.
교사편찬위원회,『단국대학교 30년사』, 단국대학교출판부, 1977.
교사편찬위원회,『단국대학교 40년사』, 단국대학교출판부, 1987.
교사편찬위원회,『단국대학교 50년사』, 단국대학교출판부, 1998.
교사편찬위원회,『단국대학교 60년사』, 단국대학교출판부, 2007.
단국대학교 신문사,『단대신문』.
단국대학교 화경 편집실,『華鏡』.
동양학연구원,『梵亭 張炯의 독립운동과 단국대학 설립』, 2012.
梵亭惠堂紀念事業會,『梵亭言行錄』, 단국대학교출판부, 1986.
중재 장충식박사 화갑기념논총 간행위원회,『중재 장충식 박사 화갑기념논총』, 1992.

더 읽을 거리

장충식,『시대를 넘어 미래를 열다』, 노스보스, 2011.

세계속의한국 편찬위원(가나다순)

구경남, 김문식, 김보한, 김상엽, 김연진, 김철웅, 김현수, 박경식,

박성순, 심재훈, 엄기표, 이재령, 이정주, 전덕재, 한시준

세계 속의 한국

2013년 2월 22일 초 판 발행
2016년 2월 15일 개 정 판 발행
2017년 2월 15일 수 정 판 발행
2022년 2월 15일 수정6쇄 발행

펴낸이 _ 김수복
기 획 _ 김남필
제 작 _ 성두현
마케팅 _ 김민배
펴낸곳 _ 노스보스
등 록 _ 1968.2.27 : No. 제03-00095호
주 소 _ 경기도 용인시 수지구 죽전로 152
전 화 _ 031-8005-2405
팩 스 _ 031-8021-7154

값 17,000원

ISBN 978-89-7092-559-2 03900